天下文化
BELIEVE IN READING

社會人文 BGB502

CNN 重量級國際新聞評論節目
「札卡瑞亞 GPS」主持人
給世界的 10 堂課

後疫情效應

法理德・札卡瑞亞 著
盧靜、廖崇佑、廖珮杏、劉維人 譯

Fareed Zakaria

Ten Lessons for a Post-Pandemic World

獻給丹、喬安娜，以及吉登・羅斯

未來既不把話說白——

也從未默不作聲

祂會說出半則跡象

剩下的全讓你猜——

等到事件終於發生

報導即將寫成——

祂已開始預告下一場戲——

或讓寫好的劇情—— 開始走歪*

艾蜜莉・狄金生

（美國傳奇詩人）

The Future never spoke—

Nor will he like the Dumb

Reveal by sign a Syllable

Of his profound To Come—

But when the News be ripe

Presents it in the Act—

Forestalling Preparation—

Escape—or Substitute

Emily Dickinson

---

* Emily Dickinson, *The Poems of Emily Dickinson: Reading Edition*, edited by Ralph W. Franklin (Cambridge, MA: Belknap Press, 1999).

目錄

序言

「蝠」蝶效應

如今，這顆《紐約時報》（*New York Times*）口中「刺刺的病毒小球」遍布了整個世界。[1] 一月下旬，美國疾病管制與預防中心（Centers for Disease Control and Prevention）的埃克特（Alissa Eckert）及她的同事希金斯（Dan Higgins）受命繪製二〇一九冠狀病毒的樣貌。埃克特後來向《紐約時報》解釋，為了要「吸引公眾注意」，他們畫出一個銀色的球體圖像，上面有明亮的大紅色突起物。這張圖果然引起軒然大波和眾人的不安，很快便隨處可見，出現在報紙、雜誌和電視新聞上。如果現在要在腦中想像冠狀病毒的樣子，八成第一個想到的就是埃克特及希金斯繪製的版本或其衍生的圖片。專業醫學繪圖家的品味都很有趣，比如這張圖是採所謂的「特寫鏡頭」（beauty shot），近距離描繪了單株病毒株的模樣，所以看起來既危險又巨大。但實際上，二〇一九冠狀病毒的大小只有這個句子結尾的句號的萬分之一。[2]

人們常說我們要從大處著眼，但也許現在我們需要開始思考細節。無論軍事攻擊、入侵這類典型的巨大威脅有多罕見，我們都很善於想像它們的樣貌，也善於制定大規模計畫去回應。各國政府花費上兆美元建立龐大的軍隊，追蹤全球軍隊的動向，並針對潛在敵人進行軍事演習。光是美國自己每年的國防預算就高達約七千五百億美元。[3] 但面對小小的病毒，我們卻沒有事先做任何防備。結果，這樣一顆小小的病毒將為人類帶來二戰以來最嚴重的經濟、政治和社會傷害。

　　這本書不是在寫二〇一九冠狀病毒的疫情，而是關於疫情大流行之後的世界將變成什麼模樣，以及更重要的，我們該如何因應後疫情時代的生活。每次巨大衝擊的後果，都會根據當時世界的狀態，根據人類的反應是恐懼、拒絕承認還是適應，而有所不同。在如今這個大家唇齒相依的世界中，二〇一九冠狀病毒肆虐帶來的影響，也不同於以往。大多數國家都無法及時回應這場疫情，甚至連最富有國家在內的許多地區，後來

---

1 Cara Giaimo, "The Spiky Blob Seen Around the World," *New York Times*, April 1, 2020, https://www.nytimes.com/2020/04/01/health/coronavirus-illustration-cdc.html.

2 SARS-CoV-2 病毒體（virion）的直徑為〇・一微米（一百奈米）：Yinon M. Bar-On, Avi Flamholz, Rob Phillips, and Ron Milo, "SARS-CoV-2 (COVID-19) by the Numbers," *eLife* 9 (April 2, 2020): e57309, https://pubmed.ncbi.nlm.nih.gov/32228860/；一個句號大約是一億奈米寬：Shige Abe, "How Small Can Life Be?," Astrobiology at NASA, July 9, 2001, https://astrobiology.nasa.gov/news/how-small-can-life-be/.

3 二〇一九年美國國防花費了七千三百二十億美元：Stockholm International Peace Research Institute, "Global Military Expenditure Sees Largest Annual Increase in a Decade," April 27, 2020, https://www.sipri.org/media/press-release/2020/global-military-expenditure-sees-largest-annual-increase-decade-says-sipri-reaching-1917-billion.

都紛紛封鎖了邊界和經濟活動，這在人類史上幾乎不曾見過。

這本書寫的是「後疫情時代的世界」，之所以寫這個主題，不是因為我們擺脫了二〇一九冠狀病毒，而是因為我們跨過了一道很關鍵的坎。在這之前，幾乎所有還活著的人都從未經歷過大瘟疫，但二〇一九冠狀病毒讓我們知道了疫情大流行是什麼樣子。我們都看到了疫情帶來的挑戰，以及為此付出的代價。這場疫情很可能會持續下去，但即使我們消滅了這個疾病，未來肯定還會爆發其他傳染病。這次疫情獲得的知識和經驗，讓我們走入了後疫情的全新時代。

二〇一九冠狀病毒疫情究竟造成了哪些後果？有人認為，這場瘟疫將會被視為現代歷史的關鍵時刻，將永遠改變世界的走向。[4] 另外有些人認為，疫苗問世之後，世界很快就會恢復成以往的樣子。[5] 還有一些人認為，與其說這場疫情改變了歷史，不如說是在加速歷史的進展。[6] 目前看起來，最後一種猜測最可能為真。列寧曾說過：「有時可能幾十年都沒有大事發生，但有時也可能在短時間內一口氣發生幾十年才出現一次的巨變。」後疫情時代的世界就是如此，未來的世界在很多方面都會比不久之前變化得更快速。但當生活快速變遷，許多事情的發展就會開始逸出常軌，很可能引起混亂，甚至致命。一九三〇年代，許多發展中國家正以穩定的步伐走向現代，人們漸漸棄農從工。蘇聯卻決定粗暴的加速進展，推行了農業集體化，最後導致饑荒、數百萬農民遭到「肅清」（liquidation），更加鞏固獨裁統治，讓整個蘇聯社會慘不忍睹。如今，若我們以飲鴆止渴的方式來解決問題，未來可能也會發生意料之外的悲劇。

對國家、公司，特別是個人來說，疫情後的生活將大不相同。即使經濟和政治恢復正常，人們也不會再以過去的方式生活。人們將經歷一場不尋常的艱難考驗，並且發現一個全新的難得機會。麥斯威爾（William Maxwell）一九三七年出版了一部小說《他們像燕子一樣襲來》（*They Came Like Swallows*），書中的一個角色從西班牙流感（Spanish flu）中倖存了下來，「一股奇妙的感覺縈繞不去。無論是他還是別人，從來

4 Lawrence Summers, "Covid-19 Looks Like a Hinge in History," *Financial Times*, May 14, 2020, https://www.ft.com/content/de643ae8-9527-11ea-899a-f62a20d54625.

5 Micah Zenko, "The United States Will Learn Nothing from the Pandemic," *Foreign Policy*, June 5, 2020, https://foreignpolicy.com/2020/06/05/coronavirus-pandemic-covid-lessons-united-states-9-11/.

6 Richard Haass, "The Pandemic Will Accelerate History Rather Than Reshape It," *Foreign Affairs*, April 7, 2020.

沒有人能知道他的人生會變成這樣」。[7]波特（Katherine Anne Porter）一九三九年的半自傳小說《蒼白的馬，蒼白的騎士》（*Pale Horse, Pale Rider*）也描述了西班牙流感結束後的經驗：當最糟的時刻過去，我們會突然「冷靜下來」。該書的最後一句就是：「現在所有事情都該重新開始。」[8]

瘟疫的力量

照理來說它不該這麼陌生。[9]那株冠狀病毒或許是新型的，但大瘟疫卻源遠流長。最早的西方文學開頭就是一場瘟疫。荷馬的《伊利亞德》（*Iliad*）的最初幾句，就是在描述希臘軍隊正遭受瘟疫的蹂躪，這是給他們自負、貪婪、好鬥的領導人阿伽門農國王的天譴。西方第一部嚴謹的歷史著作也是在一場瘟疫中展開，修昔底德（Thucydides）的《伯羅奔尼撒戰爭史》（*History of the Peloponnesian War*）記錄了當時兩大超級強國雅典和斯巴達之間的長期衝突。修昔底德寫道，在戰爭開始之初，一場可怕的瘟疫席捲雅典，大批身強體壯的市民死於非命，就連城邦裡舉世無雙的領袖也命喪黃泉。雅典是民主社會，斯巴達則是以嚴格聞名的勇士社會，兩地的政治制度南轅北轍。歷史上贏的是斯巴達，不過要是沒有瘟疫的話，贏家就很可能變成雅典，那可能會讓西方歷史走向一條不同的路，讓一個充滿活力的民主國家成為成功的典範，而非一團一瞬即逝的火焰。瘟疫就是有這麼大的力量。

史上影響最慘烈的大瘟疫莫過於腺鼠疫（bubonic plague），一三三〇年代始於中亞，接下來十年傳播到歐洲。一位中世紀的編年史家[10]認為，蒙古人使用了歷史上第一種生化武器，將得瘟疫而死的屍體以投石機投入熱那亞（Genoese）城內，從而將疾病傳入歐洲大陸。[11]但更可能的是，腺鼠疫是靠全球貿易傳播的，商隊和船隻將貨物從

7 William Maxwell, *They Came Like Swallows* (1937, reprint Vintage International, 1997), 174.

8 Katherine Anne Porter, *Pale Horse, Pale Rider* (1939, reprint Houghton Mifflin Harcourt, 1990), 208.

9 Uri Friedman, "We Were Warned," *Atlantic*, March 18, 2020.

10 指的是熱那亞作家謬西（Gabriele de' Mussi），請見：Mark Wheelis, "Biological Warfare at the 1346 Siege of Caffa," *Emerging Infectious Diseases* 8, no. 9 (2002): 971-75, https://dx.doi.org/10.3201/eid0809.010536.

11 Walter Scheidel, *The Great Leveler: Violence and the History of Inequality from the Stone Age to the Twenty-First Century* (Princeton, NJ: Princeton University Press, 2015), 293.

東方運送到西西里島的墨西拿（Messina）以及法國的馬賽這些主要港口，腺鼠疫就跟著貨物上路。這種傳染病又稱為黑死病（Black Death），細菌寄生在老鼠背上的跳蚤上，會攻擊患者的淋巴系統，導致前所未見的苦難，不計其數的人死去，歐洲人口頓時少掉一半。[12]這個疾病跟其他許多疾病一樣，目前仍未完全根除，根據世界衛生組織（World Health Organization, WHO）報告，每年仍約有數百個病例，幸好現在可以用抗生素治療。[13]

腺鼠疫在當時的歐洲投下震撼彈。學者認為，這個疾病造成的死亡人數過於龐大，把當時的經濟搞得天翻地覆。史丹福大學歷史系教授謝德爾（Walter Scheidel）說，疫情造成勞動力稀缺，土地放著沒有人用，於是工資上漲、租金下降。[14]勞工有更大的議價權，貴族則逐漸無權置喙。農奴制在西歐大部分地區逐漸消亡。當然，各國所受影響因經濟和政治結構而異。某些高壓統治的地區，腺鼠疫過後反而愈來愈不平等，例如：東歐的貴族地主利用苦難和混亂，首次收緊控制，實行了農奴制。這場大瘟疫除了上述物質方面的影響，還引發了一場思想革命。許多十四世紀的歐洲人開始問：「為什麼上帝會允許地獄降臨在人間？」並質疑原來根深柢固的階級制度，[15]最後這些思想改變使歐洲脫離了中世紀的痼疾（medieval malaise），掀起了文藝復興、[16]宗教

改革和啟蒙運動。在一片死亡和恐怖之中，科學、現代化和文明演進如焉誕生。幸好，

---

12 歐洲三〇%至五〇%的人口死亡，請見：James W. Wood et al. , "The Temporal Dynamics of the 14th Century Black Death," *Human Biology* (2003), 轉引自 Sharon N. DeWitte, "Age Patterns of Mortality During the Black Death in London, A.D. 1349-1350," *Journal of Archaeological Science* 37, no. 12 (December 2010), https://www.sciencedirect.com/science/article/pii/S0305440310002803.

13 World Health Organization, "Plague," https://www.who.int/news-room/fact-sheets/detail/plague.

14 Scheidel, *Great Leveler*, Chapter 10, "The Black Death," 291-313.

15 Barbara W. Tuchman, *A Distant Mirror: The Calamitous Fourteenth Century* (New York: Alfred A. Knopf, 1978). 例如：瘟疫的倖存者發現自己既沒有被毀滅，卻也沒有變得更好，無法從他們自己所遭遇的痛苦中找到神的旨意。神的旨意通常很神祕，但是這場災難實在太可怕了，令人難以平心靜氣的接受。如果這樣巨大且史上最致命的災難，僅僅是神的恣意妄為，或根本不是神的傑作，那麼原來牢不可破的秩序會從枷鎖中掙脫出來。那些敞開心胸面對這一切問題的心靈，永遠不會再被蒙蔽。一旦人們可以想像原來牢不可破的秩序也有改變的可能，屈從的時代就將要終結了；未來是由個人良知引領的時代。從這層意義上來說，黑死病很可能是現代人尚未承認的新時代開端。（頁一五三—一五四）

16 不過這段描述，以及「中世紀的痼疾」這個說法，受到文藝復興時期的學者和中世紀主義者的激烈爭論。請見：Ada Palmer, "Black Death, COVID, and Why We Keep Telling the Myth of a Renaissance Golden Age and Bad Middle Ages, " *Ex Urbe*, June 4, 2020, https://www.exurbe.com/black-death-covid-and-why-we-keep-telling-the-myth-of-a-renaissance-golden-age-and-bad-middle-ages/.

二〇一九冠狀病毒並不像過去的大瘟疫那樣造成屍橫遍野。但這場當代的大瘟疫是否會像過去一樣激發社會反省，讓我們不再驕矜自滿？

歷史學家麥克尼爾（William McNeill）撰寫了一部影響深遠的著作《瘟疫與人》（*Plagues and Peoples*）。他為了找出少數歐洲士兵能夠迅速征服並改變美洲數百萬人的原因，而對流行病學產生興趣。像是西班牙探險家柯爾特斯（Hernan Cortes）的遠征軍只有六百人，卻征服了幾百萬人口的阿茲特克帝國（Aztec Empire）。[17] 麥克尼爾發現答案與瘟疫有關。西班牙人不僅帶來了先進的武器，還帶來了天花等疾病，他們自己對天花已經有了免疫力，但當地的原住民卻沒有。隨後爆發疫情造成的死亡人數很驚人，一開始估計死了三〇%的人，十六世紀估計六〇%至九〇%，總共大約數以千萬計的人死去。[18] 麥克尼爾想像，「當時原住民看到死亡的全是印地安人，西班牙人卻毫髮無傷，心裡應該受到了衝擊。」[19] 他推測當時的原住民認為，外國人之所以不怕瘟疫，是因為崇拜強大的神祇。許多原住民後來屈服於西班牙人的控制，並皈依基督教，可能也與此有關。

至今仍讓我們印象深刻的疫情大流行是西班牙流感，它在第一次世界大戰期間重創了世界，殺死五千萬人，[20] 超過戰爭中死亡人數的兩倍。[21] 它之所以被稱為西班牙流感，並非因為它起源於西班牙，而是因為這個國家當時並未參戰，所以沒有審查

---

17 William H. McNeill, *Plagues and Peoples* (Garden City, NY: Anchor Press, 1976), Introduction, 23-24; 另可見 Jared Diamond, *Guns, Germs, and Steel: The Fate of Human Societies* (New York: W. W. Norton, 1999).

18 *The Native Population of the Americas in 1492*, 2nd ed. , edited by William M. Denevan (Madison: University of Wisconsin Press, 1992)，轉引自 Alexander Koch et al., "Earth System Impacts of the European Arrival and Great Dying in the Americas After 1492," *Quaternary Science Reviews* 207 (March 1, 2019): 13-36,

19 William H. McNeill, *Plagues and Peoples* (Garden City, NY: Anchor Press, 1976), Introduction, 23-24; 另可見 Jared Diamond, *Guns, Germs, and Steel: The Fate of Human Societies* (New York: W. W. Norton, 1999).

20 Centers for Disease Control and Prevention, National Center for Immunization and Respiratory Diseases, "Partner Key Messages on the 1918 Influenza Pandemic Commemoration," August 10, 2018, https://www.cdc.gov/flu/pandemic-resources/1918-commemoration/key-messages.htm.

21 第一次世界大戰有兩千萬人死亡：Nadège Mougel, "World War I Casualties," trans. Julie Gratz (Scy-Chazelles, France: Centre européen Robert Schuman, 2011), http://www.centre-robert-schuman.org/userfiles/files/REPERES%20%E2%80%93%20module%201-1-1%20-%20explanatory%20notes%20%E2%80%93%20World%20War%20I%20casualties%20%E2%80%93%20EN.pdf.

新聞。[22]當疫情爆發時，整個西班牙都大肆報導，後來新聞傳到了國外，讓許多人誤以為這場瘟疫源於西班牙。自二十世紀以來，科學進展突飛猛進。當時還沒有發明電子顯微鏡，也還沒有抗病毒藥物，沒有人見過病毒的本體，也不知道如何治療這種新興的感染。[23]儘管如此，當時的衛生當局制定了三個最重要的方針：社交距離、口罩和洗手。在疫苗研發出來之前，這三項依然是今日用來減緩二〇一九冠狀病毒傳播的重要機制。只不過當代還會再加上一項方針：定期檢驗。

近十年來，嚴重急性呼吸道症候群（SARS）、中東呼吸症候群冠狀病毒感染症（MERS）、禽流感、豬流感和伊波拉病毒陸續爆發，每一次都傳播得又快又遠，讓許多專家紛紛警告，我們很快將面臨一場真正的全球疫情大流行。這也引起了公眾的關注。一九九四年，普雷斯頓（Richard Preston）的暢銷書《伊波拉浩劫》（*The Hot Zone*）詳細介紹了伊波拉病毒的起源。二〇一一年的電影《全境擴散》（*Contagion*）則根據二〇〇二年至二〇〇三年的SARS疫情和二〇〇九年的豬流感大流行，虛構了一種奪去全世界兩千六百萬人性命的病毒。二〇一五年，蓋茲（Bill Gates）在TED演講中警告說：「未來幾十年內會殺死一千萬人的，很可能是高度傳染性的病毒。」[24]二〇一七年，他在慕尼黑安全會議（Munich Security Conference）

上又更大聲疾呼，未來十至十五年，將可能爆發一場全球疫情大流行。[25] 照理來說，當時的狀況應該很容易讓我們知道得投入更多時間、資源和精力去預防下一場疫情才對。但二〇一七年六月，川普總統卻提議削減處理公共健康和疾病的關鍵機構預算。當時我在美國有線電視新聞網（CNN）節目中引了一段話來談論這個話題：[26]

> 美國最嚴重的威脅根本就不是什麼巨大的敵人，而是非常微小，小到得用顯微鏡才看得到，比針頭還要小幾千倍的東西。無論奪人性命的病原體是人造的還是天然的，

---

22 請見：John M. Barry, *The Great Influenza: The Story of the Deadliest Plague in History* (New York: Viking, 2004), 171.

23 更多關於西班牙流感的資料請見：Barry, *The Great Influenza*, 特別是頁三五三—三五八。

24 Bill Gates, "The Next Outbreak? We're Not Ready," TED2015, https://www.ted.com/talks/bill_gates_the_next_outbreak_we_re_not_ready/transcript?language=en.

25 Bill Gates, Bill & Melinda Gates Foundation, February 17, 2017, https://www.gatesfoundation.org/Media-Center/Speeches/2017/05/Bill-Gates-Munich-Security-Conference.

26 Fareed Zakaria, "Global Pandemic Possibility," *Fareed Zakaria GPS: Global Public Square*, CNN, June 25, 2017, http://transcripts.cnn.com/TRANSCRIPTS/1706/25/fzgps.01.html.

都會引發全球健康危機，而美國目前卻完全沒有做好準備。……才不過一百年前，一九一八年的西班牙流感就造成全球約五千萬人殞命，而我們現在的世界在許多方面都比當時更加脆弱。密集的城市、戰爭、自然災害和國際航空旅行，讓致命病毒可以在非洲小村莊裡流傳之後的二十四小時內，傳播到包含美國的世界各地。……生物安全（Biosecurity）和全球大流行是無視國界的。在病原體、病毒和疾病面前，人人都無法倖免於難。當危機來臨時，我們會希望自己有更多的資金和更多的全球合作。但到那時候才這樣想就太遲了。

現在確實是太遲了。明明有夠多的資訊為我們敲響警鐘，我們卻沒有及時應對二〇一九冠狀病毒。而且除了二〇一九冠狀病毒疫情的具體危機，我們還得同時意識到既有的體系也可能會有所改變。

冷戰結束後，世界進入了新的國際體系，由三種力量鼎立：地緣政治力量、經濟力量和技術力量，換個方式說：美國強權、自由市場和資訊革命。所有人似乎都在為創造一個更加開放和繁榮的世界共同努力。但這個世界依然危機重重，其中有一些危機甚至會失控，比如之前的巴爾幹半島戰爭、亞洲金融崩潰、九一一恐怖攻擊、全球金融危機，再到現在的二〇一九冠狀病毒。儘管這些危機的成因大不相同，但有一個關鍵共通點：他們都是**不對稱的**（**asymmetric**）衝擊，都是從很小的事情開始，最後影響波及整個世界。[27]當年的九一一事件、二〇〇八年經濟海嘯，以及二〇一九冠狀病毒，就是讓全世界都刻骨銘心的經典案例。

震驚全球的九一一恐怖攻擊，讓人們開始注意許多西方國家都經常忽略了世界上的某一種反彈力量。攻擊事件使眾人開始關注伊斯蘭激進派的憤怒、中東的緊張局勢，以及西方國家與這兩者之間的複雜關係。該事件還激起美國強烈反應，不僅擴大了龐大的國內安全機構、對阿富汗和伊拉克發動戰爭，還對許多地方出手。據估計，美國在所謂的「反恐戰爭」（**War on Terror**）上總共花費了五・四兆美元；[28]並製造了流血

---

27 關於治療歷史上造成不對稱衝擊的傳染病，請見：Guido Alfani, “Pandemics and Asymmetric Shocks: Lessons from the History of Plagues,” *VoxEU*, Center for Economic Policy Research, April 9, 2020, https://voxeu.org/article/pandemics-and-asymmetric-shocks.

28 Neta C. Crawford, “United States Budgetary Costs and Obligations of Post-9/11 Wars Through FY2020,” Brown University, November 3, 2019, https://watson.brown.edu/costsofwar/files/cow/imce/papers/2019/US%20Budgetary%20Costs%20of%20Wars%20November%202019.pdf.

衝突、革命、鎮壓和難民，它造成了數以百萬計的傷亡，直至今日，餘波仍未停止。

二〇〇八年金融海嘯則是另一種衝擊。經濟崩盤在歷史上很常見，景氣好的時候，資產價格水漲船高，同時也引發投機行為，進而讓市場泡沫化，最後無可避免的走向崩盤。這場危機始於美國，但很快就蔓延到全球，讓全世界陷入了自經濟大蕭條（Great Depression）以來最嚴重的經濟衰退。後來實體經濟復甦緩慢，但市場迅速漲回，拉大了資本和勞工之間的差距。這場危機也為政治帶來複雜且負面的影響。金融海嘯的起源明明是私人公司的力量過於龐大，許多國家卻沒有因此提出更左派的經濟政策，反而文化思維慢慢趨於保守。經濟上的焦慮也讓人們產生文化焦慮，一邊對移民產生敵意，一邊渴望回到過去熟悉的生活。右翼民粹主義在西方的勢力愈來愈強。[29]

現在我們又面臨了第三次衝擊，這場衝擊可能最為劇烈，也最為全球化。二〇一九冠狀病毒一開始只是中國的衛生問題，卻很快蔓延到全球，引爆了一場大混亂。這場疫情危機導致全球所有商業活動停擺，經濟陷入大癱瘓。從某些層面來看，[30]這場因流行病造成的經濟損失，已經可以與當年的經濟大蕭條相提並論。[31]未來幾年，許多國家將各自出現不同的政治影響；而恐懼、孤立、人生失去方向等社會與心理衝擊則可能會持續更久。二〇一九冠狀病毒在我們每一個人身上都畫下了又深又久的印記，而且我們現在甚至還不夠清楚究竟會有哪些印記。

這三次大規模的全球危機，都源自一些看似微不足道的小事。

九一一恐怖攻擊的源頭只是十九位年輕人，他們利用和四千年前青銅器時代沒兩樣的簡單粗糙小刀，使世界各地掀起了一股戰爭、間諜戰、反抗和鎮壓的浪潮。

全球金融危機則源於總是游移在灰色地帶的「信用違約交換」（credit default swap, CDS），它是一種針對抵押貸款的保單，銀行把CDS包裹再包裹，然後分割出去，

---

29 Jon Henley, "How Populism Emerged as an Electoral Force in Europe," *Guardian*, November 20, 2018, https://www.theguardian.com/world/ng-interactive/2018/nov/20/how-populism-emerged-as-electoral-force-in-europe.

30 Charles Riley, "The UK Economy Is Heading for Its Worst Crash in 300 Years," CNN Business, May 7, 2020, https://www.cnn.com/2020/05/07/economy/uk-economy-bank-of-england/index.html.

31 美國失業率達一四．七%，創下自一九三〇年以來的新高，資料來自美國勞工統計局（US Bureau of Labor Statistics）："The Employment Situation—June 2020," https://www.bls.gov/news.release/pdf/empsit.pdf.（美國歷來新高是一九三三年的二四．九%，資料來自美國普查局〔US Census〕：*Bicentennial Edition: Historical Statistics of the United States, Colonial Times to 1970*, Chapter D: Labor, 轉引自Gene Smiley, "Recent Unemployment Rate Estimates for the 1920s and 1930s," *Journal of Economic History* 43, no. 2 [June 1983]: 487–93, http://www.jstor.org/stable/2120839.）

出售再出售，最後滾出一個四十五兆美元的市場，[32]價值高達美國經濟規模的三倍，全球經濟規模的四分之三。[33]這個市場一崩潰，全世界的經濟便牽一髮而動全身，最後更掀起一波民粹主義浪潮。要是沒有信用違約交換，川普後來也不會選上總統。

這次的二〇一九冠狀病毒則提醒我們，蝴蝶效應真的會在現實中發生。一隻蝴蝶拍個翅膀，可以影響地球另一邊的天氣；一撮微小的病毒粒子搭上中國湖北省的蝙蝠翅膀，可以讓整個世界陷入一團混亂。[34]許多小小的改變都能造成巨大的影響。在電網及電腦網絡中，某些微小的元件故障，會使負載移轉到另一個元件上，造成那個元件負載過大而故障，接下來就引發連鎖反應，問題愈滾愈大，從原來的小漣漪變成滔天駭浪。這就是所謂的「連鎖事故反應」（cascading failure），一個軟體故障或變壓器壞掉就能讓整個系統停擺。生物學也有類似的「缺血連鎖反應」（ischemic cascade），輕微的血液感染可能導致輕微的血栓，連鎖反應下去可能變成嚴重中風。

過去的人把流行病（epidemic）視為人類沒有能力解決或沒有責任解決的問題。流感的英文「influenza」源於義大利，古代的義大利人以為感冒與發燒是因為受到星星的影響（influence）。[35]但過了一段時間之後，人們的觀念也開始轉變，開始歸納問題發生會出現哪些特徵，藉此找出預防與解決的方式。法國人開始將流感稱為「grippe」——來自「seizure」（意思是發作）這個詞，可能是指喉嚨或胸腔感受到的緊繃感。[36] 自一九九〇年以來，大約每十年就會因為連鎖反應而發生一次大問題（seizure），讓整個世界動彈不得（gripped）。二〇一九冠狀病毒這種事件未來還會更多，它們既不是有人刻意為之，也不完全出於偶然，比較像是我們整個跨國體系之中內建的某種機制。我們需要做的事情是去了解這個體系，或者應該說，我們需要了解我們所生活的世界，才能夠理解後疫情時代究竟會變成什麼樣子。

---

32 Janet Morrissey, "Credit Default Swaps: The Next Crisis?," *Time*, March 17, 2008, http://content.time.com/time/business/article/0,8599,1723152,00.html.com/time/business/article/0,8599,1723152,00.html.

33 全球 GDP 為六十三．六兆美元，請見：World Bank DataBank, https://data.worldbank.org/indicator/NY.GDP.MKTP.CD? locations=1W.

34 「蝴蝶效應」最初是由著名氣象學家愛德華．羅倫茲（Edward N. Lorenz）所發現：*The Essence of Chaos* (Seattle: University of Washington Press, 1995).

35 "Influenza at a Glance," Nieman Foundation for Journalism at Harvard, https://nieman.harvard.edu/wp-content/uploads/pod-assets/microsites/NiemanGuideToCoveringPandemicFlu/AnIntroduction/InfluenzaAtAGlance.aspx.html.

36 「grippe」（名詞），請見線上語源學：https://www.etymonline.com/word/grippe。

第1課

繫上安全帶

二〇一九冠狀病毒這場**陌生的**疫癘，現正顛覆著我們的日常積習，同時也扯開了世界各方面的沉痾宿疾。這次危難提醒了我們一件從古至今、國際社會不變的真理——說到底，每個國家能依靠的還是只有自己。瘟疫來襲的那一刻，即使歐洲各國這類長期合作的國家，也都關閉了邊境，準備自力更生。國際關係學者倒不怎麼意外，他們早就指出過，國內和國際政治最重要的差別，就是國際間沒有一個無上權威、沒有世界政府、沒有利維坦（Leviathan）來維持秩序。[1] 這個根本差距，讓許多思想家以為國際關係的地景永遠充斥著競爭與衝突。霍布斯（Thomas Hobbes）就說過，國家隨時都「刀鋒在手，擺出角鬥士的架式，牢牢盯緊彼此的目光」。[2] 雖然歷史實際上是重複交錯搬演著戰爭**與**和平。而在上個世紀，國家之間和平的時光還是多於戰爭，國與國之間的貿易、旅行和投資也發展蓬勃。各國創立了許多機制和體制，以利彼此合作和解決共同的問題。只是到了最後、最危急的關頭，大家還是選擇分道揚鑣。

二〇一九冠狀病毒重重撼動了冷戰以來所建立的基本世界架構。隨著強權間的較量漸歇、全球貿易欣欣向榮，[3] 世界各國也愈發相互依賴、緊密連結。但經濟整合也讓各國為了占據上風而相互競奪，新的經濟競爭者也崛起成為地緣政治的挑戰者，陣陣逆流隨之捲起。在這些年裡，資訊革命讓一切諸如貨品、服務、文化與思想等事物，都能以飛梭般的疾速往來奔襲，疾病也不例外。沒有國界可以攔阻這些有形與無形事物在全球流轉，也沒有哪個國家能獨自決定它的形勢；大家被緊密連結在一起，卻沒有誰可以控制這張網絡。換句話說，我們生活的世界開放、快速，但也因此，這幾乎是**不穩定**的同義詞。

要讓這麼開放變動的事物穩定下來十分困難。在開放、快速、穩定這三大特質中，任何體系都只能達成其中兩項。像當今世界這種開放快速的體系，不可避免會失去穩定。而像中國這種快速而穩定的體系，就會比較封閉。至於開放而穩定的體系，就會變得遲鈍滯礙。比如十九世紀的奧匈和鄂圖曼帝國就是如此：幅員廣大、多元開放，最後也寂寥朽敗。科技專家柯恩（**Jared Cohen**）也曾提出過這種「三難」概念：他發

1 有好幾十本書在談這個主題。現代最經典的一本是 Kenneth N. Waltz, *Man, the State, and War* (New York: Columbia University Press, revised 2001, originally published 1959).

2 Thomas Hobbes, *Leviathan*, Chapter XIII, "Of The Naturall Condition Of Mankind," "The Incommodites Of Such A War."

3 Esteban Ortiz-Ospina and Diana Beltekian, "Trade and Globalization," Our World in Data, October 2018, https://ourworldindata.org/trade-and-globalization.

現電腦在連線時，開放、速度和安全三者同樣無法兼得，只能擇其二者。經濟學界也有同樣的概念，稱做「政策三難」（policy trilemma），[4]意思是國家不得不從下列三者中擇一放棄：自由流動的資本、獨立的中央銀行和固定的匯率。這樣講可能有點流於理論，不過所有三難都是在談同一個簡單的概念：如果一切都開放迅速，體系也會以可怕的速度失控。

比如現今變化萬千的全球資本主義雖然能帶來超凡的經濟成長，卻也會導致金融危機和經濟失序。在一九三〇年代中至一九八〇年代初之間，每當金融市場受到的監管比較嚴格，嚴重的金融恐慌也會變得罕見。然而最近幾十年來，隨著政府放鬆對金融業的監管，危機就接二連三發生：拉丁美洲債務危機、購屋儲貸社倒閉潮（savings and loan collapse）、[5]墨西哥龍舌蘭酒效應（Mexican Tequila crisis）、[6]亞洲金融風暴、俄羅斯盧布危機、長期資本管理公司（Long-Term Capital Management）破產、網路泡沫、金融海嘯。愈開放、愈多變，也就愈不穩定。

我們讓超速運轉成了世界的常態。這兩個世紀以來，人類各方面的發展都急遽加速，尤其最近幾十年又更快了一截。人們的壽命愈來愈長、生產和消費愈來愈多、居住空間不斷擴張、能源消耗量更大、產生的汙染更多，溫室氣體也排放得更凶。隨便舉個例子：二〇一九年，來自五十個國家、共一百四十五位專家提出了一份《聯合國報告》，結論是：「全球各地的自然環境都以史上空前的速度衰退。」[7]七五%的大地和六六%的海洋，都因人類的行為而遭到「嚴重改變」。生態系逐漸崩潰，生物多樣性也日漸消失。世界上有八百多萬種動植物，其中八分之一正瀕臨滅絕，有些物種

4 "Two Out of Three Ain't Bad," Economist, August 27, 2016. 其他表述方式亦可參見：Dani Rodrik, *The Globalization Paradox: Democracy and the Future of the World Economy* (New York: W. W. Norton, 2012).

5 譯注：指一九八〇、一九九〇年代的儲貸危機（Saving and Loan Crisis）。儲貸機構是一種只對存戶提供房貸的中小型銀行，當時市場利率不斷上漲，導致儲貸機構的存款不足，而對政府施壓解除放貸限制。最後多數儲貸機構由於風險管理能力不足，有一千零四十三間因壞帳倒閉，總資產約五千一百九十億美元，最後聯邦政府花費了約一千七百五十億美元進行債務重整。

6 譯注：一九九四年，墨西哥為阻止資金外流，減少對進口的依賴，而讓披索貶值一五%，導致外資大量撤資。此事件之遠因係墨西哥在一九九〇年代初開始自由化，大量高投機性的短期外資湧入，使得經濟高度依賴進口。到了一九九四年，不穩定的政局讓外資開始撤離，政府不得不挪用外匯儲備填補經常性支出的赤字。貶值讓投機者大量拋售披索，導致通貨膨脹，最後在三天之內，披索大幅貶值了四七．一七%。

7 United Nations, Sustainable Development Report: "Nature's Dangerous Decline," May 6, 2019, https://www.un.org/sustainabledevelopment/blog/2019/05/nature-decline-unprecedented-report/.

已經只剩下幾十年的未來。這些壓力與失衡有些可以預見，有些不行——但全部都是災厄之源。

行為與反應

二十一世紀有三大危機可以協助我們理解行為和反應的陰陽相生，分別是九一一事件、金融海嘯及二〇一九冠狀病毒，正好分別反映著政治、經濟和自然三個維度。九一一事件讓我們看到，原以為勢不可擋的資本主義、民主制度和美國霸權，在部分穆斯林世界引起的反應卻是怒火喧天。西方國家和它們的價值觀曾席捲世界，不料這並非是所有人都樂見的發展。憤而反噬的雖是少數——恐怖主義畢竟是弱者的武器[8]——卻威震了整個世界。

二〇〇八年金融海嘯的背景，是整個金融業失去控制，當時搞金融工程（financial engineering）的油水往往比實際的工程還要豐厚。華爾街不斷從衍生性商品上擠出一層一層愈加精深晦澀的商品，鼓勵人們賭上日益增長的風險，換取微薄的回報。除此之外，對房屋所有權的迷戀，也讓政府和私人企業引誘更多人借更多錢購買更大的房子。

最後，這一切已經錯綜複雜到只要房價稍有變動，整個體系就會像是經濟體系連鎖大停電一樣瞬間化為烏有。

至於現在流行全球的肺炎，我們可以把它看成是大自然的反撲。人類現在的生活方式，幾乎是在邀請動物身上的病毒來感染自己。美國疾病管制與預防中心估計人類身上的新疾病大約有四分之三是來自動物，[9] 其中包括愛滋病、伊波拉、SARS、MERS、禽流感、豬流感，二〇一九冠狀病毒多半也是這樣來的。為什麼這幾十年，疾病從動物傳染到人身上的速度變得這麼快？[10] 原因是，在世界上很多地方，人類跟野生動物的距離都愈來愈近。開發中國家的現代化太快了，人民的生活方式同時橫跨了好幾個世紀，比如在武漢這種城市，中國已經有了科技化的先進經濟；但在摩天大

8 James C. Scott, *Weapons of the Weak: Everyday Forms of Peasant Resistance* (New Haven, CT: Yale University Press, 1985).

9 Centers for Disease Control and Prevention, "Zoonotic Diseases," https://www.cdc.gov/onehealth/basics/zoonotic-diseases.html.

10 Jon Hilsenrath, "Global Viral Outbreaks Like Coronavirus, Once Rare, Will Become More Common," *Wall Street Journal*, March 6, 2020.

樓的陰影底下，卻仍存在充滿奇珍異獸的野味市場，這些地方正是人畜傳染最好的煉蠱皿。[11]而且這些地方的居民行動也比以前更方便，更容易傳播資訊、產品、服務，當然還有疾病。

對自然棲地的破壞也是原因之一。有些科學家認為，當人類將文明的觸手伸入自然去鋪設道路、開發土地、設立工廠、開挖礦產時，也提高了動物將疾病傳染給我們的機率。[12]蝙蝠是狂犬病和伊波拉等許多病毒的宿主，二〇一九冠狀病毒似乎也是從牠們身上來的。為什麼是蝙蝠？這些動物有著非常完善的免疫系統和防衛機制，比如說在飛行時提高體溫，這樣一來就只有強壯的病毒才能活過天擇。這確保了蝙蝠身上的病毒可以快速讓其他動物陷入衰弱，[13]並有更多機會四處散布。* 蝙蝠還會和附近的同類大量群聚，為病毒傳播創造完美的溫床。[14]德州聖安東尼奧城外有一個布蘭肯洞穴保留區（Bracken Cave Preserve），是世界上最大的蝙蝠棲息地。每年三至十月之間，會有一千五百萬隻墨西哥游離尾蝠聚集此地，在夜空中「蝠搖直上」（batnado），其聲其景都頗為壯觀。[15]

＊蝙蝠就像是天生的病毒庫（其中也包含了數種冠狀病毒），這也是武漢病毒研究所之類機構要研究牠們的原因。有些人指控二〇一九冠狀病毒是從該研究所意外洩漏的，這個說法仍未獲得證實，不過我們應該注意，就算有最高防護的四級生物安全等級（BSL-4），這類機構也發生過好幾次洩漏事件，比如英國有間實驗室就曾在二〇〇七年發生了口蹄疫外洩。[16]

---

11 Christian Walzer, "COVID-19: Where It Starts and Stops," Wildlife Conservation Society, Wildlife Health Program, https://youtu.be/_D_6a56zI_U?t=129.

12 Nita Madhav et al., "Pandemics: Risks, Impacts, and Mitigation," Chapter 17 in *Disease Control Priorities: Improving Health and Reducing Poverty*, 3rd ed., National Center for Biotechnology Information (National Institutes of Health), November 27, 2017, https://www.ncbi.nlm.nih.gov/books/NBK525302/#pt5.ch17.sec3.

13 Lena H. Sun, "On a Bat's Wing and a Prayer: Scientists' Plan to Track Deadly Marburg Virus Is Literally Held Together with Glue," *Washington Post*, December 13, 2018.

14 比如烏干達的蝙蝠洞就是馬堡（Marburg）病毒的培養箱，出處同上。

15 Carolyn Kormann, "The Changing Climate Inside the World's Largest Bat Colony," *New Yorker*, August 5, 2019.

16 Toby Ord, *The Precipice: Existential Risk and the Future of Humanity* (New York: Hachette, 2020), 130-31.

蝙蝠原本生活的地盤距離人類很遠。但隨著棲地被破壞，牠們身上的疾病也逐漸傳到了我們身上。馬來西亞這幾十年來不斷砍伐雨林以生產棕櫚油和木材，這種毀林行為讓果蝠不得不易地而居以利生存。很多果蝠會群聚在養豬場附近以芒果和周圍的其他果樹為食。一九九八年，以蝙蝠為宿主的立百病毒（Nipah）似乎經由豬隻感染了豬農。[17]

新型冠狀病毒的來歷或許也差不多，[18]可能是以鱗片常被做成藥材的穿山甲為中間宿主，[19]接著才感染人類。知名疾病生態學家達薩克（Peter Daszak）說：「我們每天都在增加瘟疫爆發的可能性。要知道，瘟疫不只是自然現象，而是我們對自然的所作所為。」[20]

隨著經濟加速發展，愈來愈多人的生活受到改變，我們其實也正愈賭愈大卻毫不自知。就拿肉品消費來說，人們有錢以後通常會吃更多肉；一旦全世界都有錢了起來，影響就很驚人了：全世界為了吃肉，每年要屠宰八百億頭動物——這還沒把魚給算進去。[21]這麼大的肉品需求，對環境和人體健康的代價都很大。

動物製品只能提供全球人口一八%的熱量，[22]卻占據了八〇%的農地。而且現在的肉品生產條件，簡直就是十九世紀的工廠——環境同樣陰森恐怖，差別只在裡頭密密麻麻的是人還是動物。全世界約有七四％的牲畜來自這種養殖工廠（factory farm），[23]美國的比例更高達九九％。[24]（有機放牧的草飼肉品非常奢侈昂貴。）這些大規模養

---

17 Robert Kessler, "Nipah: The Very Model of a Pandemic," EcoHealth Alliance, March 2018, https://www.ecohealthalliance.org/2018/03/nipah.

18 「通常，蝙蝠身上找到的冠狀病毒在傳播到人類身上以前，都會有或需要中間宿主，先前的MERS冠狀病毒上也觀察到了這一點……」出自 Arinjay Banerjee, "Bats and Coronaviruses," *Viruses*, January 9, 2019, 11(1): 41, https://www.ncbi.nlm.nih.gov/pmc/articles/PMC6356540/.

19 Joel Achenbach, "Coronavirus Came from Bats or Possibly Pangolins amid 'Acceleration' of New Zoonotic Infections," *Washington Post*, February 7, 2020.

20 達薩克與札卡瑞亞的對談請見：*Fareed Zakaria GPS: Global Public Square*, CNN, April 22, 2020, https://www.cnn.com/videos/tv/2020/04/26/exp-gps-0426-daszak-int.cnn.

21 "Meat Production," Our World in Data, https://ourworldindata.org/meat-production. 也可見 estimates of 77 billion: Food and Agriculture Organization of the United Nations, http://www.fao.org/faostat/en/#data/QL.

22 World Economic Forum, "New Nature Economy Report II: The Future of Nature and Business," 39, http://www3.weforum.org/docs/WEF_The_Future_Of_Nature_And_Business_2020.pdf.

23 Kelly Witwicki, "Global Farmed & Factory Farmed Animals Estimates," Sentience Institute, February 21, 2019, https://www.sentienceinstitute.org/global-animal-farming-estimates.

24 Jacy Reese, "US Factory Farming Estimates," April 11, 2019, Sentience Institute, https://www.sentienceinstitute.org/us-factory-farming-estimates.

殖同樣是凶猛病毒的培養皿。

沃克斯新聞網（*Vox*）的薩謬（Sigal Samuel）寫道：「（為了大片雞胸肉等討喜的特徵）選育牲畜的特定基因，讓這些動物的基因幾乎一模一樣。這表示病毒可以輕易在動物之間散播，不會被基因多樣性阻礙。一旦病毒感染了整群牲畜，就會變得更為致命。」[25] 缺乏基因多樣性等於是封死了「免疫防火巷」。

薩謬還引用了生物學家華勒斯（Rob Wallace）的話：「要培育出最危險的病原體，養殖工廠是最好的做法。」[26]

二〇〇九年爆發的 H1N1 豬流感可能是來自北美洲的養豬場，[27] 許多禽流感疫情也都可以追溯到東亞的養雞場。[28] 養殖工廠也是抗藥性細菌的誕生地，大量使用抗生素雖然消滅了大多數細菌，但存活下來的也都是最強韌的菌種。約翰霍普金斯大學的羅倫斯（Robert Lawrence）教授認為，抗藥性細菌是「養殖工廠對人類健康造成的最大風險」。[29] 根據疾管中心的資料，美國每年有兩百八十萬人受抗藥性細菌感染，其中有三萬五千人死亡，[30] 等於每十五分鐘就有一人因此而死。[31] 全球每年因抗藥性細菌而死的人數約有七十萬。[32] 然而，肉類消費量還是每年持續增加。

誘人的厄運

奇怪的是，美國人明明也經歷過黑色風暴（1930s Dust Bowl），[33] 還有好幾場北

---

25 Sigal Samuel, "The Meat We Eat Is a Pandemic Risk, Too," *Vox*, April 22, 2020, updated June 10, 2020.

26 出處同上。

27 Charles W. Schmidt, "Swine CAFOs & Novel H1N1 Flu: Separating Facts from Fears," *Environmental Health Perspectives* 117, no. 9 (September 2009): A394-A401, https://www.ncbi.nlm.nih.gov/pmc/articles/PMC2737041/.

28 Fiona Harvey, "Factory Farming in Asia Creating Global Health Risks, Report Warns," *Guardian*, August 14, 2017.

29 Robert Lawrence, 被引用於 Samuel, "The Meat We Eat."

30 Centers for Disease Control and Prevention, "Antibiotic/Antimicrobial Resistance (AR/AMR)," https://www.cdc.gov/drugresistance/index.html.

31 Sigal Samuel, "The Post-Antibiotic Era Is Here," *Vox*, November 14, 2019.

32 World Bank Group, "Pulling Together to Beat Superbugs," October 2019, http://documents.worldbank.org/curated/en/430051570735014540/pdf/Pulling-Together-to-Beat-Superbugs-Knowledge-and-Implementation-Gaps-in-Addressing-Antimicrobial-Resistance.pdf.

33 譯注：也叫做骯髒的三〇年代，是一九三〇年至一九三六年間，因為乾旱和農業擴張導致的一系列沙塵暴侵襲。

美洲史上最嚴重的生態災難，卻竟然還沒有意識到快速無序的發展會引火焚身。這場黑色風暴在美國的歷史記憶上烙下了焦痕，顛沛流離的苦澀故事也激發了許多小說和電影創作：史坦貝克（John Steinbeck）就是因此寫下了《憤怒的葡萄》（*Grapes of Wrath*）——這些人或許可以說是美國最初的氣候難民（climate refugee）。這段故事也揭示了人類的行為會引來大自然什麼樣的回應。

在洛磯山脈以東，密西西比河以西，有一塊半乾旱的土地叫做北美大平原（The Great Plains）。大平原上終年颳著強風，有時甚至暴烈難當。千百年來，大自然都是靠著綠草抓住此地鬆散的表土。但十九世紀末的拓荒者受到豐饒的土地誘惑開始西進，用耕犁翻開草原，把蒼翠的草地變成了麥浪搖曳的田野。[34] 農戶們砍掉阻擋狂風的森林，不斷開闢更多土地，他們一遍又一遍的翻土，直到大地寸草不生，堅實的底土上只剩一層薄薄的表土覆蓋。

接著，災風吹起。從一九三〇年起，共有四場乾旱侵襲此地。前所未見的狂風隨著大旱而來，颳起所有僅存的土壤，將天空染成一片烏黑；到一九三四年，已經有一億英畝的土地被吹除了表土。[35] 高溫又讓災難更加嚴重——一九三四年是美國最熱的一年，這個紀錄直到一九九八年才被打破。[36] 好幾千人死亡，上百萬人逃離了家鄉，[37]

而這些逃離的農戶都落入了長達十年的貧困。

如今，我們又面對了同樣誘人的厄運。氣候變遷是個大題目，相關的警告都可以另外寫一整本書了。可以肯定的是：我們正看著它對自然環境的每個面向造成影響，愈來愈多地方趨向熱帶氣候，為疾病創造了有利的條件。同時也有愈來愈多土地——聯合國估計每分鐘有二十三公頃——正在變成沙漠。[38] 貝南政治家納卡加（Luc Gnacadja）領導著一個致力於對抗沙漠化的組織，他於二〇一〇年把沙漠化稱做「當代最大的挑戰」，並提出警告：「我們和大滅絕之間，只隔著地面那二十公分的土壤。」[39] 世界

---

34 Jonathan Coppess, "The Conservation Question, Part 2: Lessons Written in Dust," Gardner Policy Series, Department of Agricultural and Consumer Economics, University of Illinois, October 24, 2019, https://farmdocdaily.illinois.edu/2019/10/the-conservation-question-part-2-lessons-written-in-dust.html.

35 同上。

36 "National Climate Report — Annual 2014," National Oceanic and Atmospheric Administration, https://www.ncdc.noaa.gov/sotc/national/201413.

37 "Drought of 2012 Conjures Up Dust Bowl Memories, Raises Questions for Tomorrow," CNN, September 15, 2012.

38 United Nations, Sustainable Development Goals, 2020, https://www.un.org/sustainabledevelopment/biodiversity/.

39 Damian Carrington, "Desertification Is Greatest Threat to Planet, Expert Warns," *Guardian*, December 16, 2010.

上有三八%的地表正面臨沙漠化的風險，其中有些地方的沙漠化成因跟全球氣候變遷關係沒那麼大，而是由於更容易防範的原因：過度抽水。[40]

奧加拉拉蓄水層（Ogallala Aquifer）遍及南達科塔、內布拉斯加、堪薩斯、奧克拉荷馬和德州等半乾旱地帶，是世界上極重要的水源之一，供應著美國農田約三分之一的灌溉用地下水。[41]看似取之不盡，但實際上農企業取用它的速度之快，足以在五十年內就消耗掉七〇%的水量。[42]奧加拉拉蓄水層一旦乾涸，將會需要六千年的降雨才能重新填滿。[43]

或許有人會覺得這並不新奇，畢竟自人類學會用火以來，就一直在改變大自然。改變的過程隨著輪子、耕犁還有最重要的蒸汽機發明而逐步加快。但在二十世紀，特別是最後的這幾十年間，這個過程又飛快加速了。

現在的地球人口是一九九〇年的五倍，平均壽命也多了一倍。三十三歲就因研究細菌基因得到諾貝爾獎的遺傳學家雷德伯格（Joshua Lederberg）認為，人類壽命已經長得「超出了天擇所能影響的範圍」。他曾於一九八九年在華盛頓特區的一場病毒學研討會上，發表過一段發人深省的演說，主張我們已經大幅改變了人類的演化軌跡，因此「當代人類是一個人造物種」。[44]

雷德伯格將人類持續不斷的經濟和科學進展稱為「對其他動植物最大的威脅，因為我們為了自己的**生存空間**（Lebensraum），不斷排擠它們」。他還補充道：「除了少數幾種害蟲，**智人**無疑已經沒有了天敵。」不過他指出世上還有一種東西能跟我們競爭，那就是病毒——而且最後獲勝的會是它們。「很多人沒辦法接受現實，但大自然絕不溫良仁慈；至少祂絕不會在人類與其他物種之間，獨厚於人類。」

雷德伯格舉了一九五〇年代澳洲兔子所發生的厄運來提醒聽眾：當時人們曾用黏液

---

40 Montserrat Núñez et al., "Assessing Potential Desertification Environmental Impact in Life Cycle Assessment," *International Journal of Life Cycle Assessment* 15, no. 1 (January 2010): 67-78, https://www.researchgate.net/publication/226955880_Assessing_potential_desertification_environmental_impact_in_life_cycle_assessment_Part_1_Methodological_aspects.

41 Jeremy Frankel, "Crisis on the High Plains: The Loss of America's Largest Aquifer — the Ogallala," *University of Denver Water Law Review*, May 17, 2018.

42 Carey Gillam, "Ogallala Aquifer: Could Critical Water Source Run Dry?," Reuters, August 27, 2013.

43 Jane Braxton Little, "The Ogallala Aquifer: Saving a Vital U.S. Water Source," *Scientific American*, March 1, 2009.

44 Joshua Lederberg, "Viruses and Humankind: Intracellular Symbiosis and Evolutionary Competition," *Frontline*, 1989, https://www.pbs.org/wgbh/pages/frontline/aids/virus/humankind.html.

瘤（myxoma）病毒來控制兔子的數量。雖然兔子最終獲得了群體免疫，但第一次疫情爆發就讓超過九九%感染的兔子死於非命。[45]他在演講的結論中描繪了一個可怕的光景：「我會……懷疑，如果把剩下百分之幾的倖存者放在沙灘上，人類社會是否還能倖存，還能維持比兔子高等多少的文化？到那時候，我們還有多少能力跟袋鼠競爭？」

如果這還不夠讓你擔心，別忘了我們到現在只考慮到瘟疫和全球暖化這些自然回應人類行為所產生的災害。但人類也會把疾病當作武器，這種事情在歷史上就有過幾次案例。澳洲應用倫理學家奧德（Toby Ord）在《懸崖》（*The Precipice*）一書中指出，早在西元前一三二〇年，小亞細亞居民就會把感染兔熱病的綿羊趕到隔壁國家。[46]不久前，蘇聯也曾有過複雜的生化武器計畫，雇用了九千名頂尖科學家把上至天花下至炭疽的各種疾病做成武器。[47]而當今的生物學和科技進展，意味著只要有幾個受過訓練的科學家，以及一點點經費，就能做出致命的病原體。

我一直認為生化恐怖主義是我們面臨的危險中最重要的一種，但相關討論卻太少了。九一一事件過後，美國主要的精力都放在阻止核武擴散。美國進攻伊拉克主要就是為了阻止該國據稱正在研究的核武計畫，而威脅要和伊朗及北韓開戰，也是因為同樣的理由。防止核武擴散一直是美國的最高宗旨，因此國際上有許許多多的軍備限制條約在管制這類武器。但核武製作不易，又相對容易找到。發展生化武器就實際多了，不但製造便宜，還可以藏在預算極低的小型實驗室裡，然而它們的危害卻大得難以想像：人工病原體輕輕鬆鬆就能殺死上百萬人，甚至不止。卻很少人注意這種危險，防範這類危險的主要國際論壇《禁止生物武器公約》（Biological Weapons Convention）也沒什麼用。正如奧德所說：「這個為保護全人類而生的國際公約只有四名員工，預算比路邊隨便一間麥當勞還不如。」[48]

---

45 Ed Yong, "The Next Chapter in a Viral Arms Race," *Atlantic*, August 14, 2017.

46 Siro Igino Trevisanato, "The 'Hittite Plague,' an Epidemic of Tularemia and the First Record of Biological Warfare," *Medical Hypotheses* 69, no. 6 (2007): 1, 371-74, https://doi.org/10.1016/j.mehy.2007.03.012, cited in Ord, *The Precipice*, 130.

47 Jonathan B. Tucker, "Bioweapons from Russia: Stemming the Flow," *Issues in Science and Technology* 15, no. 3 (Spring 1999), https://issues.org/p_tucker/, 也可見 Ord, *The Precipice*, 132.

48 Ord, *The Precipice*, 132.

強韌的世界

上面描繪的這些威脅令人憂心。再加上整個國際體系不穩定的本質，我們的世界看起來宛如風中殘燭。[49]但這麼想就錯了。換個角度看歷史，就知道我們有多麼堅忍。我們曾以不可思議的步伐跨過異常的變遷。我們見識過冰河期與大瘟疫、世界大戰與大革命，但我們還是生存了下來，並且繁茂昌盛。

雷德伯格在諾貝爾獎的獲獎演說中談到，大自然通常希望在病毒和宿主身上，找到有利於兩者共存的均衡——畢竟人類死光了，病毒也無處寄生。我們和我們的社會都充滿驚人的創意和智慧，地球的韌性也同樣教人讚嘆。但我們必須先面對這份不斷膨脹的風險，並著手減輕它。現代人類的發展無論規模還是速度都史上未及。我們生活的世界體系開放多變，所以沒有什麼緩衝餘地。這樣好處很多，卻也非常脆弱。我們必須現在就修正這個逐漸失去穩定的現實。

我們沒有完蛋。按下警鈴是為了呼籲眾人行動。只不過問題在於，是什麼樣的行動？無論左派還是右派，都有人希望制止國家的經濟成長，讓世界關起門來不再開放。但我們應該告訴世界上最貧窮的十億人，他們無法脫離貧困嗎？我們應該躲進國族堡壘與世隔絕，就為了追求穩定嗎？我們應該放慢科技進展，或是全球的貨物和服務流動嗎？就算我們想這麼做，也沒有能力阻擋世界大勢。我們沒辦法說服數十億人停止追求更高的生活水準。我們無法阻止人類彼此連結。我們無法停止科技創新。我們能做的，只有更清楚現在所面對的風險，為災難做好準備，讓社會更加堅韌。社會不只要承受衝擊和逆流，更要從中學習。《黑天鵝效應》的作者塔雷伯（**Nassim Nicholas Taleb**）指出，光是堅韌還不夠，我們應該創造「反脆弱」（**antifragile**）的體系，從混沌和危機中學習經驗。

幸好，我們知道該做些什麼。黑色風暴過後沒多久，科學家就搞清楚事情是怎麼回事了。小羅斯福政府還拍了一部短片向全國解釋，片名就叫做《摧毀平原的耕犁》（*The Plow That Broke the Plains*）。政府機關也開始教育農民防範土壤侵蝕，除了提供農民大量協助，還成立水土保持局（**Soil Conservation Service**），並將多達一．四億公頃的草地納入聯邦的保護。[50] 此後的六十多年，儘管發生過一些極端的氣候現象，卻再也

49 Thomas L. Friedman, "How We Broke the World," *New York Times*, May 30, 2020.

50 Paula vW Dáil, *Hard Living in America's Heartland: Rural Poverty in the 21st Century Midwest* (Jefferson, NC:

不曾發生第二次黑色風暴。

四十五年前協助根除天花的美國醫師布理恩（Larry Brilliant）說過：「疫症爆發無可避免，但我們可以選擇不讓它大肆流行。」[51]他的意思是，我們或許無法改變最初讓疾病發生的自然現象，但只要有所準備、及早行動並做出聰明的反應，就可以快速壓平感染曲線。說實話，在消滅天花的過程中，主要因素並不是科學，而是原本對立的強權展現出非凡的合作精神，以及世界各國卓絕的執行力。同樣的，氣候變遷也是現在進行式。我們沒辦法完全阻止它，但還是可以減輕規模，以積極、明智的政策避開最嚴重的影響。執行這項任務絕不便宜。想認真解決問題，我們首先要制定碳稅，讓市場接收到正確的價格信號，以便籌措資金一面研發新科技、一面適應新環境。至於經濟發展的部分，我們也有上百種方法可以保留成長、開放和創新等原有要素，同時在新經濟中追求安全、韌性、反脆弱等目標。我們可以做出不一樣的取捨，在某些領域放棄一點效率和靈活性，把更多的錢拿來幫社會做好準備。比起以缺乏效率的方式回應危機，預防和準備工作的代價真的不算什麼。最重要的是，打造堅韌的體系，還能帶來最重要的一種穩定，那就是情感的穩定。如果人隨時都要擔憂自己會不會在下次災害中滅頂，就沒辦法長久擁抱開放和改變。

那麼，要如何預防下一次大流行呢？答案還是一樣，靈活需要有安全來平衡。許多人把焦點放在宰殺販售活體動物的傳統市場，但我們不可能直接關掉這些場所。很多國家，特別是非洲和亞洲的人們，因為家裡沒有冰箱，都要依賴這些市場提供新鮮食物。（比如在中國，有七三％的新鮮蔬菜和肉品都是來自傳統市場。）[52]更完善的管理確實有其必要，但只要不販售蝙蝠、麝香貓或穿山甲之類的野生動物，這些市場的風險其實很有限。真正該禁絕的其實是野味交易。[53]同樣的，要全世界的人停止吃肉大概不太可能，但推廣更健康、更少肉的飲食，對人類和地球都有好處。養殖工廠也可以設計得更安全、對動物更友善。而世界各國最迫切的任務則是建立有力的公共衛

McFarland, 2015), 80.

51 Larry Brilliant, "Outbreaks Are Inevitable, but Pandemics Are Optional," Long Now Foundation, YouTube, March 6, 2020, https://www.youtube.com/watch?v=nVWoHmURDTQ.

52 "Will Wet Markets Be Hung Out to Dry After the Pandemic?," *Economist*, May 26, 2020.

53 John Vidal, " 'Tip of the Iceberg': Is Our Destruction of Nature Responsible for Covid-19?," *Guardian*, March 18, 2020; James Gorman, "Wildlife Trade Spreads Coronaviruses as Animals Get to Market," *New York Times*, June 19, 2020.

生體系，並且這些體系要彼此交流、學習、合作。只靠當地機構的作為，是無法對抗全球性疾病的。

人類社會在各個領域，都正在以前所未有的驚人速度發展。這就好像我們打造了一輛史上最快的賽車，開著它前往無人踏足之境，卻沒有想過要幫車子裝上安全氣囊，也沒有買保險，甚至沒繫安全帶。而車子的引擎正火熱運轉，零件已經過熱，有時候還會著火。我們曾出過幾次車禍，每次都比上次更慘。所以我們停車熄火、調整懸吊、修一下車身，想辦法讓它表現好一點。但我們還是不斷加速，開得更凶、更快、更猛，繼續闖入未知絕地。前方的道途處處險惡，是時候裝上安全氣囊、買些保險了。最重要的是，我們該繫上安全帶了。

第 2 課

為政之方，在質不在量

時值二〇一九年十月，再過幾個月，二〇一九冠狀病毒就將橫掃世界，約翰霍普金斯大學首次公布全球健康安全指數（Global Heath Security Index），完整分析了哪些國家對流行病或全球疫情的準備最為周全。[1] 美國獨占鰲頭，在六類評分裡有四類都是第一名。這裡面包括了預防、早期檢測與通報、充足有力的醫療體系，以及，合乎國際規範。聽起來沒問題，再怎麼說，美國都有世界上最好的製藥公司、研究型大學、實驗室和醫療機構。但是到了二〇二〇年的三月，這些優勢都變得像是殘忍的笑話。當二〇一九冠狀病毒撕裂美國時，聯邦政府的反應卻遲緩、無力、毫無章法。美國人口還不到全世界的五%，但是到七月為止，累計確診人數卻已經超過了全球的二五%。[2] 每日人均死亡數更是歐洲的十倍。[3] 這又是美國例外論的新面貌嗎？[4]

把問題都推給川普總統很容易，而且嚴重低估即將到來的大流行、消極應對爆發後的疫情，還有不斷胡搞科學顧問提出的指導方針，也確實都是他的責任。他一直沒能好好協調聯邦機構和其他五十個州的行動。但問題不只是白宮的無能而已。整個美國政府都有問題。疾管中心發送了不合格的檢驗試劑，[5] 在初期又不鼓勵大眾戴口罩。[6] 食品藥品監督管理局（Food and Drug Administration）一直卡著快速通關（fast-track）程序，讓私人實驗室無法填補檢驗缺口。衛生及公共服務部（The Department of Health and

Human Services）也無法推出一套大量篩檢（mass testing）制度。從德國、南韓到紐西蘭，許多國家在實行有效的篩檢和病例追蹤制度後，都解除了外出限制（lockdown）。但美國沒有。[7]

---

1 Elizabeth Cameron et al., "Global Health Security Index: Building Collective Action and Accountability," Johns Hopkins Bloomberg School of Public Health, October 2019, https://www.ghsindex.org/wp-content/uploads/2019/10/2019-Global-Health-Security-Index.pdf.

2 "Coronavirus Map: Tracking the Global Outbreak," *New York Times*, https://www.nytimes.com/interactive/2020/world/coronavirus-maps.html, 搜尋日期：二〇二〇年七月十三日。

3 Paul Krugman, Twitter post, July 13, 2020, https://twitter.com/paulkrugman/status/1282656106762952705/photo/1, citing Our World in Data, "Daily New Confirmed COVID-19 Deaths per Million People," European Union versus United States, July 13, 2020.

4 Jeremy Konyndyk, "Exceptionalism Is Killing Americans: An Insular Political Culture Failed the Test of the Pandemic," *Foreign Affairs*, June 8, 2020.

5 Eric Lipton et al., "The C.D.C. Waited 'Its Entire Existence' for This Moment. What Went Wrong?," *New York Times*, June 3, 2020.

6 Ben Schreckinger, "Mask Mystery: Why Are U.S. Officials Dismissive of Protective Covering?," *Politico*, March 30, 2020, https://www.politico.com/news/2020/03/30/coronavirus-masks-trump-administration-156327.

7 Selena Simmons-Duffin, "As States Reopen, Do They Have the Workforce They Need to Stop Coronavirus

理論上，美國的防疫實力應該很堅強才對。它是全世界最富裕的國家，沒有誰的科技建設能與之相比。全世界都競相模仿美國的疾病管制與預防中心等制度，連中國也不例外。但多年的支配地位讓我們驕矜自滿。華盛頓還一直以各種命令規章拖累這些機構，同時又削減它們的預算，導致其失去功能。在美國聯邦這麼龐大複雜的政府裡居間協調，本來就是管理上的嚴峻挑戰。但行政中樞卻又公開和整個政府為敵，宣稱要打倒某個「深層政府」——最後的結果當然就是整個國家全面潰敗。

美國常常在全世界扮演設定議題的角色（agenda-setter），藉此掩蓋自身的缺點。最後，美國和美國制度之於全世界，就像約翰霍普金斯醫院之於全球醫療一樣，不但成了標竿，同時也兼任裁判。如此一來，不免會出現主場偏誤（home-team bias）。這些標準常偏重美國制度的長處，淡化那些會揭露美國缺點的領域。比如在二〇一九冠狀病毒爆發之前，美國人就常拿國內的一流研究機構或是大量的醫療支出來逃避現實，卻忘了這套制度特有的浪費、繁冗與嚴重不平等。不管原因是什麼，總之很少人意識到美國有多麼脆弱。直到二〇一九冠狀病毒來襲，整個急診體系就當機了。川普宣布緊急動員來對抗病毒後的一個月，全國的檢驗體系仍然一片混亂，數十種品質參差不齊的檢驗方式遍地開花，到底誰有確診根本莫衷一是，而且還要等很久才會知道檢驗結果。（據說英國在約翰霍普金斯的名單上排名第二，同樣也是擁有超高醫療水準、有實力為全球設定議題的國家。但面對疫情，英國也跟美國一樣慘不忍睹，甚至奪下了全球最高的人均死亡率。）

一開始，有人把美國的防疫失敗和中國的成功，放在民主國家衰退和中國式國家資本主義（**state capitalism**）崛起的大敘事下做為對照。雖然是第一個面對病毒威脅的國家，但中國似乎靠著雷霆手段控制住了疫情。這是因為他們擁有強大、不受民主限制的技術官僚政府嗎？中國政府第一時間就封鎖了大部分的城市，停止包含運輸在內，幾乎一切的經濟活動，有效隔離了大約七．五億人。[8] 中國建築集團在兩週內就蓋好了兩間新醫院，[9] 將病患與外界隔絕，不讓他們把病毒傳染給家人，並利用科技和監控手段追蹤所有跟他們接觸過的人。

Outbreaks?,” NPR, June 18, 2020.

8 Raymond Zhong and Paul Mozur, “To Tame Coronavirus, Mao-Style Social Control Blankets China,” *New York Times*, February 15, 2020, https://www.nytimes.com/2020/02/15/business/china-coronavirus-lockdown.html.

9 Lingling Wei, “China’s Coronavirus Response Toughens State Control and Weakens the Private Market,” *Wall Street Journal*, March 18, 2020.

不過，一段時間之後，我們發現中國對二〇一九冠狀病毒的早期反應其實糟透了。湖北和武漢的地方官員只想大事化小，讓試圖警告全國的醫生都噤聲。其中一名吹哨者李文亮醫師慘遭逮捕，並在歷經多舛的命運之後死於二〇一九冠狀病毒。北京高層也把世界衛生組織和全世界蒙在鼓裡，拖延了有關病毒的重要資訊。在習近平的領導下，中國的政治制度、經濟和社會，都逃不出共產黨和政府的爪子；而在這樣的氛圍中，地方官員也不願將壞消息沿指揮鏈上呈。疫情爆發了幾個月後，北京仍拒絕國際上分享資訊的要求，甚至干涉有關二〇一九冠狀病毒的研究報告發表。[10]

而這一切都是中國政治制度固有的本質。從古至今，世界各地的威權政體都想要嚴格控制資訊，因為資訊就是權力。《經濟學人》（*The Economist*）研究了一九六〇年以來的流行疾病，發現獨裁國家面對疾病爆發時常常處理不當。[11] 整體而言，民主國家的處理都比較妥當，相較於國民收入水準相同的威權國家，死亡率顯著較低。諾貝爾經濟學獎得主沈恩（Amartya Sen）也發現，民主國家應對饑荒時，多半做得比獨裁國家好，[12] 因為防止災難擴散的關鍵，就在於讓資訊自由流通，這樣一來，民意就會對官員形成壓力。我們還不清楚中國的封城和限制外出等鐵腕手段，是不是成功防疫的唯一途徑。不過其他有效控制疫情的國家，做法也沒有這麼高壓。

美國在某些地方的危機處理很糟，但有些地方也做得不錯。雖然起先輕忽疫情，然後又處理失當，但在南北戰後最緊張的政黨對立下，政府和國會仍然攜手合作，推出了美國史上最大的財政紓困專案，來減緩經濟所受的衝擊。比如聯邦準備系統（Federal Reserve）就幾乎收購了所有債權，為整個經濟提供立足之地。截至二〇二〇年六月，國會法案加上聯邦準備系統的干預措施，總共支出了超過六兆美元[13]——按絕對價值計算的話，這是全世界最大規模的應對措施，也是人均額度極高的國家之一（日本、德國和其他國家也實施了上兆美元的專案）。[14]除了聯邦政府，一些市長和州長

---

10 Nectar Gan, Caitlin Hu, and Ivan Watson, "Beijing Tightens Grip over Coronavirus Research, amid US-China Row on Virus Origin," CNN, April 16, 2020, https://www.cnn.com/2020/04/12/asia/china-coronavirus-research-restrictions-intl-hnk/index.html.

11 "Diseases Like Covid-19 Are Deadlier in Non-Democracies," *Economist*, February 18, 2020.

12 Amartya Sen, *Development as Freedom* (New York: Anchor, 1999), 16.

13 Andrew Van Dam, "The U.S. Has Thrown More Than $6 Trillion at the Coronavirus Crisis. That Number Could Grow," *Washington Post*, April 15, 2020, and Chris Edwards, "Crisis May Add $6 Trillion to Federal Debt," Cato Institute, April 21, 2020, https://www.cato.org/blog/crisis-may-add-6-trillion-federal-debt.

14 IMF, "Policy Responses to Covid-19," https://www.imf.org/en/Topics/imf-and-covid19/Policy-Responses-to-

也試著強化篩檢和增加醫療設施。大企業也熟練的因應要求做出調整，把汽車產線拿來生產呼吸器。[15] 矽谷的科技巨擘成了人民不得不在家工作時的生命線。至於美國的製藥和生物科技公司，同樣競相尋找治療方法和疫苗，進度甚至看起來十分樂觀。這都不像國家大勢已去時會有的景象。

熱衷於抨擊和崇拜美國的人，最後總是會失望。這個國家又大又複雜，你永遠可以在此找到自己想要的東西。不過這場瘟疫還是讓原本就有的傷口愈裂愈開。幾十年前，經濟學家高伯瑞（John Kenneth Galbraith）的文字，就是美國最好的寫照：一個由「私人的豐裕和公眾的敗壞」所勾勒的國家。[16] 美國的私人部門向來耀眼，但公家機關除了少數幾個獨立、自給自足的機構，還有備受敬重的聯邦準備系統，都是沒有枴杖的瘸子。華盛頓碰到問題只會砸錢，雖然最後多半可以搞定，卻無力執行複雜的全國計畫為集體謀福利。社會安全保險（Social Security）雖然有用，不過他們的工作主要只有簽支票，而退伍軍人事務部（Veterans Administration）則是個臃腫的官僚災難。

有時候公部門連支票都寫不好。華盛頓花了好幾兆美元做疫情紓困，但大公司和有錢人養的說客卻寫了一堆巧妙條款，[17] 幫他們搶走了大部分的錢。[18] 而且發給一般美國人的支票還拖拖拉拉，就因為官僚組織在最後一刻堅持要在上頭印上唐納・川普的大名。[19]到了四月底，至少還有五千萬人在等著領錢，[20]而財政部（Treasury Department）還寄出了一百萬張給死者的支票。[21]與此同時，加拿大的紓困法案就單純得多，也沒有

COVID-19.

15 Faiz Siddiqui and Reed Albergotti, "Ford and General Electric Team Up to Produce Ventilators as Major Manufacturers Shift to Medical Equipment," *Washington Post*, March 30, 2020.

16 John Kenneth Galbraith, *The Affluent Society* (Boston: Houghton Mifflin, 1958), 189.

17 Jesse Drucker, "The Tax-Break Bonanza Inside the Economic Rescue Package," *New York Times*, April 24, 2020.

18 Brendan Fischer and Kedric Payne, "How Lobbyists Robbed Small Business Relief Loans," *New York Times*, April 30, 2020.

19 Lisa Rein, "In Unprecedented Move, Treasury Orders Trump's Name Printed on Stimulus Checks," *Washington Post*, April 14, 2020.

20 根據美國財政部財務局迄二〇二〇年七月六日為止的資料，在四月三十日以前共寄出了一．二億張支票，https://www.fiscal.treasury.gov/files/news/eip-operational-faqs-for-financial-industry.pdf; 根據二〇二〇年七月五日的"Economic Impact Payments Issued to Date"，美國眾議院籌款委員會（House Ways and Means Committee）估計大約總共需要一．七一億至一．九億筆紓困金，https://waysandmeans.house.gov/sites/democrats.waysandmeans.house.gov/files/documents/2020.06.04%20EIPs%20Issued%20as%20of%20June%204%20FINAL.pdf.

21 Erica Werner, "Treasury Sent More Than 1 Million Coronavirus Stimulus Payments to Dead People, Congressional

碰到官僚或政治阻礙——危機發生的頭兩週，錢就直接存進公民的銀行戶頭了。[22]德國同樣在第一時間就延伸原有政策的適用範圍，幫勞工保住六〇%因被迫放假而損失的工資，[23]有子女的勞工還可以領到六七%，企業因此得以免於大量裁員。這些措施的目標是要減輕人們的財務和心理壓力，所以要成功主要還是得速度夠快、金額夠多。

因此政府的種種弊病，問題並不出在民主，而是出在美國。

很多民主國家都能有效處理疫情，而且表現得比任何獨裁國家還要好。這些國家也各有不同立場的執政黨。南韓、紐西蘭和臺灣這些由中間偏左政府主政的國家可能是反應最積極的，不過德國、奧地利和澳洲等由中間偏右聯盟掌權的國家也不落人後。政府態度最散漫的國家包括巴西和墨西哥，這些國家都被激進民粹政黨把持，表現也都不太好；但其中同樣有瑞典這種領導人是中間偏左的國家。

我們能從這團亂七八糟的組合中看出什麼呢？大概是舊的意識型態已經不合時宜了吧。過去幾百年來，政治的組成都分為左右兩派。左派主張政府在經濟中應該有更重要的定位。右派則堅定捍衛自由市場。二十世紀最大的政治論題，就是政府在經濟中的規模和定位——也就是政府的「量」。但在這場危機中，真正重要的似乎是政府的「**質**」。

拿那些很早對疫情做出反應、大量進行篩檢、追蹤病患、減緩傳播速度，而且只有少量限制外出的國家為例，表現最好的正是臺灣、南韓、香港和新加坡——這個成就很值得一提，因為他們每年都有上百萬來自中國的遊客。這些國家的政府規模都不大，支出占經濟規模的比例也相對很低。香港一直被美國的保守派（conservative）認為是自由市場經濟的理想，在傳統基金會（Heritage Foundation）的經濟自由指數（**Index of Economic Freedom**）上常年領先。[24] 公共支出占其經濟規模的比例非常低——只有一八%，[25] 是法國的三分之一。[26] 然而到七月底為止，香港登記的死亡人數只有十八

Watchdog Finds," *Washington Post*, June 25, 2020.

22 Lauren Vogel, "COVID-19: A Timeline of Canada's First-Wave Response," *Canadian Medical Association Journal News*, June 12, 2020, https://cmajnews.com/2020/06/12/coronavirus-1095847/.

23 "Germany Offers Cash for Everyone," *Economist*, March 26, 2020.

24 Heritage Foundation, 2019 Index of Economic Freedom, "Key Findings of the 2019 Index," https://www.heritage.org/index/book/chapter-3.

25 Heritage Foundation, 2020 Index of Economic Freedom, "Hong Kong," https://www.heritage.org/index/country/hongkong.

26 Heritage Foundation, 2020 Index of Economic Freedom, "France," https://www.heritage.org/index/country/france.

人。[27]對面兩千三百萬人口的臺灣，甚至只有七人死亡。他們每年只花國內生產毛額的六%在醫療上，是美國的三分之一。[28]另一方面，德國、丹麥、芬蘭應對疫情的措施也很有效，而這些國家從大部分的角度來看都是大政府國家，加拿大也是這樣。換句話說，成功對抗病毒的國家中，有些是大政府，有些則是小政府。這些國家的共通點在哪呢？就是有能力、運作良好、備受信賴的政府——這些就是所謂政府的「質」。

好政府簡史

為什麼有些國家的政府可以運作良好，有些不行？學術界已經研究這個謎團好幾世紀了。要回答這個問題，我們得先回到最根本的地方。所有社會最初期的政治體制，都是從韋伯（Max Weber）說的「家產制」（patrimonial）開始，[29]也就是單由一名強人統治。所謂的政權也就是他的家人、朋友和盟友，政治和經濟權力混淆難分。這種體制非常不能代表民意，卻很有效率。福山（Francis Fukuyama）曾討論過家產制的優勢：「這種制度的磚瓦，燒煉自人類最基本的社會性，也就是和親朋好友維持互惠關係的生物天性。」[30]家產制深植於人類社會中，維持了數千年之久。黑手黨到現在還是這樣經營，許多現代政權的某些基礎層面也仍維持著家產制。巴西、希臘和印度都有著現代化的政治體制，但如果往更深處探究，就會發現裡頭藏著強烈的家產制特徵，家族關係仍是政治權力的關鍵成分。

就算是美國，也還有著某些古老恩庇制度（patronage）的元素；雖然未必是世代相襲，但這種制度基本上就是合法的腐敗。我曾問一位財政部的高階官員，國會在各州監理機構外，另外設立五、六個不同的委員會來監督銀行，這有沒有意義。這樣做讓例行的監督多了數不盡的複雜衝突。他的答案當然是沒有，但這件事也永遠無法改變：「每個委員會，還有各州的政客，都會要求銀行提供他們選舉用的資金。要是沒了這些監督，他們也就沒了要錢的管道。」自從最高法院對一九七六年的巴克利訴法雷奧

---

27 關於香港與臺灣，請見 *New York Times*, “Coronavirus Map: Tracking the Global Outbreak,” 搜尋日期：二〇二〇年七月二十七日，https://www.nytimes.com/interactive/2020/world/coronavirus-maps.html.

28 Tsung-Mei Cheng, “Health Care Spending in the US and Taiwan,” *Health Affairs*, February 6, 2019.

29 Max Weber, *Economy and Society* (Berkeley: University of California Press, 1978).

30 Francis Fukuyama, *Political Order and Political Decay: From the Industrial Revolution to the Globalization of Democracy* (New York: Farrar, Straus and Giroux, 2014), 199.

（Buckley v. Valeo）[31] 一案做出判決後，美國就堅持認為花錢是一種言論自由，不該受到任何嚴重手段的限制。這種對言論的看法，後來又在二〇一〇年惡名昭彰的「聯合公民」（Citizens United）[32] 一案的判決中得到確認，並進一步擴大。全世界沒有一個先進民主國家是這樣看待言論自由的，大部分國家對政客如何籌資和用錢有些固定規範，[33] 而他們這麼做並沒有對言論自由或民主的品質造成反效果。因此，在美國政府的核心地帶，其實是一連串無盡的對價交易（quid pro quos），而這些錢都是為了償還人情債。美國會有全世界最長的租稅法也是有原因的，裡面數以千計的修正案，都是政客用來籌募選舉費用時所出售的商品。

一直以來都有知識份子提出構想，認為把社會體系交給某種專家——現代人講的技術官僚——來管理會更好。柏拉圖在《理想國》（*The Republic*）提到了五大類政體：貴族政治（aristocracy）、勛閥政治（timocracy）、寡頭統治（oligarchy）、民主制度和僭主暴政（tyranny）。他認為，最好的政體是由哲學家國王（philosopher- king）領導的貴族政治。統治階級會接受嚴格的教育，理解社會最重大的目標是追求柏拉圖式「善」的理念。他們不能擁有個人財產，不然就會開始追求無用的私利。他們只能思考什麼東西對整個社會最好。而在勛閥政治中，擁有財產的人才能投票；這種體制的出現，是因為貴族政治墮落，人格和教育水準不上不下的男人（永遠都是男人）成了統治者。這些人貪婪又渴慕權力，很快就會帶著國家走向寡頭政治，放任富人赤裸裸的把守護自己的優勢當成唯一目標。對柏拉圖來說，由大眾統治的民主制度，和由富人統治的寡頭政治同樣危險，因為這些類型的政府都是由自利心所驅動，缺乏更崇高的目標。同時，這些政體也不夠穩定，往往會墮落成最糟糕的僭主暴政。

人類最初嘗試建立有效的官僚體系時，成果其實算是好壞交雜。西方最早有「受訓治理的統治階級」這個概念，是出現於羅馬帝國，當時的政府靠著（以軍人為主的）

---

31 譯注：一九七六年，最高法院在此案中推翻了《美國聯邦選舉法》（Federal Election Campaign Act）對支出上限的限制，認為該限制違反憲法第一修正案對言論自由的保障。凡是沒有接受補助的候選人，都可以不受限制使用個人資金。

32 譯注：二〇〇二年的《兩黨選舉改革法案》（Bipartisan Campaign Reform Act）規定，公司和工會在大選前六十天和初選前三十天不得資助特定候選人，也不得發布支持或詆毀特定候選人的言論。最高法院於此案中認定法律不應限制人民資助選舉的權利，將相關條文判為違憲。

33 Paul Waldman, "How Our Campaign Finance System Compares to Other Countries," *American Prospect*, April 4, 2014.

龐大行政網絡經營整個帝國。最著名的改革發生於戴克里先皇帝（emperor Diocletian）統治的西元三世紀。他把帝國的權力下放，分配給另外三名行政長官，創造了名為「四帝共治」（tetrarchy）的政體。不過由於沒有帶來什麼重大的軍事或經濟成就，這通常被看做是一場失敗的改革。等到西元五世紀，羅馬淪陷於入侵的蠻族之手後，以拜占庭（後來改名君士坦丁堡，也就是現今的伊斯坦堡）為首都的東羅馬帝國那永無止境的繁文縟節和行政層級，就成了最後的傳奇——到現在我們還是會說，過度繁複的系統「跟拜占庭時代沒兩樣」（byzantine）。[34]

而在遙遠的東方，孔子早在柏拉圖之前就開始提倡統治者應藉著德性而非蠻力來治理，應以教化人民知悉榮辱為己任。在孔門思想的影響下，中國首先建立了以考試選拔政府官員的制度。這套制度早在漢朝就有了雛型，但直到唐朝（六一八－九〇七）才正式確立。考試的內容包括儒家經典、軍事史和戰略。後續各朝又繼續增加考科，除了替帝國政府舉薦賢才，這同時也能幫皇帝集中權力、削弱地方豪強的羽翼。

這種考試選才的概念，還有以功績為基礎的程序，也傳入了日本、韓國、越南等東亞國家，讓各國建立了各自的學者官僚體系。到了明朝，東訪的葡萄牙旅行家開始稱呼中國高級官員為「官大人」（mandarin），[35]後來這個詞也被用來描述各地位高權重的行政官僚。

很多技術官僚體系並未成功建立能幹的政府，這是因為任職的專家沒有實際掌權，真正有權力的往往是政治領袖和他們的親信。即使通過了科舉，官員也常常只是統治者親戚和側近的幫襯，整個官僚體系都是擺好看的，實際上職能有限也缺乏權威。中國和德國這些地方的官僚體系能為往後的政治發展鋪下基石，反而是特例。

真正提升政府權力和效力的，其實是另一樣東西：衝突。知名學者提利（Charles Tilly）的名言是：「戰爭創造國家，國家創造戰爭。」[36]而確實只要國家一投入軍事競爭，政府的規模和職權就會增大。戰爭往往意味著稅收，稅收最終會對政府造成壓力，不得不為人民提供更多服務。小小的不列顛能夠成為強大的現代國家，建立日不落帝國，原因之一就是十七、十八世紀的多場戰爭；這些戰爭不僅幫助英國奪得海上霸權，

---

34 不過近來學者對於拜占庭帝國的僵化衰敗提出了新的挑戰。請見：Judith Herrin, *Byzantium: The Surprising Life of a Medieval Empire* (Princeton, NJ: Princeton University Press, 2007).

35 Sarah Zhang, "Why *Mandarin* Doesn't Come from Chinese," *Atlantic*, January 4, 2019.

36 Charles Tilly, "Reflections on the History of European State-Making," in *The Formation of National States in Western Europe*, edited by Charles Tilly (Princeton, NJ: Princeton University Press, 1975), 45.

也為英國建立了一套強大的財政機制。一七〇〇年代末，每個英國人要繳的稅金，幾乎比法國人多了三倍。[37] 歷史學家布魯爾（John Brewer）將這些稅收比喻為「權力的肌腱」，比起海軍，這才是英國能不斷擊敗法國、實現全球霸業的關鍵。不過有時候，體系所受的刺激未必是來自軍事，而是因為自然的壓力。另一名歷史學家史諾登（Frank Snowden）指出，中世紀的黑死病也是國家形成的諸多因素之一，因為隔離病患需要有強大的政府才能辦到。[38]

不過，災難也不是促進改革唯一的動力。社會各階層的改革者也會讓政府變得更加有效。這些人的動機各有不同。馬基維利和霍布斯對政府的期望只有帶來秩序。十八世紀，普魯士的腓特烈大帝戮力將啟蒙運動的理性主義帶入政治。十九世紀的拿破崙決心用現代化的法典一統歐洲。英國的諾斯科－崔維廉（Northcote-Trevelyan）改革，為英國創立了一套歷久彌新且不受政治干涉的公務體系，廣為世界各國仿效。憲章派（Chartist）、[39] 社會主義者和自由主義者，都以各種不同的方式想讓政治變得更開放，但他們都希望人們的權力是來自才華和需要，而非在社會秩序中的地位。這些改革最早多半起源於歐洲北部，也在這些地方看見成果，而這些國家在數百年來各種不同的政治和意識型態體系下，也都一直維持著有效的政府。即使在共產時期，東德的效率也一直勝過其他東歐國家。

非西方國家的現代化沒有那麼快，不過有些國家，特別是亞洲國家，在十九世紀晚期也開始追趕了。他們多半是模仿特定的西方體制和實作方法，結合源遠流長的功績制度和官僚體系，創造出有效的政府。日本、南韓和數十年後的中國都是這樣。日本在十九世紀的明治維新時，就是有意模仿普魯士的官僚體系，[40] 建立起往後上百年裡，亞洲最有效的政府。而在拉丁美洲，智利的政府運作遠比其他國家更良好，推動了後來的經濟持續成長。（關於「智利例外論」的原因有不少爭論，也許參雜了文化、領導階層和運氣的因素。）新加坡則是這種現象的模範——他們利用自身的文化底蘊來

---

37 John Brewer, *Sinews of Power: War, Money, and the English State, 1688–1783* (London: Unwin Hyman, 1989), 74.

38 Frank Snowden, quoted in Jason Willick, "How Epidemics Change Civilizations," *Wall Street Journal*, March 27, 2020.

39 譯注：一八三八年至一八四八年之間，英國推動成年男性普選權和祕密投票等參政權利的工人階級運動。

40 T. J. Pempel, "Bureaucracy in Japan," *PS: Political Science and Politics* 25, no. 1 (March 1992): 19-24.

凝聚社會，擷取了中華式的菁英官僚體系傳統，又繼承了英國更為開放透明的體系（不過整個框架仍然有點威權）。高度自律而集中的領導方針也幫了很大的忙。如今的新加坡常常被列為全世界最有效的政府之一。

美國例外論

回到總是自有一套做法的美國。這種例外論是美國無能應付二〇一九冠狀病毒的原因嗎？這場失敗是否指出，世界第一強國還有更多弱點？它確實凸顯了美國的某個罩門。早從第一批英國移民的思想和作為開始，美國反國家（anti-statist）的傳統就根深柢固。北美十三州一直置身於歐洲的衝突之外，從未有任何壓力讓他們要為了備戰而強化政府。就連脫離大英帝國獨立，表面上都是為了反抗政府徵稅的權力。因此，美國建國之初的實驗性中央政府，貧弱到不出十年就無以為繼了。一七八九年的新憲法雖然給了聯邦政府更多權力，但在許多方面依然限制重重。甚至到了一百年後，美國的經濟雖然飛快成長，也進入了工業時代，國家的力量依然很小。總統的權力不大，國會難以達成一致，依據憲法，聯邦無法收稅，軍隊比起歐洲對手也不值一提。

有志改革的人都知道，讓美國走入現代的唯一方法，是建立強而有效的全國政府。但直到南北戰爭為止，這些改革的成果都很有限：奴隸制的存在和擴張趨勢讓整個國家陷入癱瘓。戰爭過後，全國經濟開始成長，自然需要有更專業的全國政府。一八八三年，國會要求聯邦政府的許多職位都應當根據功績制來任命，開始脫離過去主導政治體系的酬庸制度。一名叫做伍德羅・威爾遜（Woodrow Wilson）的年輕學者更進一步改革，主張既然美國已經工業化，各州就應該把權力交給華盛頓特區，而總統自然不可避免的成為華盛頓最有權力的部門。他曾對國會的扯後腿、勾心鬥角還有眾多的「無勛貴族」（petty baron）深表失望，[41] 感嘆美國的憲法架構「少了一個最高領導者……來做出果斷的決定，也沒有權威可以判斷該做什麼」。[42] 數十年後，他當上了總統，立刻開始擴張聯邦政府的權力，因此我們現在才有辦法分拆托拉斯、課徵所得稅以及干預

---

41 Woodrow Wilson, "The House of Representatives," in *The Collected Works of Woodrow Wilson*, edited by Josephus Daniels.

42 Woodrow Wilson, "The Executive," *Congressional Government* (1885), 283, https://archive.org/stream/congressionalgov00wilsiala.

勞資糾紛。（不得不提的是，威爾遜也是一個毫不掩飾的種族主義者，他刻意不用這些權力來改善黑人的困境。）在他之前的老羅斯福（Theodore Roosevelt）也比較偏好讓政府有足夠的力量，以便節制大企業的放肆。然而，儘管有這些改革，美國進入工業化時代後，仍然有著前工業時代的政府。

真正帶來劇烈轉變的是小羅斯福（Franklin Roosevelt）。小羅斯福的前任胡佛（Herbert Hoover）非常質疑政府介入經濟的效果，因此以非常被動的方式應對大蕭條。小羅斯福採取了不同的策略：什麼都試試看。其中一名叫做雷克斯・特格韋爾（Rex Tugwell）的顧問就使用了意識型態更明顯的措辭來制定解決方案。在他口中，「新政」（New Deal）改革的目標就是以「協調與控制」取代自由放任主義的格言「競爭與衝突」。在小羅斯福時期，總統終於成了政府中的最高領導者，而在建立現代美國的過程中，小羅斯福的功勞也遠非其他總統能及。基本上，美國政府當今的每一項任務，都可以在小羅斯福時期找到其根源。[43]不過就算是在他的執政時期，也有不少退步。南方各州一直在抵抗華盛頓的介入，擔心這些措施會終結種族隔離法（Jim Crow law）。他們想的沒錯，因為種族隔離的終結，確實是靠著聯邦政府的權力。

美國嘗試集權中央的時間相對很短，只有大約五十年——不過別忘了，這段時間的經濟成長、生產力和創業精神都十分蓬勃。小羅斯福的改革最後在雷根（Ronald Reagan）任期告終，雷根最有名的話就是：「政府不能解決問題，政府就是問題。」他說這話的時間是一九八一年，正值一九三〇年代以降最嚴重的經濟衰退。換句話說，雷根是在最慘重的危機中，放棄了政府所能扮演的角色。雖然他確實提高了聯邦支出，不過數目卻有誤導之嫌。在他的任期內，國防部經費和一些大型的權益保障計畫，比如社會安全保險和高齡醫療保險（Medicare），都維持不變且稍有成長，但其他支出幾乎全都縮水了。在一九五〇年代，聯邦公務員占了整體就業的五%以上。如今這個數字已經掉到二%以下，[44]但美國人口卻是當時的兩倍，[45]而實際國內生產毛額更有當時的七倍之多。[46]政府對科學、科技和基礎建設的投資，都遠遠不如一九五〇年代。二十一世紀的美國，完全是在吃老本度日。

---

43 "FDR's Government: The Roots of Today's Federal Bureaucracy," *Washington Post*, April 12, 1995.

44 聯邦公務員雇用數據來自聖路易斯聯邦準備銀行（Federal Reserve Bank of St. Louis），請見 https://fred.stlouisfed.org/series/CES9091000001; 整體美國非農業就業人數請見 https://fred.stlouisfed.org/series/PAYEMS.

45 US Census Bureau, "Quickfacts," https://www.census.gov/quickfacts/fact/table/US/AGE775219.

46 數據來自聖路易斯聯邦準備銀行，請見 https://fred.stlouisfed.org/series/GDPCA.

美國公務員如今所占的人口比例，已經遠少於大部分的先進民主國家。[47] 公務員已經不像過去令人尊敬，這些都是人事凍結和預算刪減造成的影響。布魯金斯學會（Brookings Institution）的一份分析報告指出：「三分之一的聯邦人力會在二〇二五年以前屆齡退休，如今三十歲以下的聯邦員工更只占六%。」[48] 從雷根時代以來，人們都傾向認為政府比起解決問題更會製造問題，所有聯邦機構都臃腫虛胖，所以最好是把各種任務都包給私人部門處理。右派政客常用「餓死巨獸」來描述這種對付政府的策略。反稅大將諾奎斯特（Grover Norquist）的說法更尖銳：「我不是想廢除政府，我只是想把它縮小，小到可以抓進浴室丟入浴缸淹死。」[49] 川普革命背後的思想家班農（Steve Bannon）也明言，他的核心目標之一就是：「拆除行政國家」[50]（administrative state）。[51] 這些人公開宣示要摧毀政府，而這四十年來，美國政府卻正是由這些人在領導。他們有什麼理由不會成功嗎？

除此之外，美國的聯邦制也是一個因素。美國很多方面的失能都因為州政府和地方政府重複犯錯而變得更加嚴重。

就拿制定防疫策略來說，兩千六百八十四個州、地方和區域衛生及公共服務部門，[52] 都為了維護獨立性而各自猜疑。全國的州政府和地方政府加起來共有九萬零一百二十六個單位，[53]許多單位對口罩和群聚的規定都各唱各的調，讓情況變得更加混亂。失業給付也因為州政府的要求各有不同，而處處延宕。聯邦制當然不是沒有可取之處。就像布蘭迪斯（Louis Brandeis）大法官說的「民主實驗室」一樣，許多有用的重要實驗都是因此能夠執行。各州為了投資和勞動力而互相競爭，這能夠帶來蓬勃的成長。但碰到像應對疾病這樣不分州界的事情，拼拼湊湊的政府權威就是噩夢了。在篩檢二〇一九冠狀病毒這件事情上，標準又顯得更加破碎。通報管道的技術新舊雜

---

47 遠低於經濟合作暨發展組織（OECD）平均水準，根據 OECD's "Government at a Glance 2017," https://www.oecd.org/gov/government-at-a-glance-2017-highlights-en.pdf.

48 Fiona Hill, "Public Service and the Federal Government," Brookings Institution, May 27, 2020, https://www.brookings.edu/policy2020/votervital/public-service-and-the-federal-government/.

49 Jeff Spross, "The GOP Plot to Drown Medicaid in the Bathtub," *Week*, March 9, 2017.

50 譯注：意指行政權一權獨大的國家。

51 Philip Rucker and Robert Costa, "Bannon Vows a Daily Fight for 'Deconstruction of the Administrative State,'" *Washington Post*, February 23, 2017.

52 Polly J. Price, "A Coronavirus Quarantine in America Could Be a Giant Legal Mess," *Atlantic*, February 16, 2020.

53 Editorial Board, "Federalism Explains Varied COVID-19 Responses," *Columbus Dispatch*, May 8, 2020, https://www.dispatch.com/opinion/20200508/editorial-federalism-explains-varied-covid-19-responses.

陳——電話、資料饋送專線（data feed）、電子郵件、傳統郵件，甚至還有傳真，[54]最重要的病人資料都藏在堆積如山的紙本文件裡頭。（臺灣以健保卡系統把單一資料庫跟相關醫療資訊連結在一起的做法，更是把我們遠遠拋在後頭。）[55]

除了疫情大流行，聯邦體系也讓美國很難建立統一的醫療和投票制度。警察改革同樣得指望全國一萬八千多間獨立警察局的作為。[56]這些全都癱瘓堵塞了整個政府。一些有著悠久共識決政府和深厚社會資本的國家，都把權力分散的政府管理得很好，德國、瑞士和荷蘭更是其中佼佼者。但對美國來說，卻很難企及。

如何建立更好的官僚體系

要知道對政府合理的不信賴是怎麼變成有害的懷疑論，可以從大西洋兩岸來看出端倪。英國政府向來很有力量、很有效率，從每個層級來看也都很開放，且本身具有深厚的反國家主義傳統。整體來說，他們在歷史上的發展和長處，都和荷蘭及北歐國家差不多，同樣有著強大的政治體制和監理良好的市場。英國的行政和司法系統素來受到其他歐洲國家欽羨。學者也常指出，大多數政治穩定的開發中民主國家都曾經是英國殖民地，[57]因為這些國家有著英國留下的制度和文化遺產。新加坡國父李光耀就認為，雖然英國的官僚體系有許多麻煩的殖民地色彩，但其中的效率和清廉也是這個城邦國家成功的關鍵之一。不過從一九八〇年代以來，英國和美國一樣，在意識型態上也反對大政府。其內政機關同樣也在效率的名義下面臨預算不足的問題；強森（Boris Johnson）這個民粹領導人也同樣輕蔑專家，對官僚體系抱持莫大懷疑。在掏空國家力

54 關於美國篩檢二〇一九冠狀病毒的不足之處，請見：Sarah Kliff and Margot Sanger-Katz, "Choke Point for U.S. Coronavirus Response: The Fax Machine," *New York Times*, July 13, 2020.

55 關於臺灣近乎零時差追蹤二〇一九冠狀病毒病患資料的健保卡系統，請見：Jackie Drees, "What the US Can Learn from Taiwan's EHR System and COVID-19 Response," *Becker's Hospital Review*, July 1, 2020, https://www.beckershospitalreview.com/ehrs/what-the-us-can-learn-from-taiwan-s-ehr-system-and-covid-19-response.html; 以及伊曼紐（Ezekiel Emanuel）和札卡瑞亞的對談，*Fareed Zakaria GPS: Global Public Square*, CNN, July 12, 2020, https://www.cnn.com/videos/tv/2020/07/12/exp-gps-0712-emanuel-on-us-covid-19-response.cnn.

56 Duren Banks et al., "National Sources of Law Enforcement Employment Data," US Department of Justice, October 4, 2016, https://www.bjs.gov/content/pub/pdf/nsleed.pdf.

57 Michael Bernhard, Christopher Reenock, and Timothy Nordstrom, "The Legacy of Western Overseas Colonialism on Democratic Survival," *International Studies Quarterly* 48, no. 1 (March 2004): 225-50, https://academic.oup.com/isq/article-abstract/48/1/225/2963246.

量的撙節政策之下，他的政府面對二〇一九冠狀病毒的初戰表現可說是異常差勁，遠比其他北部歐洲國家更糟。相反的，希臘的民主雖然年輕而且還在發展，官僚體系也無能得令人咋舌，但對疫情的處理卻意外優秀。為什麼？因為他們有個能力優秀、出身技術官僚，而且信任科學和管理的領導人。有時候，高層的風格會讓一切變得不同。

傷害「好政府」的不只是右派而已。近年來，左翼政客一直在官僚體系和監管制度上疊床架屋。長期研究此議題的學者賴特（Paul Light）就指出，在甘迺迪總統任內，內閣各部門的任命層級就有十七層。[58]到川普上任時，已經有七十一層在那邊晃來晃去。這些煩人的任命在設計初始其實都有某些正當目的。像食品藥品監督管理局笨重的規矩和檢核，背後其實都有良好的意圖。但這些東西累積成幾百項常常互相干擾的要求後，快速和效率就成了不可能的夢想了。每當有人揭發濫權，就會有人設立新的額外規則。聯邦、州政府和地方層級常常有一堆各自獨立又必須忠實遵守的規則。政府機構的每個計畫都必須通過嚴格的環境和勞動評估，還有各種目標必須處理。舉例來說，公務員其實沒有什麼裁量權，各種壓力常迫使他們忽略工程品質和時程，選擇最低價的標案。國會又熱愛對各機構採取微觀管理，不想給予它們像德國、日本、南韓這些國家慣見的獨立性與彈性。說實話，來往各國工作的人常常會被所謂自由放任的美國嚇到，因為比起加拿大、丹麥、德國這些被認為國家主義很強烈的地方，美國的繁文縟節實在太多了。無論政府規模如何，這些國家都很信任獨立機構，願意給予技術官僚權力和自主性，因此他們的制度才能有效運作。他們為優秀的政府感到自豪。

科技業鉅子安德森（Marc Andreessen）針對二〇二〇年的疫情大流行寫了一篇部落格長文，[59] 宣告：「建設的時候到了。」他開頭先討論了美國政府在疫情大流行期間的失敗，但不止於此，他又追問美國為何再也無法規劃和執行大型計畫，比如建造更多住宅和更好的基礎建設，復甦國內製造業，讓高等教育擴及數百萬人。他提出了一些可能：社會慣性、缺乏想像力、既得利益者擔心競爭的影響。但真正的原因比這更深層。美國已經成了福山口中的「否決政治」（vetocracy），各級政府都反覆利用制衡制度，確保任何積極行動都會在某個地方被誰給擋下。美國已經成了唱反調的樂土。

勤奮的公共政策研究者敦克爾曼（Marc Dunkelman）花了許多時間挖掘曼哈頓賓州

---

58 Paul Light, “People on People on People: The Continued Thickening of Government,” The Volcker Alliance, October 2017, https://www.volckeralliance.org/sites/default/files/attachments/Issue%20Paper_People%20on%20Peop

59 Marc Andreessen, “It’s Time to Build,” Andreessen Horowitz, https://a16z.com/2020/04/18/its-time-to-build/.

車站（Pennsylvania Station）翻新和重建的歷史。[60] 賓州車站要重建的理由很明顯：這是全世界第二繁忙的交通樞紐，每天來往的旅客比紐約三座機場加起來還要多；但整座設施卻醜得要命，設計也十分糟糕，維護狀況更是不堪，就算放在貧窮國家當作地方設施都令人不忍卒睹，更不要說是做為美國第一都會區的主要轉運站了。過去三十年來，許多有權有勢的政客提倡了一大堆重建計畫，卻沒有什麼實質成效。敦克爾曼解釋，在每一次的嘗試中，總是有個族群或利益團體可以找到方法讓計畫脫軌。他寫道：「在這麼多參與者都有權否決的情勢中，要推動一項計畫是幾乎不可能的。當前沒有人能夠做出明顯對整個紐約最好的決定。而最後就是讓政府顯得軟弱無能。」這個問題不只發生在賓州車站。阻礙國內許多重要計畫的「鄰避效應」（NIMBYism）也是一種否決政治，它的英文縮寫自人們反對地方建設時的口號「別在我家後院」（not in my backyard）。比如加州的新住宅就因此受阻了好幾十年，大大加劇了該州不斷上漲的生活成本，導致成千上萬的勞工得花好幾個小時通勤。

美國天生就有著反國家主義的基因。右派的表現方式是抽撤政府資金，左派的做法則是以無數規則和要求來妨礙政府，造成差不多的失能後果。政治理論家杭廷頓（Samuel Huntington）曾解釋，美國並不像人們常說的一樣，把權力分成一塊一塊，而是共同分享和競爭權力，所以每件事都需要廣泛的共識和妥協才能做得成。這種困境當然有辦法克服，但前提是要有個像小羅斯福或詹森那樣圓融堅毅的領導者才行。而且大多數時候也需要由單一政黨掌握政權。作家克萊因（Ezra Klein）觀察到，政府比較能動起來把事情做好的那幾年，也就是一九三〇年代至一九六〇年代間，常常都是由同一個政黨掌握白宮和國會，而每個政黨都能包容許多意識型態。[61]對比現今，兩個政黨都無法完全控制政治權力，且各自也很少遭遇內部歧見——這意味著每件事都會淪為黨派之爭，大部分的嘗試也都會陷入僵局。這樣只會更加強化美國政治文化中根深柢固的反國家主義。美國人先是用投票確保了僵局，然後又指著這場僵局，不再相信華盛頓可以幹出什麼好事。

二〇一九冠狀病毒又帶來一些改變，加速了原本已經存在的趨勢。川普沒有死守自由放任的經濟意識型態，而是急急忙忙簽署了兩兆美元的振興方案。共和黨也支持起關稅、重商主義、管制移民，並以大規模聯邦支出來減緩經濟不景氣的衝擊。這是

---

60 Marc J. Dunkelman, "This Is Why Your Holiday Travel Is Awful," *Politico*, November 11, 2019.

61 Ezra Klein, *Why We're Polarized* (New York: Simon & Schuster, 2020).

否代表人們開始以新態度來看待政府了？身為保守派大將的密蘇里州參議員霍利（Josh Hawley）提出了一項頗具丹麥風格的計畫，用來補償雇主所付工資的八〇%。作家特勞布（James Traub）認為這是一次很特別的轉向，「撕下了北歐模式上的妖魔標籤。」[62]儘管霍利在社會議題上是極右派，他會樂於增加支出卻不令人意外。畢竟進步時代（Progressive Era）的共和黨領導人老羅斯福就是他心目中的英雄——霍利也在二〇〇八年為他寫過傳記。但在共和黨內部，反國家主義的勢力仍然凶狠龐大，在某些方面甚至變得充滿惡意、迷信陰謀。受夠了公共衛生限制的密西根抗議者拿著武器占領了州議院，強迫議會休會。俄亥俄州的衛生及公共服務部長也是被類似的一夥人逼得辭職下臺。關於「深層政府」的陰謀論四處流竄，川普總統還常常煽風點火。某些右派對於政府的控訴，已經成了一種黑暗、絕望、反對族群和文化潮流、反對現代性本身的怒火。

起初，美國靠著英國的基礎，僅以有限但有效的國家力量，就為絕無僅有的強大社會和蓬勃經濟奠定了根基，也確保了自由得以發揚。到了二十世紀，進步派改革者創造了現代化的政府，幫助美國度過大蕭條，打贏了二次大戰和冷戰，同時也奪得了無上的經濟霸權。但如今這個政府已經破舊無力，需要革新和改進才能適應二十一世紀。看哪，世界上有許多像美國一樣自由的民主國家，但他們的政府卻更有能力。基礎建設、職業訓練、氣候變遷、公共衛生——大量證據顯示，面對當前來襲的各種挑戰，美國政府已經搞砸一整個世代了。二〇一九冠狀病毒或許是最嚴重的，但也不過是最近的一次警訊而已。

我並不崇拜大政府。我來自政府大而無當的印度。那個政府摧毀了印度數十年來的發展，而且仍持續拖著國家後腿。單是擴大政府規模，對於解決整個社會的問題並沒有什麼幫助。良好的政府要有受限的權力和清晰的權責。它要能賦予公務員自主權和裁量權，以及自行判斷的能力。它需要網羅聰明誠摯、以服務國家的機會為榮、願意藉此爭取尊敬的人。這種事無法一夜之間完成，但確實有辦法成真。臺灣和南韓也不是生來就有好政府。相反的，兩者一開始都是腐敗的獨裁政權，但在往後的數十年間仿效他國，發展出自己的一套。其實，所有能妥善處理疫情大流行的國家都有一個共通特質，那就是能夠以史為鑑。它們看見資本主義的功效，將之整合到原本的社會裡。許多國家都熱衷採用最新的科技，所以能夠跨越發展的階段。而且近年來，有些國家也經歷過ＳＡＲＳ或ＭＥＲＳ，從這些疫情中吸取經驗以準備面對下次爆發。但它們

62 James Traub, "After the Coronavirus, the Era of Small Government Will Be Over," *Foreign Policy*, April 15, 2020.

最大的共通點，是四處觀察、找出最佳做法學習仿效的心態。而在歷史上，這些國家的學習對象常常都是美國。

過去數十年來，美國憑著非凡的權力地位，躲過了政府執行能力持續不彰的種種後果。但近來的許多作為，從占領伊拉克到簡單的延長地鐵路線，都讓美國付出了可怕的成本。和其他先進國家的公民相比，美國人這幾十年來都在忍受二流的各級政府。但這些都還有辦法彌補。華盛頓手中有世界通用的儲備貨幣，有能力發行上兆美元。美軍仍然是全球最大的軍隊。美國也靠著龐大的科技產業，支配著整個數位世界。廣大的內需市場意味著我們可以忽視貿易壓力和國外的競爭。然而這些都只是枴杖，我們靠這些東西支撐著國家、逃避災殃，從未真正經歷犯錯的代價——直至今日。

美國雖然成功，不至於完全崩潰，但還是有可能在活絡的經濟和失能的政治之中慢慢走下坡。美國的軍力大概還能將其他國家遠遠拋在後頭，但一般美國大眾的生活品質卻很難追上其他國家前進的腳步。我們會變得故步自封、缺乏國際觀、失去影響力和創新力，只能靠獨一無二的幻想來安慰自己。這麼多年來都是全世界要學習美國，但現在我們得向全世界學習。而我們最需要學習的就是政府——無關大小，而是良好的政府。

第3課

只靠市場並不夠

《金融時報》（*Financial Times*）創辦於一八八八年，是一份針對菁英的報紙。它的創刊號還承諾要成為「誠實金融家、善良投資者、有格調的仲介、真誠的主管及守法投機客」的朋友。[1]歷經兩次世界大戰、經濟蕭條、法西斯主義和社會主義後，它依然堅定支持資本主義。它支持佘契爾（Margaret Thatcher）和雷根為當代經濟樹立的自由市場改革，也支持擴大自由市場，將世界上所有國家納入單一經濟體。它最核心的信念，乃是全世界的問題幾乎都能靠著更開放的市場和更徹底的自由化來解決。

所以《金融時報》的讀者在二〇二〇年四月三日翻開報紙，看到打破過去一貫論調的社論時，肯定嚇了一跳。這篇短文首先指出二〇一九冠狀病毒大流行需要人們集體做出犧牲，而「要求集體做出犧牲，必須先提出有利於每個人的社會契約」。[2]不過它接著又說：「如今這場危機揭露了有多少富裕社會沒能達成這個理想。」還表示我們需要「徹底的改革——翻轉主導過去四十年的政策方向……政府必須在經濟上扮演更積極的角色，將公共服務視為投資而非負債，並且想辦法讓勞動市場更為安穩。重新分配將再次成為重大目標，老人和富人的特權也該受到質疑。目前的政策已然脫軌，必須引進基本收入（basic income）和財富稅（wealth tax）才能導正」。

《金融時報》發表這麼強烈的宣言著實令人意外。不過很多西方國家早已準備接受更為基進的觀念了。以美國為例，二〇一九年五月的蓋洛普民意調查（Gallup poll）就顯示有四三%的人同意「某種程度的社會主義」對國家有好處。[3] 一九四二年時，這樣想的人只有二五%。一場安靜的革命似乎正在進行。就連最以資本主義自我標榜的國家，都開始逐漸認同它花了大半個二十世紀對抗的意識型態。而二〇一九冠狀病毒似乎只會加速這個趨勢。

這次調查顯示出一反過去四十年的大幅轉變，而幅度最明顯的，正是往常決定全世界意識型態格局的英美世界。

主導一九八〇年代的雷根和佘契爾先是在英美兩國引發一陣自由市場改革的浪潮，接著全世界或多或少都開始模仿這些作為，甚至連他們的意識型態對手也起而效尤。舉例來說，一九八一年當選的法國總統密特朗（Francois Mitterrand）原被認為是個堅

---

1 引用於 David Kynaston, *The Financial Times: A Centenary History* (New York: Viking, 1988), 17.

2 Editorial Board, "Virus Lays Bare the Fragility of the Social Contract," *Financial Times*, April 3, 2020.

3 Mohamed Younis, "Four in 10 Americans Embrace Some Form of Socialism," Gallup, May 20, 2019, https://news.gallup.com/poll/257639/four-americans-embrace-form-socialism.aspx.

定的社會主義者，但他很快就拋棄了以前的左派立場，改為採行撙節和貨幣緊縮政策。而一九九〇年代柯林頓（Bill Clinton）和布萊爾（Tony Blair）的崛起，更代表左派和資本主義有了新的共識。另一名左翼領袖施若德（Gerhard Schroeder）也在一九九八年當選德國總理，主導了數十年來最為徹底的市場改革。一九九一年，一直奉行社會主義和保護主義的印度在經濟危機下不得不選擇自由化。隔年，中國長年停滯的資本主義改革也隨著鄧小平南巡重新上路。

二〇〇八年的金融海嘯過後，左派和右派又再度重新估量一切價值。班農認為川普能夠接管共和黨，正是因為收割了那次衝擊所播下的種子。在後來的這些年，右派漸漸脫離了原本對市場的熱忱，轉而信奉保護主義、補貼政策、移民限制和文化民族主義——也就是美國的川普、英國的強森，還有世界各地民粹領袖所提倡的思想。[4]同時，引領左派潮流的則是桑德斯（Bernie Sanders）和柯賓（Jeremy Corbyn）這兩位自封的「社會主義者」。許多活躍的政壇新秀都加入了他們的行列，比如紐約州眾議員奧卡修–寇蒂茲（Alexandria Ocasio-Cortez）就樂於接受這個標籤。

許多調查都顯示，十八至二十九歲的美國人明顯比年長者更支持社會主義。[5]實際上，有些調查指出，只有不到一半的年輕美國人明確支持資本主義。這代表世界要朝社會主義轉彎了嗎？

如果看得更仔細點，就會發現這個趨勢沒有那麼清楚。民調公司並未持續追蹤人們對資本主義和社會主義的偏好，所以我們無法得知明確的趨勢走向。冷戰時期的人確實對社會主義較有敵意，但這或許可以從定義來解釋。當時的「社會主義」通常是換個說法的「共產主義」，而且多半是用來描述西方頭號死敵蘇聯所使用的體制，或是用來代稱獨裁政權。而如今宣稱支持社會主義的人，心裡想的東西跟這段歷史背景其實完全是兩回事。

課本上對社會主義的定義，是由政府掌握生產工具——包括工廠、農場和企業。在二十世紀，追求這個目標的社會主義政治人物包括了印度的尼赫魯（Jawaharlal Nehru）、以色列的班－古里昂（David Ben-Gurion），以及英國的艾德禮（Clement

---

4 Pablo D. Fajgelbaum, Pinelopi K. Goldberg, Patrick J. Kennedy, and Amit K. Khandelwal, “The Return to Protectionism,” National Bureau of Economic Research, Working Paper No. 25638, issued in March 2019, revised in October 2019, https://www.nber.org/papers/w25638.

5 Lydia Saad, “Socialism as Popular as Capitalism Among Young Adults in U.S.,” Gallup, November 25, 2019, https://news.gallup.com/poll/268766/socialism-popular-capitalism-among-young-adults.aspx.

Attlee）。這些國家通常是由政府擁有並經營電力、電話、水、瓦斯等設施；航空、鐵路和公車等服務；煤炭、石油和鋼鐵等公司。這些領導人以民主形式實現了列寧心中的社會主義經濟，由國家站在經濟的「制高點」發號施令。

但如果現在去問人們社會主義是什麼，答案就完全是另一種制度。

現在自認是社會主義者的人，想要的是政府做出更多投資、建立嶄新而全面的安全網、以「綠色新政」（Green New Deal）面對氣候變遷，並對富人收更高的稅。桑德斯也解釋過，他心中理想的國家並不是古巴，而是丹麥。從華倫（Elizabeth Warren）支持的政策很多也跟桑德斯一樣，卻說自己「骨子裡是個資本主義者」，[6]就可以看出這個標籤有多麼隨意。要是一個計畫會同時被認為有資本主義和社會主義的特徵，那多半就是介於兩者之間。這也說明了為何桑德斯公開以社會主義者的身分參選，卻不會因為這個標籤嚇跑年輕人。同時，右派的主要政治人物也沒有多想就提出了大型的政府紓困計畫。自認信奉自由主義的科技業大老都認為全民基本收入可以保障大多數的人，就算因為機器人和軟體發展而失業，也不會就此破產。

美式資本主義的破滅，使得許多禁忌都被打破了。

搖晃的鐘擺

我們常常誤以為人們支持某個政黨是因為他們打從心裡認同該黨的核心原則、價值和邏輯。不過說實話，大部分研究這個領域的學者，都認為人們選擇政黨的方式，就跟選擇聯誼社團差不多。支持一個政黨有很多理由——主要包括歸屬感、親切感還有對其他參與者的認同感，這些感受也有部分是來自階級或種族差異。也就是說，各黨支持者對意識型態的忠誠度常常沒有我們想像的那麼純正。[7] 好比說幾年前，大家都還認為共和黨員是堅定的自由市場派，結果他們現在卻熱情支持保護主義和關閉邊界。福斯新聞（Fox News）的政論節目主持人卡森（Tucker Carlson）最了解這種轉變了。他在二〇一九年講過一段很驚人的話：「共和黨的領導人要了解，市場資本主義不是宗教……笨蛋才會崇拜這玩意。我們的體制是由人類創造的，目的是為了服務人類的

---

6 In 2018 remarks to the New England Council, as reported by Katie Lannan, Twitter post, July 16, 2018, https://twitter.com/katielannan/status/1018852303212896257?s=20.

7 Donald R. Kinder and Nathan P. Kalmoe, *Neither Liberal nor Conservative: Ideological Innocence in the American Public* (Chicago: University of Chicago Press, 2017).

福祉，而不是要讓我們服務市場。任何讓家庭變得脆弱、甚至破壞家庭的經濟體制，都不值得我們維持。這種體制是健康社會的敵人。」[8] 連桑德斯講的都沒這麼犀利。

意識型態之所以能獲得人們的青睞，是因為它們看起來可以解決當時的關鍵問題。資本主義在一九三〇年代曾踢到鐵板，造成了經濟恐慌和崩潰，也害許多人失業，而且看起來沒辦法在短時間內自行修正。直到小羅斯福讓政府介入市場失靈之處，整個國家才重新動了起來。隨著一九七〇年代的通貨膨脹和經濟成長遲緩，國家過度介入經濟似乎釀成了西方社會的困境，他們採取工資和物價管制，以及其他的所謂補救措施，卻反而讓問題更加嚴重。因此，人們開始尋找能夠振興經濟、釋放私部門潛力的法門。而在許多第三世界國家，國家社會主義（state socialism）也造成了嚴重的停滯，所以一九八〇年代雷根和佘契爾的改革，顯然就成了一條出路。而如今鐘擺又晃了回來，人們普遍覺得科技日新月異與外國競爭所引起的不平等擴大和就業不安定，無法只靠市場來解決。這些問題需要政府提出解方。

這次的疫情大流行是否讓民心產生了過往不可能發生的改變？先前幾次的制度性打擊，已經引發過一股不祥的預感，人們也猜測全面的變革即將來臨，然而相應的政策卻十分表面。在一九九〇年代末的亞洲金融風暴期間，經濟學家克魯曼（Paul Krugman）

曾在《財富》（*Fortune*）雜誌上撰文警告，除非亞洲國家採取控制貨幣等激烈手段，不然「我們可能就會看到真正的大蕭條再度上演——就像六十年前一樣，經濟荒蕪、政府崩壞，最後走向戰爭」。[9] 二〇〇〇年的網路泡沫破滅造成了五兆美元的損失，[10] 許多人也預言過人類對科技和網路的著迷將會走向終點。[11] 在金融海嘯過後，《金融時報》的首席經濟評論家沃夫（**Martin Wolf**）曾宣布「又一個意識型態之神隕落了」，[12] 而當時的美國財政部長蓋特納（**Tim Geithner**）也承諾「資本主義將會改頭換面」。[13]

---

8 Tucker Carlson, "Mitt Romney Supports the Status Quo. But for Everyone Else, It's Infuriating," Fox News Opinion, January 19, 2019.

9 Paul Krugman, "Saving Asia: It's Time to Get Radical," *Fortune / CNN Money*, September 7, 1998.

10 Chris Gaither and Dawn C. Chmielewski, "Fears of Dot-Com Crash, Version 2.0," *Los Angeles Times*, July 16, 2006.

11 Alex Williams, "2001: When the Internet Was, Um, Over?," *New York Times*, October 8, 2018.

12 Martin Wolf, "Seeds of Its Own Destruction: The Scope of Government Is Again Widening and the Era of Free-Wheeling Finance Is Over," *Financial Times*, March 8, 2009.

13 Joe Weisenthal, "Geithner Tells Charlie Rose: Capitalism Will Be Different," *Business Insider*, March 11, 2009.

然而每次危機過後，經濟都得到了修補，而我們繼續得過且過。還會有下一次嗎？[14]

當然有可能。但這場大流行來襲之際，正好碰上人們對整個經濟體系的空前不滿。克魯曼、沃夫和蓋特納都精準描述了這種體系的脆弱之處，指出任何一處縫隙和擔憂都能讓整棟高樓崩塌。儘管他們如此擔憂，卻幾乎沒有人做出結構性的補救。人們普遍的心態，以佘契爾拒絕討論自由市場經濟的口頭禪來說，就是「我們別無選擇」（**there is no alternative**）。她的內閣成員聽她說這句話的次數多到甚至給了她「TINA」這個綽號。

佘契爾的話抓到了「時代精神」這個近乎馬克思歷史必然論的概念，唯一的差別是，占領「歷史終結」之處的不是社會主義，而是資本主義。[15]而且不只是佘契爾，幾乎每個西方領導人都相信全球資本主義已經像空氣一樣無所不在。沒有人可以對抗它，只能盡量適應。共產主義的崩潰更強化了這個想法。柯林頓總統在一九九三年簽署《北美自由貿易協定》時對美國人民說：「我們無法阻止世界的變化。我們無法消除無所不在的國際經濟競爭。我們只能讓它為我們的利益服務。」[16]

佛里曼（Thomas Friedman）出版《了解全球化》（*The Lexus and the Olive Tree*）的一九九九年正是資本主義的高峰。那是網路泡沫勃發，富國為窮國開出「華盛頓共識」（Washington Consensus）做為自由市場改革處方的時代。佛里曼解釋，先進已開發國家認為這套全新的繁榮公式是一件「鑲金的束縛衣」，[17] 這套深思熟慮的改革幾乎無法容忍偏差，但只要有國家願意遵守規則並按照裡頭的要求去做，就能收到豐厚的回報。在他的構想中，只要穿得上這件束縛衣，「經濟就會成長，政治則會萎縮。」但多年以後，人們只是被這件束縛衣磨得遍體鱗傷。更重要的是，他們發現有些國家的做法完全不一樣，但仍然頗為成功。

以過去二十年來成長最快——說實話，是有史以來成長最快——的經濟體中國為

---

14 另一個質疑這能否動搖自由市場王道論的觀察家，請見：Lane Kenworthy, “The Pandemic Won’t Usher In an American Welfare State,” *Foreign Affairs*, May 1, 2020.

15 Francis Fukuyama, *The End of History and the Last Man* (New York: Free Press, 1992).

16 President William J. Clinton, “Remarks on Signing the North American Free Trade Agreement Implementation Act,” December 8, 1993, *Public Papers of the Presidents of the United States: William J. Clinton* (1993, Book II), https://www.govinfo.gov/content/pkg/PPP-1993-book2/html/PPP-1993-book2-doc-pg2139-3.htm.

17 Thomas L. Friedman, *The Lexus and the Olive Tree: Understanding Globalization* (New York: Farrar, Straus and Giroux, 1999).

例。[18]他們自有一套資本主義、國家計畫、開放經濟和獨裁統治的混合體。在經濟成長的同時，政治控制力也隨之成長——《紐約時報》的紀思道（Nicholas Kristof）稱之為「市場列寧主義」（Market-Leninism）。[19]中國一邊摸著石頭過河，一邊成為全世界第二大經濟體，主宰了鋼鐵[20]、水泥[21]等傳統產業，也漸漸在電腦、電信、社交媒體甚至人工智慧等領域上領先。看到北京的崛起，就不難理解為何全世界有這麼多領導人認為佘契爾是錯的。別的選擇其實存在。

和中國的成功同樣重要的，是美國的失敗。過去數十年的市場自由化固然帶來了成長與創新，但也導致公部門缺錢缺人、不平等加劇、市場趨於壟斷，以及政治體制成為有錢有勢者的禁臠。如今疫情進入大流行，這些缺陷才暴露在許多美國人面前：國家力量虛弱失靈、醫療管道嚴重不平等，而相較於努力工作餬口的人，紓困機制更照顧有資本、有人脈的傢伙。這種幻滅從金融海嘯就開始了。體制崩潰時，受害最重的似乎都是無可倚仗者，而非罪大惡極的人。腰纏萬貫、結黨營私之輩，反而得到獎勵。短短幾年間，聯邦政府就在二〇〇八至二〇〇九年和二〇二〇年的兩度危機中，花了好幾兆美元拯救大公司，還有幫美國巨富們保住資產。然而要求花個幾百萬支助學前教育和低收入住宅，卻再三被關心成本問題或是救濟帶來的不良影響——為什麼沒人關心聯邦準備系統發錢資助股票和債券持有人會不會產生這種影響？我們習慣的美式資本主義，如今已充斥著各種特殊規則和緊急例外。但我們還是被告知一切都好，體制運作完美。

使用者付費

疫情大流行之初，挪威科技大學（Norwegian University of Science and Technology）曾在臉書上發過一篇文，敦促在海外讀書的學生回國，還補充道：「特別是如果您身

18 Congressional Research Service, "China's Economic Rise: History, Trends, Challenges, and Implications for the United States," June 25, 2019, https://fas.org/sgp/crs/row/RL33534.pdf.

19 Nicholas Kristof, "China Sees 'Market-Leninism' as Way to Future," *New York Times*, September 6, 1993.

20 World Steel Association, "World Steel in Figures 2019," https://www.worldsteel.org/en/dam/jcr:96d7a585-e6b2-4d63-b943-4cd9ab621a91/World%2520Steel%2520in%2520Figures%25202019.pdf.

21 US Geological Survey, "Mineral Commodity Summaries," https://www.usgs.gov/centers/nmic/mineral-commodity-summaries.

在像是美國這類醫療服務與設施以及／或是公共基礎建設（collective infrastructure）不發達的國家。」該校後來把美國的部分刪掉以免失禮，不過這個玩笑意外說中了真相。[22]

照理說，美國在二〇二〇年三月底剛意識到這個病毒真的很凶猛時，應該很容易就能立刻確保所有人都接受篩檢。畢竟，美國花費在每個人身上的醫療支出，幾乎是其他先進國家的兩倍。[23] 然而美國的篩檢率卻低得讓人絕望，因為這些醫療機構都是由獲利導向的企業所成立，就算有試劑可用，很多人也做不起篩檢。如果你很有錢又有相關人脈，當然就不會有這些問題。三月中就有八支NBA球隊幫所有球員做了篩檢。[24] 沒有症狀的名人和政客也做了篩檢，但醫療工作者卻至少得等個好幾週才排得到。最容易感染的人沒辦法大量接受篩檢，使所有人都不安全。

美國雖然有龐大複雜的高級醫療體系，卻都是呼應市場誘因所設。篩檢和治療設施集中於富裕地區，迫使住在其他地方的人只能使用低於標準的設施。醫生必須花一大堆工作時間搞定生意經，優先處理最能賺錢的部分。開醫院搞到跟開飯店沒兩樣，都在拚了命提高住房率，只剩下少得要命的醫療能量。現年八十多歲的創業大師布丁格（Bill Budinger）的回憶使這段變化格外清晰：「我們以前都是追求合理的利潤，才不會像現在這樣追求極大化。對醫院來說，高住院率是一種行動呼籲，他們需要更多病床，免得又有新的急診進來。現在人想的卻是把床鋪好以提高入住率。」備用物資、空餘病床、額外人手，這些都因為效率低下而隨著時間遭到淘汰。

但醫療管道的高度不平等，只是社會上的一切都被市場主宰，徹底走向「使用者付費」的縮影。醫院院長跟大學校長不僅從社會領袖的角色變成了霸道總裁，連薪資的算法都一樣。

在過去，法律、銀行、會計這些專業的指導原則都是不要犧牲獨立和清廉來換取利

---

22 感謝記者金斯利（Michael Kinsley）。請見：See Jonathan Chait, “The Origins of the Gaffe, Politics’ Idiot-Maker,” *New York*, Intelligencer, June 14, 2012.

23 美國人均醫療支出為一萬零五百八十六美元，而ＯＥＣＤ的平均支出則為五千兩百八十七美元，請見：OECD Health Statistics 2020, https://www.oecd.org/health/health-data.htm, 轉引自：“How Does the U.S. Healthcare System Compare to Other Countries?,” Peter G. Peterson Foundation, July 22, 2020, https://www.pgpf.org/blog/2019/07/how-does-the-us-healthcare-system-compare-to-other-countries.

24 Tim Bontemps, “Adam Silver Lays Out Conditions for NBA’s Return, Mulls Charity Game ‘Diversion’,” ESPN, March 18, 2020.

潤最大化。以前這些人會勸客戶**不要**做某些交易，而不是急著拿下所有生意。這些人曾經是社會和經濟的守門人與監管人，[25]如今卻為了追求利益，無視利益衝突或其他風險，把自己的印鑑出賣給任何出得起錢的傢伙。在二〇〇八年金融海嘯之前，原本應該獨立並保持中立的信用評分機構，一個接一個在高風險的低劣商品上，蓋下手裡的核准戳章，因為這樣做可獲得豐厚的報酬。

最為重要的，或許是連政治都被市場給接管了。政治學大師道爾（Robert A. Dahl）在一九九三年發表了一篇論文，[26]解釋為什麼幾乎所有民主國家都要保留龐大的國家角色，不願意徹底放任市場。他指出，社會上有很多東西是我們會希望遠離市場影響力的，好比說政治家和人民手中的選票。然而就連這些東西，如今都成了可以交易的貨物。金錢對政治的影響已經大到有錢的公司和人都能輕易買下選票，把規則改寫成他們想要的樣子。

法國經濟學家菲利蓬（Thomas Philippon）在一九八〇年代來到美國時，曾對美國經濟的高度競爭感到驚奇，因為從機票、銀行服務到電信，任何商品都有無數的廉價選擇。然而時至今日，歐洲的商品和服務都比美國更便宜多元。這二十年來，歐洲擴大了商品供應，美國卻限縮了。菲利蓬的研究指出，這些轉變背後存在著某種結構性的力量——在數位經濟下，任何市場都很容易被一兩家廠商霸占，讓他們有任意漲價的空間。不過這份研究顯示，一個關鍵的原因其實是產業的政治勢力。這讓各大公司得以決定規則，藉此消除競爭和維持利潤。

或許是因為在實行社會主義、發展遲緩的印度長大，我一直很敬仰市場的力量。這股力量充滿活力，能徹底改變停滯的社會，好幾億的印度人和中國人都因此而脫離貧窮。自由市場也引發了無數的創新，讓任何背景的人都有機會改善生活。

然而自由市場同樣有其缺陷。它創造的大量財富和諸多不平等，反而讓人們得以顛覆市場。這或許是資本主義運作之下不可避免的問題，因為市場無論如何都會產生不平等的結果。而且正如矽谷創投家提爾（Peter Thiel）所承認的一樣，每間公司都是以壟斷市場為目標。因此成功的公司都會想辦法動用手中資源消除競爭。只有政治體制

---

25 Fareed Zakaria, *The Future of Freedom: Illiberal Democracy at Home and Abroad* (New York: W. W. Norton, 2003), Chapter 6: “The Death of Authority.”

26 Robert A. Dahl, “Why All Democratic Societies Have Mixed Economies,” *Nomos* 35 (1993): 259-82, https://www.jstor.org/stable/pdf/24219491.pdf?refreqid=excelsior%3A41633675a96dd0b062c13fd9eaac3053.

的監督才能阻止這些企圖，而要做到這點，政治就必須遠離商業。這意味著私人對選舉的花費要有所限制，還有官僚體系必須真正不受干涉。

真正開放的市場，加上強而有力的國家，才能達到結實的平衡。因此歐盟會像菲利蓬講的一樣，比美國更善於實現開放競爭，也就不讓人意外了。布魯塞爾的「歐盟官員」（Eurocrat）或許自大多事，但他們畢竟不會廢除管制來報答捐錢給他們選舉的人。

市場值得批評的地方不只是在經濟上。以市場為中心的思考方式，已經入侵了人類生活的每個角落，不留寸土給公平、平等或是其他內在價值。這場疫情大流行會讓世界各地的人重新醒悟到一份早就該有的認知：即使不能帶來高額報酬，每個人的工作也都應得到尊敬。

我們已經看到醫療工作者是如何置身險境，實現救助他人的基本任務。我們也看到無數人搭上公車、火車，使燈可以持續亮著、水可以持續供應、垃圾得以清運、日用品得以補給——是這一切讓大家可以在家工作。我們不該忘記，無論是學者、教師，還是警衛、清潔隊，這些工作沒有高額收入，卻仍然很有價值，甚至十分高貴。他們或許沒有從市場得到太多報酬，但他們應該得到我們的尊敬。

偉大的丹麥

美國人沒有大型政府計畫做為緩衝和靠山，我們被教育的是要依靠自己實現「美國夢」。如果每個國家都有一個招牌形象，美國的招牌形象就是天下無難事；我們期許孩子長大會表現得比父母更好，我們期待任何背景的人都能成為總統，甚至億萬富豪。從歐巴馬（Barack Obama）到賈伯斯（Steve Jobs），美國確實仍有無數的成功案例。但他們終究是光鮮的例外，無法代表多數美國人的命運。關於這個問題已經有了大量令人信服的研究，即使是最堅定的保守派雜誌《國家評論》（*National Review*）都登過一篇相關文章，那篇文章的結論是：「毫無疑問，美國的社會流動性至少有一點非常突出……談到社會底層向上流動的機會，我們國家可說是相當的有限。」[27] 史丹佛大學的一份研究也試著把美國夢做成量化統計，它對美國夢的定義是：「父母收入分配位於底層五分之一的孩子們，能夠爬到頂端五分之一的機率。」統計資料顯示，低收

---

27 Reihan Salam, "Incarceration and Mobility: One Pretty Big Reason We're Not Denmark," *National Review*, November 23, 2011.

入美國人中只有七．五％可以爬到金字塔最頂端；[28]相較之下，丹麥共有十一．七％，加拿大則有十三．五％，幾乎是美國人的兩倍。

傳統上，美國人對這種比較的回應是，美國的國情特殊，面對著接收大量貧困移民的挑戰。但其實美國沒有特殊到哪裡去。很多歐洲國家都有大量移民，加拿大的移民出生人口甚至高達二二％，[29]相較之下，美國只有一四％。[30]雖然其他國家也很頭痛要怎麼把移民整合進社會中，但他們還是有辦法不分背景和信仰的持續幫助居民得到更好的機會和收入。

換句話說，美國夢的確實現了，只是沒有在美國實現。[31]福山在他雄心勃勃的兩卷本大作《政治秩序的起源》（*Political Order and Political Decay*）裡就寫道，所有人類社會碰到的問題都很單純：要怎麼變成丹麥？[32]「我說的不只是現實中的丹麥，而是一個繁榮、民主、安全、治理完善而且貪腐率低的理想社會。」雖然福山主要談的是政治而非經濟體制，但兩者其實關聯很深，彼此會互相強化。丹麥的政治體制成功，是因為他們的經濟體制成功；這話反過來說也言之成理。

無論是貶低還是推崇丹麥的人，其實都有一點誤解。桑德斯認為它是社會主義的天堂，不斷拿它當例子來描述自己想仿效的體制。搞得丹麥總理拉爾斯．勒克．拉斯穆森（Lars Løkke Rasmussen）還在二〇一五年公開駁斥桑德斯：「丹麥絕非社會主義式的計畫經濟，而是貨真價實的市場經濟。」[33]他說得對。在傳統基金會的經濟自由指

---

28 Raj Chetty, "Improving Opportunities for Economic Mobility: New Evidence and Policy Lessons," Stanford University/Federal Reserve Bank of St. Louis, https://www.stlouisfed.org/~/media/files/pdfs/community%20development/econmobilitypapers/section1/econmobility_1-1chetty_508.pdf?d=l&s=tw.

29 Éric Grenier, "21.9% of Canadians Are Immigrants, the Highest Share in 85 Years," CBC News, October 25, 2015, https://www.cbc.ca/news/politics/census-2016-immigration-1.4368970.

30 Jynnah Radford, "Key Findings About U.S. Immigrants," Pew Research Center, June 17, 2019, https://www.pewresearch org/fact-tank/2019/06/17/key-findings-about-u-s-immigrants/.

31 尤見於：Rick Newman, "The American Dream Is Alive and Well — Just Not in America," *U.S. News & World Report*, September 11, 2012, https://www.usnews.com/news/blogs/rick-newman/2012/09/11/the-american-dream-is-alive-and-welljust-not-in-america; Alison Williams, "The American Dream Is Alive and Well, Outside America," *Harvard Business Review*, August 6, 2013, https://hbr.org/2013/08/the-american-dream-is-alive-and-well; and Issie Lapowsky, "Data Reveals the American Dream Is Alive and Well — In Canada," *Wired*, October 13, 2016, https://www.wired.com/2016/10/data-reveals-american-dream-alive-well-canada/.

32 Francis Fukuyama, *Political Order and Political Decay: From the Industrial Revolution to the Globalization of Democracy* (New York: Farrar, Straus and Giroux, 2014), Chapter 1.

33 Lars Løkke Rasmussen, "Nordic Solutions and Challenges — A Danish Perspective," Harvard Kennedy School's

數上，丹麥的排名比美國還前面——丹麥是第八名，而美國排在第十七名。[34]丹麥的經濟跟多數北歐國家一樣，大體上都是開放、低關稅、高競爭的環境。在某些方面，它比美國還鼓勵累積資本，不管是繼承稅還是資本利得稅都要低得多（丹麥的遺產稅是一五％，[35]瑞典[36]和挪威[37]根本沒有遺產稅）。幾年前，我認識了一九九〇年代在丹麥實行許多改革的前總理波爾・尼魯普・拉斯穆森（Poul Nyrup Rasmussen），這些改革就是現在所謂的「彈性安全」（flexicurity）模式。他強調，在彈性安全中，彈性才是關鍵，意思是要確保雇主有靈活雇用和解雇勞工的彈性，而不需要擔心多餘的管制或訴訟，經濟體才能對世界開放且保有競爭優勢，但同時整個體系也要拉起社會安全網。

北歐國家和美國真正的差別，在於高額的一般稅收和高度的重新分配。換句話說，這個體系的設計，是要讓人更容易藉著自由市場和自由貿易生產財富。接著再由國家收走大部分的財富，用來保障公民得到平等且充足的機會。丹麥的總稅收占國內生產毛額的四五％，[38]美國只有二四％。而且丹麥也不只是對有錢人課稅。如同其他歐洲國家，丹麥很大一部分的收入是來自國內的營業稅，其稅率為二五％，而歐盟整體平均則是二〇％。[39]美國的營業稅平均只有七％。[40]丹麥對啤酒、雞蛋及智慧型手機等各種商品課徵的消費稅，自然會有更多是來自窮人，[41] 因為窮人大部分的收入都會用在購物上。但由於政府絕大多數的支出和計畫都是用來協助窮人和中低階層，就

Institute of Politics, https://youtu.be/MgrJnXZ_WGo?t=490.

34 2020 Index of Economic Freedom, Heritage Foundation, https://www.heritage.org/index/ranking.

35 "Denmark: Individual — Other Taxes, Inheritance, Estate, and Gift Taxes," PwC Denmark, June 2, 2020, https://taxsummaries.pwc.com/denmark/individual/other-taxes.

36 "Taxing Inheritances Is Falling out of Favour," *Economist*, November 23, 2017.

37 Norwegian Tax Administration, "Inheritance Tax Is Abolished," https://www.skatteetaten.no/en/person/taxes/get-the-taxes-right/gift-and-inheritance/inheritance-tax-is-abolished/.

38 "Revenue Statistics — OECD Countries: Comparative Tables," Organisation for Economic Co-operation and Development, https://stats.oecd.org/Index.aspx?DataSetCode=REV.

39 歐盟的增值稅平均為二一%，丹麥則為二五%：Elle Aksen, "2020 VAT Rates in Europe," Tax Foundation, January 9, 2020, https://taxfoundation.org/european-union-value-added-tax-2020/.

40 平均值的計算是根據下列資料："State Sales Tax Rates," Sales Tax Institute, May 1, 2020, https://www.salestaxinstitute.com/resources/rates.

41 Peter Baldwin, "A U.S. More Like Denmark? Be Careful What You Wish For," *New York Times*, October 20, 2015, https://www.nytimes.com/roomfordebate/2015/10/20/can-the-us-become-denmark/a-us-more-like-denmark-be-careful-what-you-wish-for.

彌補了這種收入愈多稅率增加愈少（regressive system of taxation）的制度。共同分擔稅賦還有一個好處是促進團結，人們會更支持政府的計畫，因為每個人都覺得自己出了一份力。

想像一下你有個普通家庭，跟配偶共同撫養一個孩子，家庭收入也在平均水準。你可以選擇住在美國或是丹麥。在高稅收的丹麥，你的收入在扣稅和提撥之後，可以支配的大約還有一萬五千美元，比在美國還低。[42]不過這麼高的稅收，可以讓你享受全民健保（辦得比美國好）、一路讀到最好的研究所都免學費、經費占GDP比例高出美國十七倍的勞工再訓練（retrain）計畫，[43]以及高品質的基礎建設、大眾運輸、美麗的公園等各種空間。丹麥人一年的休閒時間大約比美國多了五百五十個小時。[44]如果選擇美國，你可以拿回另一半的一萬五千美元，但工作時間更長、假日更少，而且醫療、教育、進修和交通都要自行處理——我想大部分的美國人都會選擇丹麥模式。除了免費教育和舒服的火車，北歐彈性安全最大的好處，是它接受了現代全球化世界最重要的衝勁，卻能減輕它引起的焦慮。這些焦慮在本次疫情大流行期間達到全新的高度。

人們這些日子以來的惴惴不安很好理解。開放、快速的市場和科技變遷都很嚇人。解決的方法之一是封掉它。像川普這樣的民粹主義者，就會想禁絕移民、限制貨物和

服務的流動，就像把國家現有的文化封進琥珀裡保存。他們只想回到過去的日子，回

42 根據OECD的美好生活指數（Better Life Index），丹麥的調整後家戶平均可支配所得為兩萬九千六百零六美元；美國則為四萬五千兩百八十四美元，http://www.oecdbetterlifeindex.org/countries/united-states/ 和 http://www.oecdbetterlifeindex.org/countries/denmark/.「調整後家戶平均可支配所得」的定義可見 "How's Life? 2020: Measuring Wellbeing," OECD Better Life Index, https://www.oecd-ilibrary.org/docserver/9870c393-en.pdf: 調整後家戶平均可支配所得的計算方式，是將包括薪資、自雇所得和資本利得、來自其他部門的經常性轉移在內，所有進入國民經濟會計制度（System of National Accounts）家戶部門的（總）所得流量加總，再減去所得稅和財產稅等由家戶部門進入其他經濟部門的經常性轉移。在國民經濟會計制度中，「調整後」一詞，指的是計入家戶從政府領取的教育和醫療等實物社會補助（social transfers in-kind）。此處的計算方式還考量了更換家戶固定資產（即住宅和非公司事業設備）所需的費用，這些金額可以從家戶所得中扣除。調整後家戶可支配所得以人均為單位，並以二〇一七年美元購買力平價（purchasing power parities, PPPs）來表示實際的個人消費。來源為 OECD National Accounts Statistics database.

43 丹麥花費全國GDP的〇・五二%進行勞工培訓；美國只花〇・〇三%。請見：Gary Burtless, "Comments on 'Employment and Training for Mature Adults: The Current System and Moving Forward,' by Paul Osterman," Brookings Institution, November 7, 2019, https://www.brookings.edu/blog/up-front/2019/11/07/employment-and-training-for-mature-adults-the-current-system-and-moving-forward/.

44 OECD美好生活指數，丹麥與美國。

到那多半是幻想出來的偉大時光。但現實是伊甸園從來不存在，那些人們追憶的流金歲月，其實遠比記憶中還要難過。想想看，如果你是一九五〇年代的女性、少數族裔或同性戀，會過著什麼樣的生活？（就算是白人男性，在鐵工廠或煤礦坑上班也不是什麼輕鬆愉快的事。）回首過去不能讓美國——或是讓任何國家——再次偉大，我們只能前行。

我們不能讓世界停下來。我們沒辦法——也不應該——停止經濟成長的力量，或是阻止科技繼續進步。我們只能面對時間與潮流張帆穿浪，不成功便成仁。當頭襲來的是強橫的經濟逆風。新的潮流——疫情中的恐懼和保護主義的聲音——將匯聚為更深層的結構變動，比如人口減少和「長期停滯」；在可見的未來裡，至少在已開發世界，可以預見經濟成長率多半會低落一陣子。但仍然有方法可以激起衝勁，把機會分配給每一個人。

我們可以設計正確的管制以確保競爭的公平自由。我們可以調整稅收政策，多幫勞工一點，少幫資本家一點。政府必須重新大幅投資科學和科技。教育和進修都需要更多資金，而且要緊密結合這些政府計畫的改革，盡量縮小官僚體系，專注於提供最好的教育。最大的挑戰在於幫公民**做好準備**，設計好工具、訓練和安全網，以便能在國際競爭和科技變化之中縱情發展。[45]丹麥這些北歐國家找出了一條靈活、民主、安全、公義的道路，在對世界保持開放的同時，也讓國民做好準備。他們清楚市場有著不可思議的力量，但只靠市場是不夠的，還需要有緩衝、靠山和糧草。我們都應該學習他們的做法，再因應自己國內的現實調整。因為我們真的別無選擇。

---

45 Fareed Zakaria, "The Politics of the Future: Be Open and Armed," *Washington Post*, July 7, 2016, https://www.washingtonpost.com/opinions/the-politics-of-the-future-be-open-and-armed/2016/07/07/fd171ce0-447b-11e6-8856-f26de2537a9d_story.html.

第4課

大眾應遵從專家建議，專家應傾聽大眾意見

二〇一六年，當川普即將獲得共和黨提名時，有人問他的外交政策都是向哪些專家進行諮詢。他回答：「我第一個諮詢的就是我自己，因為我的頭腦很好。我的首席顧問就是我，我對這種事的直覺很準。」[1] 後來，他解釋了自己為何不依靠專家。他說：「專家很糟糕。你看現在有這些專家，還不是一團亂。」[2] 幾個月後，英國政治家戈夫（Michael Gove）因為主張離開歐盟對英國企業比較有利而支持脫歐。他在遭到質問時，被要求舉出有哪些經濟學專家支持他的論點，但他卻回答：「英國人已經受夠專家了。」[3]

現在，由於全球都受到二〇一九冠狀病毒大流行所影響，人類應該要清楚知道，我們必須聽從專家的意見才對。但事實上，並非每個國家都是如此。許多東亞國家的人民天生就非常尊重權威，尤其是科學方面的權威。臺灣的防疫措施在副總統的指揮下，可說是近乎完美。[4] 這位副總統具有約翰霍普金斯大學博士學位，是一位流行病學專家，他還曾經以衛生署署長的身分，帶領臺灣度過SARS疫情。德國在曾經是科學家的梅克爾（Angela Merkel）帶領下，採取了許多謹慎且以事實為基礎的防疫措施。當希臘總理被問到為何希臘能夠成功遏止疫情擴散時，他回答：「因為我們聽從專家的指示。」[5]

然而也有些國家初期尊重專家，卻在日後開始質疑醫療專業人員的建議，甚至拒絕配合防疫措施。例如在巴西，總統波索納洛（**Jair Bolsonaro**）就鼓舞了這種態度。波索納洛認為二〇一九冠狀病毒只是「小感冒」，並抨擊醫學專家對於減緩大流行的建議。他不但開除了一名衛生部長，還讓後續的接班人辭職。雖然政府規定要戴口罩，他還是拒絕配合，最後在一位巴西法官的命令下才戴上口罩。結果，波索納洛成為自己草率態度的受害者：他在二〇二〇年七月宣布，他的二〇一九冠狀病毒篩檢出現了陽性反應。[6] 強森在疫情爆發初期，顯然未與他人保持社交距離，最終因為染上

---

1 Eliza Collins, "Trump: I Consult Myself on Foreign Policy," *Politico*, March 16, 2016.

2 Nick Gass, "Trump: 'The Experts Are Terrible,' " *Politico*, April 4, 2016.

3 Henry Mance, "Britain Has Had Enough of Experts, Says Gove," *Financial Times*, June 3, 2016.

4 指的是臺灣前副總統陳建仁，請參見：Javier C. Hernández and Chris Horton, "Taiwan's Weapon Against Coronavirus: An Epidemiologist as Vice President," *New York Times*, May 9, 2020.

5 來自希臘總理米佐塔基斯（Kyriakos Mitsotakis）與札卡瑞亞的談話：*Fareed Zakaria GPS: Global Public Square*, CNN, June 14, 2020.

6 Ernesto Londoño, Manuela Andreoni, and Letícia Casado, "President Bolsonaro of Brazil Tests Positive for Coronavirus," *New York Times*, July 7, 2020.

二〇一九冠狀病毒而住進加護病房。在墨西哥，總統歐布拉多（Andrés Manuel López Obrador）鼓勵民眾外出、參加集會、握手和擁抱，但這些行為與公共衛生官員的建議完全相反。歐布拉多鼓勵墨西哥人繼續過一般生活，並保持樂觀和好心情，彷彿正能量可以抵禦二〇一九冠狀病毒。[7] 雖然有專家警告，如果沒有良好的篩檢和戴口罩的規定，感染的情形將會迅速傳播，但美國的一些州長仍堅持重新完全開放各州。

川普在推特上表示支持右派的運動，「解放」受民主黨州長暴政統治所苦的州，[8] 因為這些州正在實施封城。然而，這些封鎖措施正是川普政府所建議的做法。事實上，川普不斷在違反自己的專家所給的建議。他好幾個月以來都拒絕在公共場合戴口罩，表示只有脆弱的自由主義者才需要把臉遮起來。[9] 他向民眾推薦自己的可疑療法，而這些方法大部分都直接牴觸美國政府公共衛生官員的建議。他甚至暗示可以喝下清潔用品，讓來舒（Lysol）的製造商不得不警告顧客，千萬別喝漂白劑。[10] 川普還宣揚瘧疾藥物奎寧（hydroxychloroquine）的療效，宣稱這款藥物能夠「逆轉情勢」，[11] 並於二〇二〇年五月宣布自己已經服用了一個多星期。雖然食品藥品監督管理局警告奎寧可能會引發致命性的心律不整，[12] 但川普表示：「我感覺很好。就是這樣。只是一種感覺。你知道，我是個聰明人。我感覺很好。」[13] 這件事有如真實人生在模仿藝術作品，

呼應了喜劇演員荷伯（Stephen Colbert）在《荷伯報告》（*The Colbert Report*）第一集

---

7 León Krauze, "Mexico's President Has Given Up in the Fight Against the Coronavirus," *Washington Post*, June 18, 2020.

8 Kevin Liptak, "Trump Tweets Support for Michigan Protesters, Some of Whom Were Armed, as 2020 Stress Mounts," CNN, May 1, 2020.

9 直到七月十三日為止。請見：Jonathan Lemire, "Trump Wears Mask in Public for First Time During Pandemic," Associated Press, July 13, 2020.

10 來舒的製造商（利潔時公司）提醒消費者千萬別飲用或注射漂白劑，請見："Improper Use of Disinfectants," https://www.rb.com/media/news/2020/april/improper-use-of-disinfectants/.

11 Toluse Olorunnipa, Ariana Eunjung Cha, and Laurie McGinley, "Drug Promoted by Trump as Coronavirus 'Game Changer' Increasingly Linked to Deaths," *Washington Post*, May 15, 2020.

12 US Food and Drug Administration, "FDA Cautions Against Use of Hydroxychloroquine or Chloroquine for COVID-19 Outside of the Hospital Setting or a Clinical Trial Due to Risk of Heart Rhythm Problems," 資訊更新於二〇二〇年七月一日，https://www.fda.gov/drugs/drug-safety-and-availability/fda-cautions-against-use-hydroxychloroquine-or-chloroquine-covid-19-outside-hospital-setting-or.

13 Donald J. Trump, "Remarks by President Trump, Vice President Pence, and Members of the Coronavirus Task Force in Press Briefing," White House, March 20, 2020, https://www.whitehouse.gov/briefings-statements/remarks-president-trump-vice-president-pence-members-c-oronavirus-task-force-press-briefing/.

中所提到的感實性（truthiness）的概念。[14]節目中的角色問道：「《大英百科全書》憑什麼對我說巴拿馬運河是在一九一四年完工？如果我想要說這發生在一九四一年，那是我的權利。我不相信書籍，書裡都是事實，但沒有心……面對現實，各位，我們是一個分裂的國家……分成了以頭腦思考的人和靠直覺行動的人……各位先生女士，真相的源頭，就是直覺。」

到底科學是什麼

這些人的行為，簡直是在體現恐怖的無知主義。對於我們這些旁觀者來說，解決方法似乎很明顯：按照科學的建議就對了。但是，我們到底可以透過科學知道什麼？美國政府傳染病專家弗契博士（Dr. Anthony Fauci）最初對二〇一九冠狀病毒的危害採取了冷處理的態度。他在一月下旬曾表示：「美國的風險非常非常低……美國民眾不必擔心或害怕。」[15]幾天後，衛生及公共服務部部長阿薩爾（Alex Azar）也表示，政府的公共衛生官員普遍認為「美國人受到感染的風險依舊很低」。[16]這說法呼應了世界衛生組織的結論。世界衛生組織直到一月底之前，都低估了疫情演變成大流行的機率。美國疾病管制與預防中心最初建議民眾待在室內且不用戴口罩，卻在幾個月後改變決定，呼籲民眾做相反的事。有些國家徹底實施外出限制，其他一些國家則根據自己的流行病學專家和模型，決定不實施封城。我們該如何看待這類情況？

事實上，在面對像是二〇一九冠狀病毒疫情這樣的重大問題時，科學沒辦法直接帶來一個簡單的答案。美國國家過敏和傳染病研究所主任弗契在得到初步證據後，做出了合理的結論。許多科學家最初都認為冠狀病毒不會造成重大危害，但每個人都是在資訊極少的情況下做出快速判斷。二〇一九冠狀病毒就是一種新型的病毒，我們至今仍不清楚其傳播率和殺傷力。當證據出現改變，弗契等人也開始改變想法。這很正

---

14 Stephen Colbert, "The Word: Truthiness," *The Colbert Report*, October 17, 2005, Comedy Central, http://www.cc.com/video-clips/63ite2/the-colbert-report-the-word---truthiness. 文字取自 Kurt Andersen, "How America Lost Its Mind," *Atlantic*, September 2017.

15 J. Edward Moreno, "Government Health Agency Official: Coronavirus 'Isn't Something the American Public Need to Worry About,' " *Hill*, January 26, 2020.

16 Alex M. Azar II, "Secretary Azar Delivers Remarks on Declaration of Public Health Emergency for 2019 Novel Coronavirus," White House, January 31, 2020, https://www.hhs.gov/about/leadership/secretary/speeches/2020-speeches/secretary-azar-delivers-remarks-on-declaration-of-public-health-emergency-2019-novel-coronavirus.html.

常。專家不是全知全能。某些早期的模型對感染二〇一九冠狀病毒的住院率做出了過高的預測，導致醫院為了空出床位而停止進行非緊急照護。[17]這麼做似乎讓許多非二〇一九冠狀病毒患者的病人誤以為自己就算去了急診室也不會得到照應，而且會擔心在人擠人的醫院中感染到二〇一九冠狀病毒。某些醫院的系統顯示，心臟病的患者減少了五〇%，表示許多人可能是默默在家中病逝，但他們原本可能有機會得救。[18]後來估計的住院率，則愈來愈準確。

我們總認為科學能夠帶來一個絕對的答案，但這並不是科學真正的運作方式。首先，科學是一種探究方法，一種提出問題並嚴格檢驗這些假說的過程。有了更新、更好的資料後，才能夠得出更新、更好的結論。科學家對於二〇一九冠狀病毒仍有許多不清楚的地方。科學家終究會找出答案，但往往不是幾個月內就能做到，而是要好幾年。在某些研究領域（例如氣候變遷），專家必須耗費數十年進行研究、收集大量資料、發表許多經過同儕審查的研究文獻，最後才能達成共識。儘管如此，這些研究成果往往只是初步共識，日後很有可能會被修正或甚至被徹底推翻。我們在學校學到的科學知識，大部分都是普遍受到認同的共識。

二〇一九冠狀病毒則完全不同。當弗契等公共衛生官員必須立刻決定要以多嚴肅的態度面對疫情時，二〇一九冠狀病毒只出現不到兩個月，而且只在少數幾個國家中爆發。不到數週，更多相關資訊開始不斷出現，現在每個月還會出現各種相關研究。但是在疫情爆發初期，醫生和科學家就像戰場上的將軍一樣，只能獲得不完整且往往是錯誤的資訊。更糟糕的是，**他們也明白這一點**。然而，他們必須遠在情況尚未明朗之前，就做出非常重要且影響深遠的決定。

在撲朔迷離的情況下指揮防疫，通常會陷入兩難。在危機初期，有些科學家覺得應該要把疫情描述得比目前證據顯示的情況更嚴重。這方法有時候是為了鼓勵民眾認真看待專家所頒布的準則。這種方法或許具有短期好處，但長期下來會有一個嚴重的

---

17 Alice Park and Jeffrey Kluger, “The Coronavirus Pandemic Is Forcing U.S. Doctors to Ration Care for All Patients,” *Time*, April 22, 2020.

18 S. J. Lange, M. D. Ritchey, A. B. Goodman et al., “Potential Indirect Effects of the COVID-19 Pandemic on Use of Emergency Departments for Acute Life-Threatening Conditions — United States, January-May 2020,” Centers for Disease Control and Prevention, *MMWR Morb Mortal Weekly Report* 69 (2020):795-800；以及 Will Feuer, “Doctors Worry the Coronavirus Is Keeping Patients Away from US Hospitals as ER Visits Drop: ‘Heart Attacks Don’t Stop,’” CNBC, April 14, 2020.

風險。若事實證明預測失準，或是出現改變現狀的新資料時，就會全面損害到專家和科學的權威與誠實性。過去的流行病就曾經發生過這種情況。舉例而言，弗格森（Neil Ferguson）是一位流行病學家，他所提出的預測模型是讓英國決定實施外出限制的基礎。弗格森在二〇〇九年時，曾經預測豬流感可能會在英國導致六萬五千人死亡，讓當時擔任倫敦市長的強森等政客感到恐慌。最後大約有四百五十名英國人死於H1N1病毒。[19]但錯誤的預測模型已經造成了損失。十年後，當強森擔任總理時，可能由於當年過度恐慌的記憶猶新，導致他對二〇一九冠狀病毒的疫情反應不及。[20]現在，其他不想聽專家意見的政治人物會四處引述各種說詞，或是拔擢自己的「專家」，藉此為自己希望採取的行動進行背書。

既然如此，對真正的專家來說，最好的做法是什麼？答案是：讓大眾理解到底何謂科學，也就是科學的原理。講到科學時，大部分美國人只會想到最終結果，也就是新發現、新突破或新發明。他們看見的是銀河系令人眼花撩亂的照片，讀到的是藥物奇蹟般的療效。然而，科學其實是一種學習和發現的過程，途中會充滿許多失敗和失望。哈佛大學的學者平克（Steven Pinker）在二〇二〇年四月的一次採訪中提出警告，科學家「努力而來的權威性」可能正在瓦解，許多民眾可能認為「穿著白袍的人，只不過是另一種牧師」。[21]平克呼籲科學家應該要透過「公開辯論和拆穿流言」等方式，開始「向世人呈現科學的運作方式」。梅克爾宣布重新開放德國的計畫時，在全國播出的電視節目中為民眾上了一堂科學課。[22]她解釋，二〇一九冠狀病毒是以「一」的速度繁殖，表示每個感染者會在康復之前感染另一個人，因此不會增加被感染者的淨數目。這讓她對解除外出限制抱持謹慎而樂觀的態度。然而，德國目前正如履薄冰。若繁殖率提升至一．一或一．二，德國的醫療體系很快將不堪負荷，因而必須恢復封城。梅克爾讓大眾了解影響其決策的關鍵因素，而不只是靠嚴格實施封城來達到最佳結果。例如德國、南韓和臺灣等許多政府，都能夠以相對短暫或部分

---

19 Jonathan Ford, "The Battle at the Heart of British Science over Coronavirus," *Financial Times*, April 15, 2020; David D. Kirkpatrick, Matt Apuzzo, and Selam Gebrekidan, "Europe Said It Was Pandemic-Ready. Pride Was Its Downfall," *New York Times*, July 20, 2020.

20 同上。

21 Steven Pinker, "Alan Alda & Steven Pinker: Secrets of Great Communication," 92nd Street Y, April 23, 2020.

22 Jhag Balla, "This Viral Angela Merkel Clip Explains the Risks of Loosening Social Distancing Too Fast," *Vox*, April 17, 2020; 以及 Katrin Bennhold, "Relying on Science and Politics, Merkel Offers a Cautious Virus Re-entry Plan," *New York Times*, April 15, 2020.

的封城及大規模的測試和追蹤，成功控制二〇一九冠狀病毒疫情。

專家的態度是否真誠，民眾其實可以感覺到其中的細微差別。然而，菁英卻常對外行人抱持高姿態。許多證據顯示，東亞國家「全民戴口罩」的規定是成功控制疫情的關鍵，[23]但西方專家一開始卻都忽略了這一點。即使目前仍未完全確定口罩的效力，但美國政府對於口罩的公開言論基本上是不合理的。[24]官員極力反對使用口罩，聲稱口罩無法保護普通百姓，而且口罩應該留給醫生和護士使用。然而，如果這麼做的真正目的是要避免囤積醫用外科口罩，政府難道不能至少鼓勵民眾在家裡製作只需要一件上衣和剪刀就能完成的簡易布口罩嗎？美國衛生署長等官員後來承認，他們擔心民眾會出於恐慌而搶購並囤積口罩，讓醫生和護士口罩不足的問題更加惡化。[25]顯然對他們來說，向民眾解釋「某些口罩應該留給醫護人員，一般人可以戴其他口罩」實在太過於困難了。

這個傳統可以追溯到數十年前。美國國務卿艾奇遜（Dean Acheson）曾在回憶錄中解釋，他為何在冷戰初期時，決定以「蘇聯企圖向全世界擴張」的說詞來恐嚇美國大眾。他的言詞中滿溢著高傲的態度：

> 唯有放棄修辭，選擇平鋪直敘，放棄華美之詞與細節，選擇以直白到近乎殘酷的文字解釋，才能順利傳達資訊[26]……在國務院，我們常討論究竟傳說中的「一般美國公民」每天會花多少時間聆聽、閱讀和談論祖國以外的全球新聞。對於一個受過良好教育、已有家室，並且在家中或在外工作的人來說，我們認為每天有十分鐘就已經是高平均的水準。假如這屬實，想要讓人理解的重點，就必須以非常清楚的方式表達。

艾奇遜深知對抗蘇聯問題的複雜性。但如他所說，當他和其他官員在以「比事實更清楚」的方式向民眾說明情況時，他們編出了一個美國的生存性和全球性的危機，這

---

23 Lili Pike, “Why 15 US States Suddenly Made Masks Mandatory,” *Vox*, May 29, 2020.

24 關於當初可以如何避免犯下這些失誤，請見：Zeynep Tufekci, “Why Telling People They Don’t Need Masks Backfired,” *New York Times*, March 15, 2020.

25 在美國電視廣播網哥倫比亞廣播公司（CBS）《面對國家》（*Face the Nation*）節目中播出。請見：Melissa Quinn, “Surgeon General Says Administration ‘Trying to Correct’ Earlier Guidance Against Wearing Masks,” CBS News, July 12, 2020, https://www.cbsnews.com/news/coronavirus-surgeon-general-jerome-adams-wearing-masks-face-the-nation/.

26 Dean Acheson, *Present at the Creation: My Years at the State Department* (New York: W. W. Norton, 1970), 375.

個危機從拉丁美洲到印度支那，來自世界各地，而且從政變到祕密戰爭，必須無所不用其極的面對這種威脅。細節愈多，流的血就愈少。

專家解釋得愈清楚愈好，虛偽的程度也會愈低。英國出現過兩個明顯的例子。二〇二〇年五月，弗格森被發現違反了隔離規定與自己的愛人會面，因此被迫辭職。後來在同一個月，民眾的憤怒變得更加強烈，因為有消息指出強森的首席顧問卡明斯（Dominic Cummings）的妻子確診二〇一九冠狀病毒，但他卻無視居家隔離的規定，開車橫越英格蘭數百英里去探望家人。他辯稱自己是為了確保小兒子能夠獲得照顧而不得不採取行動，而總理也表態支持他。卡明斯拒絕下臺，但被要求犧牲家庭生活（錯過婚禮、嬰兒出生和喪禮）的英國人卻感到怒不可遏。在這些醜聞爆發之後，民眾對保守黨政府的信任度急遽下降，[27]違反隔離的事件也頻頻傳出。[28]

在大西洋兩側，專業知識更是遭到蓄意貶損。然而，川普對專家的愚蠢態度和他自己的無能，並不能改變這個事實：沒有任何一個領域的專業知識可以解決廣泛的全國性問題，尤其是經濟封鎖讓數百萬人失業並讓公司破產後，必須試圖再次重新開放經濟等這類重大議題。科學資料很重要，但經濟分析也很重要。公共衛生官員不會知道各種經濟封鎖方法的成本和收益。在封鎖和開放大都會地區時，應該要諮詢的是都市計畫技師。歷史上最偉大的軍事理論家克勞塞維茲（Carl von Clausewitz）曾說過：「戰爭不僅是一種政治行為，而且是一種真正的政治工具。」他的意思是，戰爭不能只靠專業軍事知識，還必須整合其他觀點。現代的戰爭尤其如此，因為現代戰爭在本質上是「全面」的，會影響到社會的每個層面。學者柯恩（Eliot Cohen）表示，例如林肯、邱吉爾、克里蒙梭（Georges Clemenceau）、班－古里昂等在這類衝突中成功的領導人（我個人認為應該要再加上小羅斯福），是能夠質疑和否決將軍的意見、考量其他觀點和學科，並制定出全方位政治軍事戰略的人。[29]

在大流行期間領導國家，與在戰爭期間領導國家有許多相似之處。兩者都會對經濟

---

27 Richard Fletcher, Antonis Kalogeropoulos, and Rasmus Kleis Nielsen, "Trust in UK Government and News Media COVID-19 Information Down, Concerns over Misinformation from Government and Politicians Up," University of Oxford, Reuters Institute, June 1, 2020, https://reutersinstitute.politics.ox.ac.uk/trust-uk-government-and-news-media-covid-19-information-down-concerns-over-misinformation.

28 Chris Curtis, "One in Five Have Started Breaking Lockdown Rules More Following Cummings Saga," YouGov, June 3, 2020, https://yougov.co.uk/topics/health/articles-reports/2020/06/03/one-five-have-started-breaking-lockdown-rules-more.

29 Eliot Cohen, *Supreme Command: Soldiers, Statesmen, and Leadership in Wartime* (New York: Free Press, 2002).

和社會帶來巨大影響。領導人通常必須犧牲可怕的代價，以一些風險代替另一些風險。也許這就是為何傳說中的戰時領導人之一克里蒙梭曾說過：「戰爭太重要了，不可任由將軍決定。」[30]他的意思並不是可以在不靠將軍的情況下贏得戰爭，而是必須輔以其他類型的專家，才能盡可能全盤了解全局。基於這種精神，我們也可以說：大流行病很重要，不應該只交給科學家。科學家是不可或缺的成員，但其他領域的專家也是。

知識的危機

然而，許多人之所以拒絕聽從有關二〇一九冠狀病毒的專家建議，根本原因可能與科學的複雜性或有限的初始資料無關。許多人就是不信任專家，而且與專家的資歷無關。甚至在面對涉及自己健康的問題時，他們的態度也是如此。在川普因為疫情大流行而宣布進入國家緊急狀態的一週後，三位政治科學家進行了一項研究，調查了具有代表性的一群美國人在這段期間的行為。研究結果非常驚人。他們發現，關於是否願意洗手、避免與他人接觸或自我隔離的最佳預測因子，不是居住地點或年齡，而是**支持的政黨**。他們在結論中表示：「與民主黨相比，共和黨支持者配合疾病管制與預防中心建議行為的機率較低，也比較不擔心大流行的問題。」並認為：「在行為、態度和偏好方面，黨派是比我們所使用的其他指標更一致的預測因子。」[31] 在那之後，許多研究也得出了類似的結論。有些研究透過手機和簽帳金融卡的資料發現，即使在控制二〇一九冠狀病毒案例地區差異的變數之後，投票給川普的民眾也比投票給希拉蕊的民眾更不願意進行居家隔離。[32] 比消極忽視公衛措施更糟糕的，是積極的敵意。網路上出現愈來愈多荒唐的陰謀言論，把這次的疫情歸咎於中國

---

30 這段話常以英文譯文引述。法文原文為「La guerre! C'est une chose trop grave pour la confier à des militaires」（字面上的意思是：「戰爭太重要了，不該託付給軍人」）。值得注意的是，這段話的出處常被說是第一次世界大戰期間的不同法國政治家。

31 Shana Kushner Gadarian, Sara Wallace Goodman, and Thomas B. Pepinsky, "Partisanship, Health Behavior, and Policy Attitudes in the Early Stages of the COVID-19 Pandemic," *SSRN*, March 30, 2020, https://ssrn.com/abstract=3562796.（備注：這份研究，以及下文由 Painter、Qiu 及 Allcott 等人發表之研究，都尚未經過同儕審查。）

32 Marcus Painter and Tian Qiu, "Political Beliefs Affect Compliance with COVID-19 Social Distancing Orders," *SSRN*, July 3, 2020, https://ssrn.com/abstract=3569098; Hunt Allcott, Levi Boxell, Jacob Conway, Matthew Gentzkow, Michael Thaler, and David Y. Yang, "Polarization and Public Health: Partisan Differences in Social Distancing During the Coronavirus Pandemic," *SSRN*, June 2020, https://ssrn.com/abstract=3574415.

企圖統治世界的陰謀、比爾．蓋茲及5G無線科技等。在大流行期間的短短十天內，英國的基地臺等電信設備發生了三十多起縱火或蓄意破壞的事件。[33]

這些研究的發現非常可笑。即使在面對病毒這種攸關生死的問題時，人類也會從政治角度看待專家的建議。比起弗契等花了數十年研究傳染病的公共衛生官員，他們更信任政黨的領導人（川普）和黨派色彩鮮明的新聞報導與分析（福斯新聞）。這現象導致一些評論家對低資訊量選民（low-information voters）感到不滿，然而問題並不在於這些人無知與否。社會心理學家海德特（Jonathan Haidt）等人強調了動機性推理（motivated reasoning）的力量，也就是人類會根據偏好的結論建構出自己的論點。[34] 一些研究發現，廣泛閱讀並仔細關注新聞的高資訊量選民（high-information voters），黨性其實反而更堅強。[35] 正如兩位研究過此現象的政治學家亞申（Christopher H. Achen）和巴特斯（Larry M. Bartels）所說，更適合的術語或許是「合理化的選民」（rationalizing voters），亦即，聰明人會查核事實並關注辯論，但他們也會利用自己的知識證明並合理化自己原先就存在的偏見。[36]

這份研究呼應了啟蒙時期的哲學家休謨（David Hume）的論點，他將理性稱為「激情的奴隸」。[37] 理性是人類用來達到目標的手段，但我們的目標，打從一開始就是根據直覺而來。因此，美國正在面臨沃克斯新聞網的作者羅伯茲（David Roberts）所說的「知識論危機」（epistemic crisis）。[38] 羅伯茲解釋：「知識論是哲學的一支，與知識及我們如何認識事物有關。這次的危機在於，身為一個政體，我們不再能夠學習或了解相同的事物，因此也無法採取一致的行動。」現在，聽取專家的意見、閱讀新聞和尋找事實，不再是中立的行為，而是充滿政治的舉動。

---

33 Adam Satariano and Davey Alba, "Burning Cell Towers, out of Baseless Fear They Spread the Virus," *New York Times*, April 10, 2020.

34 Jonathan Haidt, *The Righteous Mind: Why Good People Are Divided by Politics and Religion* (New York: Vintage Books, 2013), 98, 104.

35 Ezra Klein, "Why the Most Informed Voters Are Often the Most Badly Misled," *Vox*, June 8, 2015.

36 Christopher H. Achen and Larry M. Bartels, "It Feels Like We're Thinking: The Rationalizing Voter and Electoral Democracy," Annual Meeting of the American Political Science Association, Philadelphia, August 28, 2006, https://web.archive.org/web/20160410201427/ http://www.princeton.edu/~bartels/thinking.pdf.

37 David Hume, *A Treatise Of Human Nature*, Book III, Part III, Section III, "Of The Influencing Motives Of The Will."

38 David Roberts, "Partisanship Is the Strongest Predictor of Coronavirus Response," *Vox*, May 14, 2020.

這現象並非只出現在美國。許多國家都可以看見這樣的畫面：民眾對現有體制感到懷疑、相信自己的資訊來源、對獲得證書的權威失去信任，並且把政黨看得比事實更重要。英國脫歐辯論的特徵，就在於這種「有兩個事實存在」的現象。這種現象一路延伸到巴西、墨西哥、土耳其和印度。這些地方的政治分裂成兩派，其中一派認為自己代表專家，另一派則非常不信任權威。這兩個群體之間日益敵對的現象，是過去十年來最重要的政治趨勢之一，也就是全球民粹主義的崛起。

新民粹主義的核心，是人民對權威的強烈反感。從桑德斯的民主黨派系到希臘的激進左翼聯盟（Syriza），都會有一個相對應的左派團體要求增加政府干預和支出。從川普、強森，到義大利的薩爾維尼（Matteo Salvini）等右派版本，則主要關注移民問題。接著還有發展中國家的民粹主義者，例如巴西的波索納洛、印度的莫迪（Narendra Modi）、土耳其的艾爾多安（Recep Tayyip Erdoğan）和菲律賓的杜特蒂（Rodrigo Duterte）。雖然他們不以移民政策為首要目標，但他們的吸引力同樣來自文化沙文主義和宗教民族主義。他們幾乎總是會妖魔化他者，例如少數族群和城市中的自由主義者。這類分歧運動會讓平民和這些領導者一同仇視菁英，疫情大流行則將這種狂熱推到了最高峰。

荷蘭的政治學家穆德（Cas Mudde）為民粹主義提出了一個實際的定義。他認為民粹主義是一種意識型態，會「讓社會最終被分為『純潔的人民』和『腐敗的菁英』兩個同質但對立的團體，並主張政治應反映人民的公共意志」。[39]川普曾在二〇一六年的競選活動中表示：「唯一能夠解決少數菁英數十年來毀滅性統治的解藥，就是大膽注入民眾的意志。」[40]這句話直接印證了穆德的說法。川普實施「大膽注入」的實際成果，就是讓專業知識受到徹底詆毀。路易士（Michael Lewis）在他的著作《第五風暴》（*The Fifth Risk*）中，除了指出川普政府領導不當的駭人事蹟，也表示川普政府會刻意忽視國家海洋暨大氣總署（National Oceanic and Atmospheric Administration）等沒沒無名卻非常重要的政府機構中的專業人員。[41]負責極端天氣預報的國家海洋暨大氣總署曾經在二〇一九年多利安颶風（Hurricane Dorian）期間，被捲入了專

39 Cas Mudde, "Populism in the Twenty-First Century: An Illiberal Democratic Response to Undemocratic Liberalism," Andrea Mitchell Center for the Study of Democracy, University of Pennsylvania, https://www.sas.upenn.edu/andrea-mitchell-center/cas-mudde-populism-twenty-first-century.

40 Donald J. Trump, "Let Me Ask America a Question," *Wall Street Journal*, April 14, 2016.

41 Michael Lewis, *The Fifth Risk* (New York: W. W. Norton, 2018).

業知識與假資訊的戰爭中。當川普散布「風暴將襲擊阿拉巴馬州」的錯誤資訊時，他對專家的態度可說是一覽無遺。當國家海洋暨大氣總署的專家公開提出指正時，川普展示了一份修改過的地圖。[42]有些人（大部分是川普支持者）已經用黑色奇異筆重新繪製了風暴的路徑，描繪出颶風進入阿拉巴馬州的軌跡。除了以這種滑稽的方式干擾專家，與川普的錯誤說法相牴觸的政府氣象學家，事後也遭到了責難。[43]

新的領導階級

對許多人來說，各領域的專家就是**專家**。他們透過教育、努力和經驗，獲得特定的專業知識。他們通過各種測驗、從最好的大學畢業，並在重視專業能力的地方工作，藉此展現自己的能力。因此，當他們在談論自己所熟悉的議題時，當然會期望受到社會大眾所信任。然而，學者林德（Michael Lind）卻在他的著作《新階級戰爭》（*The New Class War*）中表示，事實往往並非如此。他引述了一九六〇年代激進份子的話：「問題不是出在問題本身。」表示真正的衝突不在於任何特定的議題或爭議。「問題出在權力上。」[44]他認為，在任何社會中，政治、經濟和文化領域都存在著權力。「當代西方社會的這三個領域，都是新階級戰爭的前線。」對許多人來說，「專家的建議」是新的統治階級（即所謂的菁英人士）試圖宰制他們的一種策略。

現在，所有的先進國家都是由菁英所領導。考試成績是學校招生的主要依據，公司則根據各種證照進行聘雇和升遷。政府、商業、藝術和文化領域的大部分領導人都具有大學學歷，而且許多人還擁有研究所學位。這種趨勢還會在一些國家中邁向極端，例如東亞。在一九九〇年代後期，臺灣曾經出現一個約七〇%的部長擁有研究生學位，且其中六〇%畢業於美國大學的內閣。[45] 然而，受過高等教育的人其實非

---

42 Matthew Cappucci and Andrew Freedman, "President Trump Showed a Doctored Hurricane Chart. Was It to Cover Up for 'Alabama' Twitter Flub?," *Washington Post*, September 5, 2019.

43 Christopher Flavelle, "NOAA Chief Violated Ethics Code in Furor over Trump Tweet, Agency Says," *New York Times*, June 15, 2020.

44 Michael Lind, *The New Class War: Saving Democracy from the Managerial Elite* (New York: Portfolio: 2020).

45 從一九九六年至二〇〇〇年，臺灣總統為李登輝（康乃爾大學博士）：John Trenhaile, "The New Cabinet," *Taiwan Review*, August 1, 1996, archived at https://web.archive.org/web/20160915152001/ http://www.taiwantoday.tw/ct.asp?xItem=54929&ctNode=2198&mp=9.

常少。在美國和歐盟，只有大約三分之一的民眾擁有大學學位。[46]受過研究生教育的比例甚至更低，在美國只有一三％。[47]然而，西方社會的大部分領導職務，都是由至少受過大學教育的人擔任，而且通常或多或少都接受過研究所訓練。換句話說，大約三分之二的人只能袖手旁觀，看著另外三分之一的人掌控一切。（在大學畢業生比例較低的大型亞洲國家中，這種差距會更大。在中國，只有一〇％的人口讀過大學，[48]但共產黨中央委員會的每個成員幾乎都讀過大學。在二〇一六年，這比例為九九％。[49]諷刺的是，這在某種程度上讓中國共產黨成為世界上最菁英的組織。）

菁英階層形成了一個與社會其他階層迥異的獨特階級。首先，他們的收入較高：根據美國人口普查，擁有研究生學位的美國人的收入，是高中輟學生的三．七倍。[50]這些受過高等教育的美國人通常居住在城市中、從事專業工作，而且思想比較開明。相較之下，沒有受過大學教育的民眾通常居住在鄉村、專業程度較低，而且在思想上比較保守。二〇一六年，希拉蕊獲得了大部分前者的選票，川普卻獲得了大部分後者的選票。[51]比起種族或性別，逐年加深的城鄉差距可能才是美國選舉中最主要的斷層線。民調顯示，大約三分之二的美國農村居民支持川普，三分之二的城市居民討厭川普。[52]二〇一九年的一項研究指出，這種分類方式「發展至此，『共和黨城市』基本上已經

46 在二〇一六年，美國人有三三．四%具有大學學位：US Census Bureau, "Educational Attainment in the United States: 2016," https://www.census.gov/newsroom/press-releases/2017/cb17-51.html; "31% of 25-64 Year Olds Achieved Tertiary Level Study," European Commission, Eurostat, https://ec.europa.eu/eurostat/web/products-eurostat-news/-/EDN-20181008-1.

47 一三．一%具有碩士學位，專業學位或博士學位：US Census Bureau, "Educational Attainment in the United States: 2018," https://www.census.gov/library/stories/2019/02/number-of-people-with-masters-and-phd-degrees-double-since-2000.html.

48 資料來自：2010 Chinese Census, Education at a Glance: OECD Indicators 2016, "People's Republic of China," https://gpseducation.oecd.org/Content/EAGCountryNotes/EAG2016_CN_CHN.pdf.

49 二〇一六年，在中國共產黨第十八屆中央委員會中，九九．二%曾經讀過大學：Cheng Li, Table 4.1, "Percentage of College-Educated Members on the 8th-18th Central Committees," *Chinese Politics in the Xi Jinping Era: Reassessing Collective Leadership* (Washington, DC: Brookings Institution Press, 2016).

50 US Census Bureau, "Educational Attainment in the United States: 2018."

51 Nate Silver, "Education, Not Income, Predicted Who Would Vote for Trump," FiveThirtyEight, November 22, 2016, https://fivethirtyeight.com/features/education-not-income-predicted-who-would-vote-for-trump/.

52 Nathaniel Rakich and Dhrumil Mehta, "Trump Is Only Popular in Rural Areas," FiveThirtyEight, December 7, 2018, https://fivethirtyeight.com/features/trump-is-really-popular-in-rural-areas-other-places-not-so-much/.

不存在了」，因為共和黨現在只擁有眾議院中「純都市」地區的六%。[53]

這個現象同樣發生在歐洲各地。在英國，沒有大學學位的人比較有可能投票支持英國脫歐。[54] 在法國，「黃背心」抗議活動主要由生活在郊區且未受過大學教育的人所推動。[55] 這項運動的名稱由來，本身就具有反都市情緒的象徵：當他們在抗議燃料稅上漲時，駕駛穿上了在緊急情況下停車時必須穿的背心，象徵必須依賴汽車的郊區居民對抗由搭乘地鐵的巴黎人所設計的環保計畫。[56] 德國在政治上也存在分歧，極右派的支持者主要來自人口逐漸高齡化的農村地區。[57] 在土耳其，獨裁的民粹主義者艾爾多安於土耳其人最集中的安那托利亞地區獲得了最熱烈的支持，[58] 而最主要的反對聲浪則來自都市化的西岸及少數民族地區。

二〇一九冠狀病毒大流行讓這些分歧又進一步擴大。對郊區民眾來說，這種疾病是由大都市向外散播。然而，儘管遭到疫情肆虐，城市中的居民還是有辦法生活，這是因為二〇一九冠狀病毒的分界，同時也是階級的分界。二〇一九年，美國勞工統計局曾經發布一份報告，調查有多少美國人的工作具有彈性。在擁有學士學位或更高學歷的人之中，幾乎有一半的人至少偶爾會在家工作。在只有高中畢業的人之中，只有不到一〇%的人曾經在家工作過，而在高中的中輟生之中則只有三%。[59] 因此，毫不意外，當各地因為二〇一九冠狀病毒而開始實施封城時，受害最嚴重的是那些無法在家工作的人。在收入超過十萬美元的家庭中，只有一三%的人被解雇或被迫休無薪假，而在收入低於四萬美元的家庭之中則為三九%。[60]當全球經濟逐漸復甦時，各國擁有

---

53 Will Wilkinson, "The Density Divide: Urbanization, Polarization, and Populist Backlash," Niskanen Center, June 2019, https://www.niskanencenter.org/wp-content/uploads/2019/09/Wilkinson-Density-Divide-Final.pdf.

54 Anushka Asthana, "People Who Felt Marginalised Drove Brexit Vote, Study Finds," *Guardian*, August 31, 2016.

55 Marie Dupin, "Jeunes, Précaires, Ruraux: Qui Sont Les Gilets Jaunes?," BFM, April 9, 2020, https://www.bfmtv.com/economie/economie-social/france/jeunes-precaires-ruraux-qui-sont-les-gilets-jaunes_AN-201904090053.html.

56 Feargus O'Sullivan, "Why Drivers Are Leading a Protest Movement Across France," *City Lab*, November 19, 2018, https://www.bloomberg.com/news/articles/2018-11-19/-yellow-vests-why-france-is-protesting-new-gas-taxes.

57 Christian Franz, Marcel Fratzscher, and Alexander S. Kritikos, "German Right-Wing Party AfD Finds More Support in Rural Areas with Aging Populations," *DIW Weekly Report* 8, no. 7/8 (2018): 69-79, http://hdl.handle.net/10419/175453.

58 *Daily Sabah*, 2018 presidential election results, https://www.dailysabah.com/election/june-24-2018-election-results.

59 "Job Flexibilities and Work Schedules — 2017-2018, Data from the American Time Use Survey," Bureau of Labor Statistics, September 24, 2019, https://www.bls.gov/news.release/flex2.nr0.htm.

60 Jeanna Smialek, "Poor Americans Hit Hardest by Job Losses amid Lockdowns, Fed Says," *New York Times*, May 14, 2020, https://www.nytimes.com/2020/05/14/business/economy/coronavirus-jobless-unemployment.html.

大學學歷和受過進階培訓的人可能會比較容易找到工作，而大企業也將比家庭企業更容易順利恢復運作。受認證的菁英與其他階級之間的差距將會愈來愈大。

川普曾在競選大會上，以一句話攻擊了美國的菁英並贏得滿堂喝采。他在吹噓自己的學歷和財富之後，對人群說：「他們不是菁英。你們才是菁英。」川普挑起了許多美國人心中深藏的厭惡情緒，因為他們認為那些比自己成功的人明明就沒有把國家管理好，現在卻還想要掌管他們的生活。選擇脫歐的英國選民也對說話條理分明的技術官僚感到不滿，因為他們允許波蘭工人進入英國。對脫歐派來說，那些波蘭人只會「搶走他們的工作」。法國的黃背心抗議者認為，大都市裡的菁英在治理國家時都只考慮到自己的利益，而且會鄙視鄉下人。

在某種程度上，這種反菁英主義反映了許多人在當代社會中努力生活時所感受到的無助感。知識和力量似乎都掌握在專家和知識份子的手中。偉大的美國歷史學家霍夫士達特（Richard Hofstadter）在數十年前就曾經針對這種現象表示：「過去，知識份子會在不被需要時被輕微嘲笑；現在，知識份子則會因為太過被社會所需要而引起眾怒。」[61]

同理心與專業能力

我們已經討論了民眾如何看待菁英。但是，菁英又是如何看待民眾的呢？擁有權力之後，會對自我感覺產生什麼影響？根據專家表示，其實沒有任何好處。季辛吉（Henry Kissinger）曾經宣稱：「權力是終極的春藥。」[62] 心理學研究顯示，權力雖然非常誘人，卻會破壞行使權力者的敏感性。簡而言之，權力會扼殺同理心。加州大學柏克萊分校的學者克特納（Dacher Keltner）在研究後發現，當受試者在面對罹患癌症的孩子等受苦的影像時，出生於位高權重家庭的受試者顯示出的同情跡象會較低。[63] 除了社會階級這種深層因素，即使最近才獲得權力，也可以看出同理心降低和

---

61 Richard Hofstadter, *Anti-Intellectualism in American Life* (New York: Alfred A. Knopf, 1963), 34.

62 Henry Kissinger, "The Sayings of Secretary Henry," compiled by DuPre Jones, *New York Times*, October 28, 1973, 由 Jerry Useem, "Power Causes Brain Damage," *Atlantic*, July/August 2017 引述：「就算是季辛吉，也會因為具有權力而覺得自己的性吸引力非常強。」

63 Dacher Keltner, *The Power Paradox: How We Gain and Lose Influence* (New York: Penguin, 2016), 112-13, 116-18.

自私程度提升的現象。在某次實驗中，每三位大學生會組成一個小組，克特納則以武斷的方式，指派其中一名成員為小組研究的組長。在研究開始的三十分鐘內，這些新上任的「老闆」就會開始展現官威，例如從盤子裡抓走餅乾的頻率是其他「部下」的兩倍。克特納在他的著作《權力的悖論》（*The Power Paradox*）中，將這種權力所帶來的影響比喻為「一種大腦損傷，會讓人採取自私、衝動的行為」，而且自相矛盾的破壞了有效運用權力所必須具備的同情心和同理心。歷史上曾經有一位非常深入理解人類心理學的人，以出色的文學技巧描述了這樣的心理。在莎士比亞的《馬克白》（*Macbeth*）中，馬克白在獲得權力後失去了同理心，甚至在劇末連妻子過世都無法感到悲傷。在《李爾王》（*King Lear*）中，當李爾王掌權了數十年後，耳中除了奉承之語，什麼也聽不進去，因而放逐了唯一敢對他說實話的人，也就是他的女兒寇蒂莉亞。

然而，許多例子顯示，握有大權的人也可以具有同理心。兩位羅斯福總統皆出生於上層階級，但兩人都能夠與市井小民產生交情。當老羅斯福（西奧多．羅斯福）在妻子和母親去世後從紐約逃往達科塔州的惡地時，他在充滿了牛仔、牧場農夫、酒館老闆和偷馬賊的環境中生活了三年，不但非常享受當地的生活，還向他們學習了許多事物。雖然小羅斯福（富蘭克林．羅斯福）的成長經歷比他的遠房堂兄西奧多更富裕，他卻意外成為窮人和被剝奪之人的擁護者。許多人常說他一定是因為自己的小兒麻痺症，才能夠體會人生的艱辛。然而，他的傳記作者史密斯（Jean Edward Smith）[64]和古德溫（Doris Kearns Goodwin）[65]卻提出了另一項重要的觀察。富蘭克林必須定期前往喬治亞州的溫泉鎮（Warm Springs），透過當地天然加熱的礦泉水緩解小兒麻痺的症狀。他每年會在這個小鎮待上大約一個月，與其他小兒麻痺症患者一起游泳和野餐。這些患者大都來自低下階層，因此富蘭克林在此聽聞了他們生活中的難處。他直到死前都從未忘記過他們，就連最後也是在溫泉鎮的眾人身旁過世。富蘭克林深刻了解無能為力的感覺。雖然這個故事有可能是杜撰的，卻精準描述了這位當代最有權勢的白人盎格魯－撒克遜新教徒（White Anglo-Saxon Protestant, WASP）如何與普通人建立連結。在小羅斯福的葬禮隊伍中，有一位前來哀悼的人因為過度悲痛而哭倒在地。有人扶他

---

64 Jean Edward Smith, *FDR* (New York: Random House, 2007).

65 Doris Kearns Goodwin, *No Ordinary Time: Franklin and Eleanor Roosevelt—The Home Front in World War II* (New York: Simon & Schuster, 1994).

起身，然後問他為何如此難過，他認識總統嗎？那人回答：「不，但他認識我。」[66]

世界已經變得非常複雜。在這段期間，我們需要更多專家（而不是更少專家）來管理從大公司到小縣郡等各種國家事務。這必然會使他們成為某種菁英，因為他們的知識會賦予他們權威和權力。另一種結果會是現代無法想像的模式：以直覺治理國家，並以無知為榮。根據最近在美國和巴西等地方的情況來說，結果非常令人沮喪。然而，專家和菁英應該花更多心力去思考如何與民眾建立連結，並以人民的需求為首要考量。菁英統治在道德上最大的問題，就是相信一個人只要成功、社會地位提升，本質上就會比凡夫俗子高一等。畢竟至少在民主國家，人民的願望就是權威的終極來源。因此，最後再強調一次：在面對這次的疫情和將來的危機時，人民應該要聽取專家的意見。但是，專家也必須聆聽民眾的想法。

---

66 這個事件被記錄於一些文本中，例如：Ken Burns, *The Roosevelts: An Intimate History*, PBS, 2014.

第5課

人類生活已然數位化

我們是否過度放大了這次疫情所帶來的影響？二〇一九冠狀病毒的影響，會不會其實沒有我們想像中那麼嚴重？這是有可能的。人類具有非常驚人的能力，能夠消化痛苦及失落的情緒，並繼續生活下去。就算是看似會造成終生創傷的事件，有時候也會隨著時間而消逝。以西班牙流感為例，這場大流行造成了全球約五千萬人死亡，[1]其中近七十萬為美國人，但美國在這之後卻進入了「咆哮的二〇年代」（Roaring Twenties）和「爵士時代」。在一九二〇年代中期的禁酒令期間，紐約據說有多達十萬間違法經營的酒吧。[2]這是壓抑已久的欲望嗎？還是第一次世界大戰及流感，讓人類產生了不在乎死活的態度？無論原因為何，很少證據顯示人類在那場可怕的疫情爆發後，產生了不同的工作方式或是減少了社交活動。社會中沒有出現新的常規，一切仍照舊。疫情後的第一位美國總統哈定（Warren G. Harding）甚至在競選時以「回歸常態」為口號。[3]

然而，歷史並不總是會重演。有時候，舊的常態和新的狀態同樣會帶來不便。若將西班牙流感與新冠病毒進行比較，就可以看出一二。在一九二〇年代，民眾必須回到自己的農場、工廠或辦公室，因為沒有其他選擇了。想要工作，就必須去工作場所。若想找樂子，就只能去劇院和音樂廳。若想買食物或衣服，就必須去實體商店。現在早已不是如此。過去二十年來，由於數位經濟崛起，大家可以不必聚在一起、卡在車陣中、擠在火車上或是花數小時通勤，就可以做到大部分的事情了。近年來，這些變化遠不止出現在視訊會議和電子商務方面。現在的生活可以非常數位化。

我們是何時過渡成數位經濟的？這是一個自然的過程，中間沒有任何轉折點。最早出現的電腦，原本是在第二次世界大戰期間為了軍事目的而開發。在發明出積體電路後，個人電腦也隨之問世。一般認為一九七一年是個人電腦的出生年（即 Kenbak-1 電

---

1 Niall Johnson and Juergen Mueller, “Updating the Accounts: Global Mortality of the 1918-1920 ‘Spanish’ Influenza Pandemic,” *Bulletin of the History of Medicine* (Spring 2002), https://www.researchgate.net/publication/11487892_Updating_the_Accounts_Global_Mortality_of_the_1918–1920_Spanish_Influenza_Pandemic.

2 Lisa Bramen, “October 28, 1919: The Day That Launched a Million Speakeasies,” *Smithsonian Magazine*, October 28, 2010.

3 出自哈定於一九二〇年的演講中：「美國現在最需要的不是英雄，而是治療；不是錦囊妙計，而是回歸常態；不是革命，而是復原……不是手術，而是安寧。」請見：Library of Congress, Presidential Election of 1920, https://www.loc.gov/collections/world-war-i-and-1920-election-recordings/articles-and-essays/from-war-to-normalcy/presidential-election-of-1920/.

腦出產的年份）。[4]網際網絡[5]的發展也很緩慢，從一九六〇年代美國國防部的阿帕網（ARPANET）開始，慢慢在一九七〇年代和一九八〇年代拓展到更多大學。網際網絡誕生於一九九〇年。網絡上最大的公司亞馬遜成立於一九九五年，當時只販售書籍。成立初期，這間位於西雅圖的公司安裝了一個電腦控制的鈴鐺，每次成交時都會發出聲響。如記者史東（Brad Stone）所述，當鈴鐺響起時，「辦公室裡的每個人都會聚集在一起，看有沒有人知道客戶是誰。」[6]隨著銷量不斷增加，鈴鐺愈來愈常響起，因此不得不取下來。到了二〇二〇年的第一季，亞馬遜的銷售額已達到了每秒鐘一萬美元。[7]假如那個鈴鐺當時沒有被取下來，現在就會響個沒完，彷彿是警告新時代將要到來的警鐘。

科技變革的浪潮已經出現過好幾波。想要了解最近的一波變革，必須回到二〇一一年八月。選擇這個時間或許有點奇怪，因為這個月非常灰暗，對科技樂觀論者來說不是一個很理想的時刻。世界各國的經濟仍處於全球金融危機的餘震之中。歐洲人擔心西班牙和義大利會拖欠債款，為整個歐洲大陸帶來危機。美國的失業率居高不下，超過九％。[8]歐洲和美國的股市反映了這些擔憂。在八月八日的「黑色星期一」，道瓊工業平均指數下跌了六百三十五點，跌幅是有史以來第六大。

在這種不安的環境下，世上第一個主流網頁瀏覽器「馬賽克」（Mosaic）的發明者安德森在《華爾街日報》發表了一篇文章，並且下了一個令人費解的標題：「為何軟

---

4 Kenbak-1電腦是由計算機歷史博物館（Computer History Museum）等單位認定為最早的電腦：Chris Garcia, "In His Own Words: John Blankenbaker," CHM Blog, Curatorial Insights, April 5, 2016, https://computerhistory.org/blog/in-his-own-words-john-blankenbaker/.

5 譯注：「internet」和「network」過去習慣譯為「網際網路」和「網路」，但實際上指涉的東西往往因脈絡而有所不同，可以指涉機器之間的訊號連接，也可以指涉使用者之間的連結與交流。本書根據脈絡，將後者譯為「網絡」，未指明者則沿用目前習慣的「網路」或「網際網路」。

6 Brad Stone, *The Everything Store: Jeff Bezos and the Age of Amazon* (New York: Little, Brown, 2013), Chapter 2.

7 二〇二〇年第一季，由世界之星全球股票基金投資服務公司（J. Stern & Co. World Stars Global Equity fund）的投資組合經理羅斯巴赫（Christopher Rossbach）計算的結果：Irina Ivanova, "Amazon Makes $10,000 Per Second as Shoppers Shelter in Place," CBS News, Moneywatch, May 1, 2020, https://www.cbsnews.com/news/amazon-q1-earnings-75-billion-10000-per-second/; 另外關於亞馬遜第一季淨銷售額七百五十五億美元，每秒九千七百零九元的資訊，可見："Amazon.Com Announces First Quarter Results," https://s2.q4cdn.com/299287126/files/doc_financials/2020/Q1/Amazon-Q1–2020-Earnings-Release.pdf.

8 US Bureau of Labor Statistics, "Unemployment Rate 9.1 Percent in August 2011," https://www.bls.gov/opub/ted/2011/ted_20110908.htm?view_full.

體正在吞噬世界」。[9]

當時，經濟大致分為數位經濟和物質經濟兩種類型。安德森認為，數位經濟已經強大到正在逐漸主宰（即吞噬）物質經濟。愈來愈多新公司發現可以利用軟體大幅提高利潤、擴大業務範圍，並販售非實體商品的數位服務。來不及跟上浪潮的既有企業則被徹底取代，例如柯達（Kodak）即因為錯過了數位攝影革命而不得不申請破產。一旦人們開始購買 Spotify 這類線上影音串流平臺的服務，唱片行基本上就消失了。優步（Uber）將計程車的實體產業，變成一個本質上由軟體打造及維繫的資訊網絡。安德森指出，成長最快的娛樂公司不是電影製片廠或主題樂園，而是販賣線上電玩遊戲的軟體公司（至少這十年來，電玩產業的收入已經超過了好萊塢和音樂界的收入總和）。[10] 數位零售正逐漸超越實體零售，而二〇一九冠狀病毒疫情進一步加速了這個趨勢。據估計，未來五年內美國將關閉十萬家實體商店，這是二〇〇七年至二〇〇九年經濟衰退期間關店數量的三倍。[11]

現在，就連看似相當傳統的企業，也開始在向軟體靠攏。微軟執行長納德拉（Satya Nadella）告訴我關於蒂森克虜伯集團（Thyssenkrupp）的驚人故事。這間公司是德國數一數二的工業龍頭，是全球最大的鋼鐵生產商，也是全球第四大電梯製造商。雖然公司持續在生產電梯，但他們發現，附加價值最大的做法不是持續提高售價，而是售後的電梯保養服務。軟體驅動的智慧型電梯會不斷將性能資訊傳到雲端，由公司嚴格分析這些資料並提出「預測性維修」（**predictive maintenance**）報告，讓公司可以在狀況惡化之前就去進行修復。納德拉之所以提這個故事，是因為蒂森克虜伯電梯的軟體就是微軟開發的。

---

9 Marc Andreessen, "Why Software Is Eating the World," August 20, 2011.

10 電玩遊戲產業於二〇一〇年的營收為七百八十億美元，二〇一九年為一千三百七十億美元，請見：Will Partin, "The 2010s Were a Banner Decade for Big Money and Tech — and Esports Reaped the Rewards," *Washington Post*, January 28, 2020; 好萊塢於二〇一九年的營收為四百二十五億美元，請見：Pamela McClintock, "2019 Global Box Office Revenue Hit Record $42.5B Despite 4 Percent Dip in U.S.," *Hollywood Reporter*, January 10, 2020, https://www.hollywoodreporter.com/news/2019-global-box-office-hit-record-425b-4-percent-plunge-us-1268600. 美國音樂產業於二〇一九年的營收為一百一十一億美元，請見：Dan Rys, "US Recorded Music Revenue Reaches $11.1 Billion in 2019, 79% from Streaming: RIAA," *Billboard*, February 25, 2020, https://www.billboard.com/articles/business/8551881/riaa-music-industry-2019-revenue-streaming-vinyl-digital-physical.

11 Suzanne Kapner and Sarah Nassauer, "Coronavirus Finishes the Retail Reckoning That Amazon Started," *Wall Street Journal*, May 14, 2020.

前美鋁（Alcoa）執行長克蘭菲爾德（Klaus Kleinfeld）如此形容：「以熔爐為例，以前我們每隔幾年就要建一個新爐，效率可以提高一點點。現在，我們的熔爐系統是用軟體在控制，而且跟軟體一樣，每年都會不斷提升效率。」軟體革命創造了一個新世界，在這個新世界中，數位經濟和物質經濟的界線愈來愈模糊。如今，幾乎所有東西都用軟體操控，激發出雲端運算這類重要突破，進而加強了大數據的發展趨勢。人們把資料稱為新石油，[12]是推動現代商業的主要資源，但若沒有經過軟體提煉，資料也沒有用處。對任何事業而言，軟體都已經成為成長的關鍵。

行動裝置也因為軟體而發起了革命。蘋果公司的智慧型手機 iPhone 早在二〇〇七年就已推出，而現在世界上大部分地區都可以透過智慧型手機連上網際網路。[13]對大部分人來說，手機就是他們的電腦。以印度為例，可以更清楚看出這樣的轉變。和大部分貧窮國家的人民一樣，印度人一直都與資訊革命無緣，直到最近幾年才有所改變。電腦相當昂貴，而且 Wi-Fi 網路很稀少。阿葛拉沃爾（Ravi Agrawal）在他的著作《印度互聯》（*India Connected*）中也提到了這個現象：「在二〇〇〇年，印度只有兩千萬人可以上網。十年後，這個數字增加到了一億。」[14]即使到了二〇一〇年，在印度十幾億人口中，大多數人也還是無法使用手機上網，而且他們的手機通常不是智慧型手機。當4G行動網路問世後，就算是一隻三十美元的智慧型手機，也能輕鬆連上網路。現在，印度有超過五・五億人擁有迷你電腦，[15]可以用來買賣商品、看新聞、找樂子，加入社群及遠距工作。

印度以驚人的速度跨越了這道數位鴻溝。二〇一五年，印度的行動寬頻普及率在世界排名為第一百五十五名，[16]但到了二〇一七年，印度行動上網的使用量已經成為世

---

12 Carl Benedikt Frey, *The Technology Trap: Capital, Labor, and Power in the Age of Automation* (Princeton, NJ: Princeton University Press, 2020), 304.

13 “Percentage of Mobile Device Website Traffic Worldwide from 1st Quarter 2015 to 1st Quarter 2020,” Statista, https://www.statista.com/statistics/277125/share-of-website-traffic-coming-from-mobile-devices.

14 Ravi Agrawal, *India Connected: How the Smartphone Is Transforming the World’s Largest Democracy* (New York: Oxford University Press, 2018), 3.

15 McKinsey Global Institute, “Digital India,” 2019, https://www.mckinsey.com/~/media/McKinsey/Business%20Functions/McKinsey%20Digital/Our%20Insights/Digital%20India%20Technology%20to%20transform%20a%20connected%20nation/MGI-Digital-India-Report-April-2019.ashx.

16 Mukesh Ambani, in conversation with *India Today*, “India is now world’s top mobile data consuming nation: Mukesh Ambani,” October 25, 2018, https://www.indiatoday.in/technology/news/story/india-top-mobile-data-consuming-nation-mukesh-ambani-1375253-2018-10-25.

界第一。[17]此外，到二〇二五年，將會有數億印度人可以透過掌上型電腦連接上網。[18]這項運動受到信實工業（Reliance）的董事長安巴尼（Mukesh Ambani）所大力推動。信實工業是印度最大的公司，而安巴尼投資了高達三百七十億美元建立了新的無線網絡，並以極低的價格提供給消費者。[19]安巴尼告訴我，他相信數位化將會以前所未有的方式改變印度。他預測：「接下來的二十年，在透過網路連結的社會中，將會比過去一百年發生更多變化。」行動革命正以驚人的速度，加快印度等地的現代化過程。然而，並非所有的變化都是正面的。眾所皆知，智慧型手機是能夠有效挑起種族紛爭的危險手段。過去幾年，由於 WhatsApp 等通訊軟體的群組散播毫無根據的謠言，導致印度爆發了幾起暴民殺戮事件。[20]對許多人來說，智慧型手機也是讓他們首度接收到無止盡色情和暴力內容的管道。

回到未來

到了二〇一八年，世界上絕大部分地區終於已經在網路上相連，而在二〇一九冠狀病毒疫情爆發後，人類與數位未來之間的唯一障礙終於被消除了。這道障礙就是人類的態度。許多人還是喜歡土法煉鋼，例如有些人現在還是不敢在網路上輸入信用卡資訊，有些人則不願意透過視訊上課，而大部分的人在疫情之前，也不會願意透過視訊讓醫生看診。疫情大流行和外出限制迫使人類改變行為，而且不只是個人，還包括企業。好萊塢的片商從沒想過，有一天居然必須透過串流媒體為高預算電影進行首映。米其林星級餐廳曾經對外帶和外送服務不屑一顧。健身房沒有想過要透過製作 YouTube 影片營利。然而，這些禁忌全都被打破了。越過障礙後，開始進入了新的常態。我們可能再也回不去了。疫情大流行對數位生活強制進行了大規模的產品測試，而大致來說，我們的科技工具都通過了考驗。

在經濟趨勢方面，二〇一九冠狀病毒所帶來的危機造成的最重大改變，或許是在工作性質方面。在危機發生幾週後，麻省理工學院的一份報告發現，過去必須通勤上

---

17 同上。

18 McKinsey Global Institute, “Digital India,” 6.

19 Mobis Philipose, “Why Reliance Jio’s Big and Bold 2021 Vision Doesn’t Make Sense,” *LiveMint*, March 7, 2017.

20 Geeta Anand and Suhasini Raj, “Rumors on WhatsApp Ignite 2 Mob Attacks in India, Killing 7,” *New York Times*, May 25, 2017.

下班的美國人之中，現在約有三分之一是在家工作。[21] 大約在同一時間，印度最大公司之一的塔塔顧問服務公司（Tata Consultancy Services）宣布，由於二〇一九冠狀病毒的危機，公司已決定在二〇二五年之前，讓七五%的員工遠距工作。塔塔公司的營運長薩勃拉曼尼亞（N. G. Subramaniam）表示：「我們不認為我們需要超過二五%的人力在現場，才能發揮百分之百的生產力。」[22] 當媒體陸續報導這項新政策，並表示這將影響塔塔公司在印度的三十五萬名員工中的約二十五萬名時，該公司發布了一項更正：[23] 該政策實際上將適用於遍及全球的四十五萬名員工。[24] 一些針對美國和歐洲公司所進行的問卷顯示，大部分公司打算永久將某些工作轉移到網路上，認為這麼做不但可以維持生產率、提供員工更大的工作彈性，還能減少辦公空間的成本。

就某些方面而言，這個未來讓我們倒退發展。當代的辦公室其實是直接套用二十世紀初期工廠的模式。每個人都在週一至週五的同一時間抵達及離開。人們在大型中心地區工作，並且經常在員工餐廳吃飯。這麼做在工業上有其道理，因為所有人都必須在生產線上各司其職。然而，如今大部分已開發國家的經濟都是以服務為導向，因此工作模式非常不同。協作涉及的是智力而非勞力上的合作，因此可以透過電子郵件、聊天群組或視訊會議進行。在新的工作模式中，人們可能會從遠端執行各種日常工作，只有在需要開會、簡報或腦力激盪時進辦公室。例行的小組會議可能會變成虛擬會議，但是關於建立人脈、加深往來、提供智識啟發（intellectual stimulation）或單純娛樂性質的會議，還是有可能會持續舉行。此外，也很有可能會出現新的混合模式。這種新的方式不會讓人脈或無法預期的人際互動貶值，反而會使其變得更有價值，因為出現的頻率會變得更低。

就某種意義上來說，人類的工作方式將恢復到和歷史上大部分的時期相似，也就是變得與家庭生活息息相關。農夫在農地上生活和耕種，工匠在住家旁邊工作，商人則在住家樓下開設商店。個人生活和工作生活彼此交織，父母在孩子的眼中不只是家人，

---

21 “Of those employed four weeks earlier, 34.1% report they were commuting and are now working from home”: Erik Brynjolfsson et al., “COVID-19 and Remote Work: An Early Look at US Data,” MIT Sloan School of Management, https://mitsloan.mit.edu/shared/ods/documents/?PublicationDocumentID=6322.

22 Sonal Khetarpal, “Post-COVID, 75% of 4.5 Lakh TCS Employees to Permanently Work from Home by ’25; from 20%,” *Business Today India*, April 30, 2020.

23 Saunak Chowdhury, “TCS Refutes Claims of 75% Employees Working from Home Post Lock-Down,” *Indian Wire*, April 28, 2020.

24 Tata Consultancy Services, “About Us,” https://www.tcs.com/about-us.

也是勞工。過去兩百年來，隨著工廠和辦公室興起，家庭生活和工作生活被迫一分為二。如果你有工作，當你每天早上走出家門，準備前往完全不同的工作世界時，就會把家裡的世界拋在腦後。你的同事看到了一部分的你，家人則看到了另一部分的你，簡直就和影集《廣告狂人》（*Mad Men*）一樣。在二十一世紀，我們可能會找到方法將兩者合而為一，讓兩邊的人都能看到你的全貌。

因為疫情大流行而轉變得最快速的，是醫療產業。運用科技提供醫療照護的好處顯而易見。病患不需要出門去醫院或診所、等待看診然後回家，就可以進行一般診察或領藥。許多症狀可以透過電話描述或在視訊中呈現。這項科技早已存在，但之所以沒有普及，問題出在人類和組織上。病患不想透過網路看醫生，而醫生若沒有獲得相應的報酬，當然也不會願意另外進行遠距看診。然而，二〇一九冠狀病毒改變了這一切。美國各州放寬了對執照的要求，以促進各州之間的醫護人力流動。患者由於沒有其他選擇，因此寧可接受視訊看診，也不願意無法看醫生，而一旦嘗試之後，就會發現原來視訊方便多了。供應商也發覺了這麼做的好處。由於二〇一九冠狀病毒的患者數量激增，因此醫院必須進行分診；而由於遠距照護讓醫生能夠在網路上處理許多輕微的醫療問題，因此可以空出時間、資源和人力處理更嚴重的病例（無論是否與二〇一九冠狀病毒有關）。據估計，光是在二〇二〇年，美國人進行虛擬醫療互動的次數就將達到十億次。[25]

疫情大流行為各種轉型敞開了大門。任何工作只要進入數位化的階段，就能輕鬆透過軟體進行自動化和改良。醫學也是如此。機器和軟體早已用於輔助診斷、手術與身心的治療。此外，小型的穿戴式裝置可以持續觀測使用者的生理狀態、將資訊傳送到雲端並進行分析。如果發現任何異常，就會將資料傳送給醫療人員。蘋果公司執行長庫克（**Tim Cook**）曾表示，他相信蘋果公司藉由智慧型手錶等產品中日益複雜的醫學功能，「能夠為人類帶來最大貢獻的是……在健康方面。」[26]

在理想情況下，當人類因為大流行而將生活遷移到網路上之後，醫學界的重心將會從治療疾病轉為預防疾病，而這也是能夠更有效讓所有人保持健康的方法。不幸的是，

---

25 Jeff Becker and Arielle Trzcinski, "US Virtual Care Visits to Soar to More Than 1 Billion," Forrester Analytics, April 10, 2020, https://go.forrester.com/press-newsroom/us-virtual-care-visits-to-soar-to-more-than-1-billion/.

26 Lizzy Gurdus, "Tim Cook: Apple's Greatest Contribution Will Be 'About Health,'" *CNBC Mad Money*, January 8, 2019.

這種轉變必須面臨一個殘酷的阻礙：與治療相比，預防疾病賺不了多少錢。因此，預防性的新實驗可能只有在由政府管理醫療系統的國家，才會出現比較好的成果。在美國等由私部門主導的國家中，醫生和醫院幾乎沒有任何動機以預防為主。這並不表示這些醫生和組織的道德具有瑕疵，而是在任何市場制度中，經濟誘因都很重要，因此資源和技術都將投入於能夠產生最大收入的地方。

人工智慧革命

長期而言，人工智慧將是為醫學帶來最大改變的科技。事實上，人工智慧很有可能是人類正在經歷的最重大轉變。這場轉變的後果，可能比軟體帶來的影響更重要。人工智慧不只可能會吞噬這個世界，也可能會吞噬住在其中的人類。

在某些醫學領域中，機器早已能夠與醫生分庭抗禮，甚至超越人類。一項研究指出，人工智慧程式在學習如何分析病理影像後，能以九七%的準確度診斷出某些類型的肺癌。[27]另一項研究發現，在某些情況下，人工智慧在判斷放射線掃描結果時，誤判率比人類專家低一一%。[28]在大流行期間，人工智慧系統華生（Watson）背後的國際商業機器公司（IBM）和麻省理工學院（MIT）團隊，也將這項技術應用在其他地方，例如辨識出具有高風險罹患敗血症的二〇一九冠狀病毒患者、設計出能夠阻止病毒與人體細胞結合的蛋白質、[29]測試口罩材料的效力、預測市面上已批准的藥物是否有助於抵抗病毒，以及為大規模生產和供應疫苗進行規劃。這些應用大都是實驗性的，但結果還是令人印象非常深刻。為什麼在這些事務中，人工智慧的表現都比人類更好？這是因為像診斷這樣的過程，基本上就是在收集、組織和分析資訊，因此電腦可以處理得比人腦更好。一位從業三十年的資深醫師，可能看診過數萬名患者，並讀過數百篇期刊文章。然而，人工智慧程式可以在數分鐘、甚至數秒鐘內就分析完數千萬名患

---

27 "Using Artificial Intelligence to Classify Lung Cancer Types, Predict Mutations," National Cancer Institute, October 10, 2018, https://www.cancer.gov/news-events/cancer-currents-blog/2018/artificial-intelligence-lung-cancer-classification.

28 D. Ardila, A. P. Kiraly, S. Bharadwaj et al., "End-to-End Lung Cancer Screening with Three-Dimensional Deep Learning on Low-Dose Chest Computed Tomography," *Nature Medicine* 25 (2019): 954-61, https://doi.org/10.1038/s41591-019-0447-x.

29 Kim Martineau, "Marshaling Artificial Intelligence in the Fight Against Covid-19," MIT Quest for Intelligence, *MIT News*, May 19, 2020, http://news.mit.edu/2020/mit-marshaling-artificial-intelligence-fight-against-covid-19-0519.

者的資料和數十萬項研究成果。這就是為何電腦現在能夠輔助飛機起降和股票交易，甚至在西洋棋、益智節目《危險邊緣》（*Jeopardy!*）和電玩遊戲中擊敗世界冠軍。簡而言之，人工智慧理論上比人類更適合進行複雜的分析工作，而且內容愈複雜，電腦的優勢愈大。

目前，電腦確實並非萬能。當二〇一九冠狀病毒剛開始爆發時，許多觀察家希望人工智慧能夠找出人類無法找到的解決方法。最後的結果有好有壞，因為途中出現了許多障礙。[30] 一方面，電腦需要大量的資料才能夠看出模式，但關於二〇一九冠狀病毒的資訊剛開始幾乎屈指可數，就算到了幾個月後，資料仍然不完整。關於其他病毒的歷史資料無法發揮太大用處，因為致命性、變異方式等各種差異非常重要。

追蹤定位的資料也未能符合預期。雖然有些東亞國家成功使用追蹤定位技術預測熱點和找出超級傳播者，但這項技術仍有成長的空間。由於民眾是出於自願而安裝定位用的應用程式，[31] 再加上並非所有人都願意安裝使用，因此資料只能反映部分情況。即使是在社會凝聚力和政府信任度皆很高的新加坡，到了二〇二〇年六月時，也才約三〇%的人下載了政府的二〇一九冠狀病毒追蹤應用程式。[32] 大部分民主國家都不會像中國那樣，強迫所有人提供個人健康資料。無論如何，這是一個充滿爭議的問題。

中國、南韓和新加坡並沒有因為採用侵害個人隱私的新科技而成功防範二〇一九冠狀病毒。相反的，真正發揮作用的是面對大流行的正確應對措施：快速且廣泛的篩檢，以及透過當面訪談追蹤接觸史的傳統做法。

人工智慧在對抗二〇一九冠狀病毒的過程中所遇到的絆腳石，並沒有反映出這項技術的一些潛在缺陷，而是只在某些情況下展現其局限性，這類情況通常有許多不明之處且難以取得良好的資料。隨著時間過去，關於疾病的資訊和運用這些資訊的方法將

---

30 尤其可參見如：Cade Metz, "How A.I. Steered Doctors Toward a Possible Coronavirus Treatment," *New York Times*, April 30, 2020; 以及 O. Kadioglu, M. Saeed, H. Johannes Greten, and T. Efferth, "Identification of Novel Compounds Against Three Targets of SARS CoV-2 Coronavirus by Combined Virtual Screening and Supervised Machine Learning," [preprint], *Bulletin of the World Health Organization*, E-pub: March 21, 2020, http://dx.doi.org/10.2471/BLT.20.255943.

31 Salvatore Babones, "Countries Rolling Out Coronavirus Tracking Apps Show Why They Can't Work," *Foreign Policy*, May 12, 2020, https://foreignpolicy.com/2020/05/12/coronavirus-tracking-tracing-apps-cant-work-south-korea-singapore-australia/.

32 Goh Yu Chong and Nasrath Hassan, "Factsheet: Tracetogether Programme," Smart Nation, Government of Singapore, June 8, 2020, https://www.smartnation.gov.sg/whats-new/press-releases/factsheet--tracetogether-programme.

會愈來愈多，例如大範圍體溫掃描和臉部辨識這兩種方法，都可用於快速檢測公共空間的大批人群中是否可能有患者存在。人工智慧早已能夠根據觀察到的模式，預測哪些患者會惡化、哪些則會康復。人工智慧在開創性的醫學研究中（例如繪製蛋白質的三維結構圖）也相當活躍，不斷產生有助於疫苗和治療方法的驚人成果。當然，當愈來愈多科學家加入研究二〇一九冠狀病毒時，人工智慧早已在以遠遠超越人類的效率，分析全世界每週產出的成千上萬份最新研究，幫助科學家理解現況。但無論如何，這次的大流行不僅凸顯了人工智慧的優勢，也凸顯了（目前的）人工智慧的局限。

比起任何醫學上的突破，二〇一九冠狀病毒對人工智慧造成的最深遠影響，可能與機器人的興起更有關。廣泛設置更多機器人，可以讓經濟順利運行，還能把感染的危險性降到最低。在《麻省理工科技評論》（*MIT Technology Review*）上發表的一項研究發現，「美國有三千兩百萬至五千萬份工作可以在科技的輔助之下，減少人際互動所造成的健康風險，在危機時期保持生產力。」[33] 在這些工作之中，有一些顯然很容易被取代，例如收銀員。像是廚師等其他工作的內容則比較複雜，但現在其實也已經有機器人可以順利完成這類工作。[34]

機器人愈多，就愈能夠利用人工智慧提高生產力。就像把軟體安裝到機器之後，軟體就會成為控制因素，一旦把人工智慧安裝到任何系統中，就會漸漸產生同樣的效果，整體而言會讓生產力加倍。我們正在將人工智慧引進大部分的機構和組織中，因為人工智慧可以讓運作更順暢。但這肯定表示，需要工作的人數會減少，因為不論是藍領還是白領的工作，人工智慧都可以大大提升工作效率。若機器能夠自行掃描文件中的案件、事實和模式，就不再需要法務人員或資淺律師了。

如果電腦可以控制汽車、公車和卡車，當然就不需要那麼多的人類駕駛。自動駕駛將大大提升交通安全性。全球每年有超過一百萬人死於交通事故，[35]而根據美國運輸部統計，美國約有九四%的車禍出於駕駛的人為失誤。[36]然而若世界上再也不需要人

---

33 "Covid-19 and the Workforce," *MIT Technology Review* and Faethm, 2020, https://mittrinsights.s3.amazonaws.com/AIagenda2020/Covid19workforce.pdf.

34 Rachel Premack, "Robots Are Already Working in Fast-Food Restaurants — Here's Exactly What They're Doing Right Now," *Business Insider*, June 26, 2018, https://www.businessinsider.com/mcdonalds-kfc-panera-robot-employees-2018-6.

35 "Road Traffic Injuries and Deaths — a Global Problem," US Centers for Disease Control and Prevention, last updated December 18, 2019, https://www.cdc.gov/injury/features/global-road-safety/index.html.

36 "Critical Reasons for Crashes Investigated in the National Motor Vehicle Crash Causation Survey," US Department

類駕駛，那麼美國將近四百萬以駕駛員工作為業的人（其中大都為男性，且大都沒有大學學歷）[37]下場會如何？就目前而言，隨著亞馬遜和其他數位零售業者蓬勃發展，駕駛這行的前景看似欣欣向榮。聯邦快遞（FedEx）的執行長兼董事長史密斯（Frederick Smith）於五月時表示，他的公司正在大量招募員工，每週約增加四千名駕駛。[38]長遠來看，雖然駕駛可能不會失去工作，但他們會失去獲得合理薪資的能力，因為他們的工作報酬會變得愈來愈低。電腦正在快速將人類的重要性壓縮到最小。許多商用飛機早已在大多數時候依賴自動駕駛。由人工智慧驅動的長途卡車早已在公共道路上進行測試，儘管最後的配送仍須仰賴在地的貨車和工人。不過，就算是這樣有限的工作，也總有一天會被搭載人工智慧的無人機取代。人工智慧或許不會讓所有人失業，甚至可能還要更長的時間（例如距今數十年後）才會造成影響，但肯定會是大大改寫人類生活的關鍵。

受到人工智慧掌控的未來世界，會是什麼模樣呢？這就要交給一個尚未面臨被機器取代的風險的職業——小說家——來描繪了。麥克尤恩（Ian McEwan）在他二〇一九年的小說《像我這樣的機器》（*Machines Like Me*）中，描述了一個自動化已經深入日常生活的世界。[39]倫敦發生許多因為失業而引起的大型抗議活動。主角寫下了這樣一段紀錄：

我也加入了遊行，但在看到了一則廣告後就放棄了，那則廣告說紐卡斯爾（Newcastle）郊外有一間全新的汽車製造廠正準備開工。新製造廠的產量會是舊製造廠的三倍，但人力只有過去的六分之一。效率可以提升十八倍，利潤比以往更可觀。沒有企業能夠抗拒這種誘惑。那不是機器取代人力的唯一地方。從會計、醫護、行銷、物流、人力資源到前瞻規劃分析人員，就連俳句詩人都無一倖免。很快的，大部分人類都必須重新思考生活的目的，而這目的絕對不是工作。

在疫情大流行時，這樣的景象似乎比以往更接近現實了（就連麥克尤恩對詩人的預

---

of Transportation, February 2015, https://crashstats.nhtsa.dot.gov/Api/Public/ViewPublication/812115.

37 Jennifer Cheeseman Day and Andrew W. Haidt, "Number of Truckers at All-Time High," US Census, June 6, 2019, https://www.census.gov/library/stories/2019/06/america-keeps-on-trucking.html.

38 Fred Smith, Federal Express CEO, "Transcript: The Path Forward: Business & the Economy," *Washington Post Live*, May 14, 2020.

39 Ian McEwan, *Machines Like Me: A Novel* (New York: Knopf Doubleday, 2019).

測都成真了：電腦科學家正在開發能夠撰寫文學作品的演算法）。[40]在討論「未來的工作樣貌」時，應該要認知到的是，未來早已來到你我身邊。哲學家過去會想像，當大部分的工作崗位被科技取代之後，人類該怎麼辦。現在，二〇一九冠狀病毒使各國不得不開始嘗試各種類似全民基本收入的做法。在美國，這種想法不再只是落敗的總統候選人楊安澤（Andrew Yang）口中那不切實際的理想，而是在短短幾個月內成為主流意見，並以臨時形式通過國會，藉此避免經濟災難。在大流行期間，政府發現人民不是因為犯錯而拿不到薪水，因此就算沒有工作也應該獲得收入。進一步來說，國家是否能夠決定因人工智慧而被迫失業的人，也獲得同樣的補償？

經濟學家凱因斯（John Maynard Keynes）在一九三〇年所寫的文章〈我們後代的經濟前景〉（"Economic Possibilities for Our Grandchildren"）中提出了相同的疑問。他希望將來透過科技，可以讓人類的工時變成每週十五小時。然而，就算這樣的世界成真，我們還是需要想辦法讓大家有事做。那可能涉及到在各領域創造額外的工作，例如教育、公共工程項目、維護公園及野地等，而這些正好與小羅斯福著名的公共事業振興署（Works Progress Administration）及平民保育團（Civilian Conservation Corps）政策不謀而合。這類政策雇用了數百萬名美國人，進行擴大基礎建設與美化家園等工作，而在這些工作之中，有些純粹只是找事做。如凱因斯所述：「我們在麵包片上塗奶油時，會仔細把每一片塗到最完美——盡可能讓每個人都能夠分到事情做。」[41]

另一個以全彩描繪這種未來的作品，就是一九六〇年代的卡通節目《傑森一家》（*The Jetsons*）。[42] 主角喬治・傑森（George Jetson）在斯貝斯利太空飛輪公司（Spacely Space Sprockets, Inc.）的工作，就只是去按幾個按鈕，而且每週只工作三天，每次只做三小時。一切都已經自動化。但這畢竟還是一份工作，而且為他和他的家人提供了家庭與社交生活的輪廓，而這樣的輪廓和大部分一九六〇年代的人相差無幾。這是我們自動化且數位化未來的一種版本，而在這個版本中，人類或多或少依舊保有生存的重心。生活模式雖然大幅改變，但並未被徹底摧毀。芬蘭總理正在呼籲的每週四個工

---

40 Brian Merchant, “When an AI Goes Full Jack Kerouac,” *Atlantic*, October 1, 2018.

41 John Maynard Keynes, “Economic Possibilities for Our Grandchildren” (originally written 1930), reprinted in *Essays in Persuasion* (New York: W. W. Norton, 1963), 358-73.

42 「每週只工作三天，每次只做三小時」出自 Sarah Ellison, “Reckitt Turns to Jetsons to Launch Detergent Gels,” *Wall Street Journal*, January 13, 2003；按按鈕出自 Hanna-Barbera Wiki, “The Jetsons,” https://hanna-barbera.fandom.com/wiki/The_Jetsons.

作天、每次工作六小時的政策，就是這種可能未來的早期例子。[43]在具有零工經濟特徵的彈性工作中，很常看見這種工作模式，例如為優步或DoorDash等外送平臺開車的人可以選擇自己的工作時間。同理，人們在辦公室時，有愈來愈多時間能夠逛社群媒體。現在也出現愈來愈多人類學家格雷伯（David Graeber）所謂的「狗屁工作」（bullshit jobs），[44]例如專門製造一堆廢棄文件又不斷做出錯誤預測的「打勾人」（box tickers），以及負責管理其實不需要別人管的員工的「任務大師」（taskmasters）。

凱因斯表示，科技革命的一大問題是，隨著愈來愈多的工作交由科技完成，人類必須找到新的存在意義。對於人類（尤其是男人）來說，工作自古以來便賦予了身分、成就感和尊嚴。這些不是無關緊要的特質。這就是為何我總是對全民基本收入的想法感到不甚滿意。相較之下，我偏好擴大勞動所得稅額補貼制度等計畫，才能從根本上彌補低收入勞工的薪資。這樣的做法能夠刺激人類工作並防止貧困化（immiseration）。從極左派人士到自由主義者，都有人受到這樣的想法所吸引並表示支持。我相信，這樣的想法之所以不像其他效果不佳的政策（例如提高最低工資）那樣受歡迎，是因為很難以簡單和象徵性的方式傳達其中的概念。大幅施行這樣的計畫，將會所費不貲（但我們應該要這麼做）。然而，假如能夠意識到這個問題的嚴重性（可能發生永久性大規模失業或低度就業），就會覺得這筆錢花得相當值得。

凱因斯也擔心，隨著職缺減少，所有的閒暇時間都會成為問題，因為人類不擅長休閒。他表示，許多早已面臨這個問題的懶惰貴族只是個壞預兆，最後可能會發生在普羅大眾身上。麥克尤恩在他的小說中，將這現象稱為「休閒問題」，並描述了在由人工智慧所主導的世界中的人類生活：

> 我們可能會失去生活的目的，成為時間的奴隸。[45] 然後呢？一種普遍的文藝復興，在愛情、友誼、哲學、藝術、科學、自然崇拜、體育、嗜好、發明和尋求意義方面進行解放？然而，士紳階級的娛樂活動並不適合所有人。有很多人會沉迷於暴力犯罪、在鐵籠裡赤手空拳搏鬥、虛擬實境的色情影片、賭博、酒類和毒品，甚至無聊和憂鬱的感覺。我們將無法主宰自己的選擇。

43 Zoe Didali, “As PM Finland’s Marin Could Renew Call for Shorter Work Week,” *New Europe*, January 2, 2020, https://www.neweurope.eu/article/finnish-pm-marin-calls-for-4-day-week-and-6-hours-working-day-in-the-country/.

44 David Graeber, *Bullshit Jobs: A Theory* (New York: Simon & Schuster, 2018).

45 McEwan, *Machines Like Me*.

根據邏輯，這種情況是機器人和人工智慧崛起後最合理的結果。自動化會減少職缺，但還是會產生新的工作。政府會進一步援助找不到好工作的人。人類則將有更多的時間和技術，在娛樂和休閒中獲得滿足。當然，人類會以不同的方式去適應這個新世界，有些人會感到解放，有一些人則感到受困。然而，有一種可能的未來，世界會變得更黑暗與極端，而政府將無法以大規模的計畫進行應變。不平等現象加劇、工作機會更少、薪水凍漲，且大部分人民的生活品質下降。在這個版本的未來中，財富由少數人把持，其他人的死活不被重視，最淒慘的一群人生活在酗酒、毒癮和自殺之中。對於民粹主義的呼聲將會提高。這些都是有可能發生的未來，只是我們還不知道，我們會面對的是哪一個版本。

非人不可

職缺減少是個大問題，但即使我們能夠解決這個問題，人工智慧也會帶來更大的挑戰：我們會失去對機器的控制嗎？目前正在發生的重大轉變，是從弱或窄的人工智慧，變成強或通用的人工智慧。前者是可以為機器設定某個特定任務，例如在西洋棋中獲勝，接著機器就會出色的完成任務。後者則是進一步發展能夠進行創意思考並做出判斷的智力。認知能力的飛躍性成長，是人工智慧發展的分水嶺。棋盤遊戲Go是世界上公認最複雜的遊戲，因為棋子可能的移動方式比可觀測到的宇宙中的原子還要更多。[46]谷歌的AlphaGo在學習了這款遊戲的規則後，於二〇一六年三月連續擊敗了衛冕十八屆的世界冠軍李世乭（Lee Sedol）。（二〇一七年，AlphaGo的後繼者AlphaZero在短短三天之內就學會了Go的規則並擊敗了AlphaGo，成績是百勝零負。）對電腦科學家來說，AlphaGo是機器能夠自我學習並以非線性創意方式思考的標誌。AlphaGo的製造商在二〇二〇年三月透露，他們的另一個程式光是在觀看一系列雅達利（Atari）電子遊戲的遊玩畫面之後，就精通了全部五十七款遊戲，並且在每一款遊戲中的表現都比人類優秀。[47]

46 David Silver and Demis Hassabis, "AlphaGo: Mastering the Ancient Game of Go with Machine Learning," Google DeepMind, January 27, 2016, https://ai.googleblog.com/2016/01/alphago-mastering-ancient-game-of-go.html.

47 Kyle Wiggers, "DeepMind's Agent57 Beats Humans at 57 Classic Atari Games," *Venture Beat*, March 31, 2020; Rebecca Jacobson, "Artificial Intelligence Program Teaches Itself to Play Atari Games — And It Can Beat Your High Score," *PBS NewsHour*, February 20, 2015.

這種更強大的人工智慧形式，能夠模仿人類的心智能力。然而，這些程式不會只停留在模仿上，而是很快會遠遠超過我們的能力。在許多分析的工作上，機器早已勝過人類。當人工智慧獲得愈來愈多資料，再加上新的學習機制（例如神經網絡），就會變得愈來愈厲害。加州大學柏克萊分校的電腦科學家羅素（Stuart Russell）對於這種趨勢有一套解釋。[48]他指出，當代電腦在閱讀文字時，其實無法真正理解字句的意義。電腦之所以能夠進行翻譯，是因為查看了以前翻譯過的材料，並對單字、片語和句子進行匹配。然而，電腦現在正在學習理解字詞的意義。一旦電腦能夠做到這一點，就會開始迅速閱讀並吸收人類在每個主題上寫過的所有文本。屆時，電腦將擁有比任何人類、甚至比地球上全人類還要更多的知識。

這些電腦是否會具有像人類一樣的意識？會具有道德感嗎？羅素給了一個例子：若要求電腦終結癌症的話，會發生什麼事？[49]電腦可能會判斷，最容易做到的方法就是殺死所有人類，因為這麼做肯定會使癌症消失。我過去總認為，人類到頭來一定可以控制電腦，因為我們可以拔掉電腦的電源。然而，如果電腦知道這一點，且相信若要完成任務就必須維持運作，並找出方法使自己維持運作，該怎麼辦？這正是導演庫柏力克（Stanley Kubrick）在五十年前的電影《二〇〇一太空漫遊》（*2001: A Space*

Odyssey）中所探索的困境。這部電影以驚人的先見之明，呈現出人工智慧將帶來的最大難題。在電影中，電腦HAL為了繼續執行任務，決定殺死其人類主人。最後，人類鮑曼（David Bowman）成功智取了機器，但在現實生活中，機器勝過人類的可能性似乎更高。這就是為什麼比爾・蓋茲、馬斯克（Elon Musk）以及其他通常對科技持樂觀態度的名人，都認同牛津大學哲學家伯斯特隆姆（Nick Bostrom）所提出的警告，擔心通用人工智慧的發展會威脅到人類本身。[50]

以人工智慧為基礎的電腦，早已成了黑盒子。我們知道這類電腦能夠找出正確解答，但我們不知道原因及做法。這樣一來，人類的判斷還有什麼用？季辛吉曾經問過：人工智慧的興起，是否象徵啟蒙運動的終結？[51] 十八世紀的啟蒙運動，讓人類的推理

---

48 Stuart Russell, "3 Principles for Creating Safer AI," TED2017, https://www.ted.com/talks/stuart_russell_3_principles_for_creating_safer_ai/transcript?language=en.

49 Stuart Russell, in conversation with Sam Harris, "#53 — The Dawn of Artificial Intelligence," *Making Sense*, November 23, 2016, https://samharris.org/podcasts/the-dawn-of-artificial-intelligence1/.

50 Nick Bostrom, *Superintelligence: Paths, Dangers, and Strategies* (New York: Oxford University Press, 2014).

51 Henry Kissinger, "How the Enlightenment Ends," *Atlantic*, June 2018, https://www.theatlantic.com/magazine/

能力超越了古老的迷信、教條和崇拜。康德（Immanuel Kant）認為啟蒙運動是「人類從自我造成的不成熟狀態中解脫出來」。[52]人類必須成長，必須親自了解這個世界。然而，如果人工智慧在沒有揭示其邏輯的情況下，給出了比人類更好的答案，人類就會退化成過去的狀態，依靠信仰為生。我們將會像崇拜上帝那樣崇拜人工智慧，認為人工智慧是以神祕的方式運作，並且能夠展現出神蹟。[53]從古騰堡到AlphaGo之間的時期或許是個例外，在這個相對短暫的歷史時期中，人類認為自己握有主導權。在那之前的數千年，人類將自己視為自己無法完全理解的龐大系統中的小齒輪，臣服於大自然和神明的法則之下。人工智慧的時代，可能會使人類再次回歸同樣低下的地位。然而，這一次人類可能會與更高等的智慧並駕齊驅，既不屈服於對方，也並非完全凌駕對方。在某些方面，這更準確反映出我們在廣闊而深不可測的宇宙中的實際位置。

務必記得，隨著人工智慧革命到來，我們也正在目睹另一場同樣可能帶來巨大變化的革命——生物工程革命。簡而言之，我們能夠創造出愈來愈優秀的人類——更強壯、更健康，且更長壽。藉由基因選擇，父母已經可以選擇沒有已知遺傳疾病的受精卵（許多人擔心，不久後人類就會開始挑選其他特徵，例如選擇擁有金髮碧眼的男性嬰兒）。學者哈拉瑞（Yuval Noah Harari）認為，在過去數千年以來的所有社會、政治和經濟變化中，人類的身體或精神都不曾出現過太大的改變——直到現在。來自生物學和電腦科學的這兩個革命，將會讓人類能夠拓展生理及心理的能力。他說，最後的結果會是創造出神一般的超人：神人（Homo Deus）。[54]

也許那就是我們將要迎接的未來。人工智慧和生物技術的未來，是一個充滿爭議的主題，已經超出本書的討論範圍及作者的能力範圍。通用人工智慧不僅可以解決科學問題，而且能夠掌握創新的潛在邏輯，也就是科學本身的概念。我認為，距離真正能夠在機器上實施這樣的通用人工智慧，我們還有很長的路要走。這樣的機器真的能夠像人類一樣，在各領域中發明出新的探究模式和新的知識領域嗎？無論如何，有件事

archive/2018/06/henry-kissinger-ai-could-mean-the-end-of-human-history/559124/.

52 Immanuel Kant, "An Answer to the Question: What Is Enlightenment?" (September 30, 1784), trans. Mary C. Smith.

53 最早的版本為「上帝以神祕的方式移動」，出現於一七七四年英國詩人古柏（William Cowper）的讚美詩〈黑暗中的亮光〉中，收錄於由伍德林（Carl R. Woodring）和夏皮羅（James Shapiro）編輯的《哥倫比亞大學詩歌選集》（*The Columbia Anthology of Poetry*）等詩集中，New York: Columbia University Press, 1995, 383.

54 Yuval Noah Harari, *Homo Deus: A Brief History of Tomorrow* (London: Harvill Secker, 2016).

很清楚：目前為止，這場科技革命並不僅僅只是使人類遭到取代，而是將焦點重新帶回人類身上。有些發展中國家的醫院會廣泛部署人工智慧，藉此彌補醫生的不足。當我與院方人員談話時，他們表示，由於機器的出色診斷能力，讓醫生和護士可以更專心照顧患者。這些專業人員現在更能夠幫助患者了解他們的病情、確保他們服藥，並說服他們改變飲食和生活習慣。他們還可以擔任心輔人員，為患者提供康復所需的精神和心理支持。就許多方面來看，這些工作基本上都是人力工作，而不是如判讀X光或實驗結果之類的純粹分析工作。這樣的發展會帶來新的勞力分工方式，讓機器與人類分別處理自己擅長的事務。

這次的疫情大流行證明，新科技發展的程度比我們想像中還要更快，但數位生活也可能帶來窒息的感覺，而這也反映了現實世界中糟糕的一面。對許多人來說，這樣的變化非常可怕。有些人會失業，但生產力整體而言會提升，產生更大的財富，進而對所有人類有益。每個人的生活品質都可能獲得提升。在隱私、資料處理，以及政府在管理公司與政府本身時所扮演的角色方面，目前確實仍存在一些隱憂。然而，這些並不是無法解決的問題。我們可以享受數位生活的好處，也可以保護好隱私。此外，如果我們能夠謹慎制定與人工智慧及生物工程相關的規定，我們就不會失去人性。事實上，我們還能夠強化人性的色彩。

許多人擔心若人工智慧變得愈來愈聰明，人類依賴電腦的程度就會愈來愈高，最後就會將電腦視為好朋友，並且再也無法在沒有電腦的情況下生活。在我認識的所有人之中，沒有人能夠比我的手機提供更多資訊。我的手機只要十億分之一秒就能解決複雜的問題，而且可以提供從古至今來自各地的內容，為我帶來娛樂。然而，我從來不曾誤把手機當作朋友過。機器在運算資料和提供答案方面愈聰明，就愈能強迫我們思考人類在理性思考之外的獨特之處。事實上，智慧型裝置可能會讓我們更加重視其他人類同伴的創意、奇思異想、不可預測性、溫暖和親近感。這樣的想法並不是空穴來風。在歷史上，人類很常因為勇氣、忠誠、慷慨、信心與愛等計算能力以外的特質而受到讚揚。人類生活邁向數位化的速度非常快、影響非常廣泛，而且感受非常真實。不過，數位化的一個潛在影響，或許是會讓我們更珍惜彼此身上最人性化的部分。

第6課

亞里斯多德說對了，我們是社會性動物

關於疫情大流行最神祕的地方是：為什麼爆發的頻率這麼低？新冠肺炎、腺鼠疫（黑死病）、SARS、MERS、伊波拉病毒等人畜共通傳染病可以從動物轉移到人類身上。（**人畜共通傳染病**〔Zoonosis〕的英文源自古希臘文中的「動物」〔animal〕和「疾病」〔disease〕二字。）導致愛滋病的人類免疫缺陷病毒（HIV）之所以會跨越物種傳播，[1] 一般認為是因為赤道非洲有獵人殺死了一隻被感染的黑猩猩，而他身上的傷口接觸到黑猩猩的血液所致。然而，這故事帶出了一個可怕的問題：既然成千上萬的動物體內帶有成千上萬的這類病毒，為何沒有更頻繁感染人類呢？事實上，其實有。提姆伯格（Craig Timberg）與哈普林（Daniel Halperin）在他們關於愛滋病大流行起源的書中解釋，病毒從黑猩猩來到人類身上的這件事「可能早已發生過很多次」。[2]

在亞洲，蝙蝠、麝香貓和穿山甲都曾經在當地引起類似流感的病毒感染。[3] 這類情況可以追溯到幾十年前，甚至幾世紀之前。那麼，為什麼地方和全球的流行病沒有更常爆發呢？照理說，不是應該**經常發生**才對嗎？關於愛滋病毒，提姆伯格與哈普林寫道：「病毒若想要實現其殘酷的命運，就需要一種類似中非那樣的地方。那裡的心臟地帶正在興起，成為一個巨大、繁華、熱鬧、充滿人類與能源的地方。那裡的舊規則被拋棄了，取而代之的是新的商業活動所帶來的騷亂。」簡而言之，病毒若要成為大流行，就需要一座城市。

第一課介紹過的「病毒獵人」達薩克表示：「根據我們的估計，事實上每年有一百萬至七百萬人被這類蝙蝠的冠狀病毒感染。但只有在非常偶然的情況下，例如那個倒楣的人剛好前往市場，或者這種動物感染了野生動物市場中的某人，這種病毒才會散播並成為大流行病。」[4] 病毒若要變成全面的大流行，就必須找到進入城市的途

---

1 來自一種稱為「猴免疫缺陷病毒」（simian immunodeficiency virus, SIV）的病毒，請見：“Where Did HIV Come From?,” AIDS Institute, https://www .theaidsinstitute.org/education/aids-101/where-did-hiv-come-0.

2 Craig Timberg and Daniel Halperin, *Tinderbox: How the West Sparked the AIDS Epidemic and How the World Can Finally Overcome It* (New York: Penguin, 2012).

3 Nicola Decaro and Alessio Lorusso, “Novel Human Coronavirus (SARS-CoV-2): A Lesson from Animal Coronaviruses,” *Veterinary Microbiology* 244 (May 2020), https://doi.org/10.1016/j.vetmic.2020.108693.

4 來自與札卡瑞亞的談話，“On GPS: Tracing Pandemics Back to Their Source,” *Fareed Zakaria GPS: Global Public Square*, CNN, April 26, 2020, https://www.cnn.com/videos/tv/2020/04/26/exp-gps-0426-daszak-int.cnn; 更多關於達薩克說過的話，請見：Nurith Aizenman, “Why the U.S. Government Stopped Funding a Research Project on Bats and Coronaviruses,” NPR, April 29, 2020, https://www.npr.org/sections/goatsandsoda/2020/04/29/847948272/why-the-u-s-government-stopped-funding-a-research-project-on-bats-and-coronavirus.

徑。這次的二〇一九冠狀病毒就是一個完美的例子。當美國人想到二〇一九冠狀病毒時，肯定會想起街道人擠人且地鐵二十四小時運行的紐約市如何成為最嚴重的感染區。

當然，這不只發生在紐約。城市中各地的人際交流，都會成為傳染疾病的熱點。城市內部及城市之間的連結，一直以來都是散播傳染的管道。十九世紀下半葉，當鐵路和電報將城市彼此連結時，代表人類和疾病都進入了新的時代。一八八九年底，當俄羅斯聖彼得堡爆發的流感首次登上媒體時，這個資訊透過電報傳遍了歐洲。* 一開始，相關報導只引起了大部分人的好奇心，而不是擔憂。倫敦市民在《泰晤士報》上讀到，這種幾十年來不曾出現的疾病如今重新爆發，但這似乎只是學術上的特殊情形。報導解釋，新的病例可能會為病理學家帶來「最高昂的興致」，[5] 相當於運動員挑戰稀有賽事或考古學家發現埃及木乃伊時所感受到的快感。然而，這致命的傳染病很快就開始席捲歐洲大陸的大城市，最後還蔓延到倫敦及其他地區，讓城市中的居民感到愈來愈害怕。由於城市之間透過鐵路和蒸汽船彼此連接，因此該病毒只花了四個月就遍布全球。[6] 如今，密集的航班加上大幅提高的城市密度，似乎讓城市更容易吸引疾病。二〇一九冠狀病毒最初的熱點都是在大城市中。這些爆發疫情的地方最初都是西方人沒聽過的大城市（武漢、大邱、庫姆），但這病毒很快就襲擊了離西方人更近的地方，例如米蘭、倫敦和紐約。

＊值得一提的是，有些證據顯示一八八九年的這場大流行雖然被當代人認為是流行性感冒，但實際上有可能是人畜共通的冠狀病毒，而且可能是來自牛隻的病毒株。請見：Leen Vijgen et al., "Complete Genomic Sequence of Human Coronavirus OC43," Journal of Virology 79(3): 1595-1604, https://www.ncbi.nlm.nih.gov/pmc/articles/PMC544107/。

5 Anonymous, *Times*, December 3, 1889, p. 9, quoted and cited in James Mussell, "Pandemic in Print: The Spread of Influenza in the Fin de Siècle," https://doi.org/10.1016/j.endeavour.2007.01.008.

6 Alain-Jacques Valleron et al., "Transmissibility and Geographic Spread of the 1889 Influenza Pandemic," *Proceedings of the National Academy of Sciences* 107, no. 19 (May 11, 2010): 8778-81, https://doi.org/10.1073/pnas.1000886107.

到了二〇二〇年四月，世界上許多迷人的城市早已成為空殼。巴黎空無一人的道路兩側充滿漂亮的咖啡廳，看起來就像電影布景。就算在解除外出限制之後，這座城市也只有一部分恢復正常。在二〇一九冠狀病毒大流行前，巴黎的每一輛載客火車上約有兩千六百名乘客，但在疫情爆發後，由於新的社交距離原則，該數字銳減至七百人。[7] 事實上，在城市中（尤其是在尖峰時段和大眾交通工具上），很難真的強迫大家保持距離。人類緊鄰彼此的能量和協同效應消失了。城市生活的自發性也消失了。

倫敦在七月開始部分解除外出限制，但是流連酒吧的感覺一定會與以往不同，因為酒保在端酒上桌前必須記下客人的姓名和電話，以便國民保健署進行篩檢和追蹤。[8] 亞洲的一些大城市會透過智慧型手機以更具侵入性的方式進行追蹤。若同意使用新加坡政府的應用程式，就會接收到關於二〇一九冠狀病毒陽性反應個體的藍牙資料警報，然後提醒可能被感染的人去進行篩檢。[9]

這段時間以來，疫情大流行已經讓許多餐廳、電影院、美術館、酒吧、音樂展演空間和零售商店破產倒閉，讓城市失去了重要的觀光景點。

由於無法確定何時或是否會恢復正常，因此許多城市的居民做出了古人在面對疫病時也曾做過的決定——逃離城市。有些人去親戚或朋友家久住，其他人（尤其是有錢人）則是搬進、租下或甚至買下鄉間別墅。

根據一份針對智慧型手機資料的分析，在三月一日至五月一日期間，共有多達四十二萬人搬離了紐約市。[10]上東區、西村和蘇活區等富裕社區的居住人口減少了四〇%以上。遠距工作讓更多人能夠搬離城市，但僅限於專業人員。加州的城市也面臨類似的出走潮。臉書執行長祖克伯表示，自從大流行以來，有四分之三的員工表示有過想要離開舊金山灣區的念頭。[11]根據報導，法國也出現了類似的趨勢。巴黎人開始進駐他們曾經嘲笑為「鄉下」的郊區，但許多當地人並不歡迎他們，甚至懷疑他們可

7　Benoît Morenne and Vivien Ngo, "Train Drain: How Social Distancing Is Transforming Mass Transit," *Wall Street Journal*, June 22, 2020.

8　Paul Sandle, "No Name, No Pint: New Rules for England's Pubs After Lockdown," Reuters, June 24, 2020.

9　Aaron Holmes, "Singapore Is Using a High-Tech Surveillance App to Track the Coronavirus, Keeping Schools and Businesses Open. Here's How It Works," *Business Insider*, March 24, 2020.

10　Kevin Quealy, "The Richest Neighborhoods Emptied Out Most as Coronavirus Hit New York City," *New York Times*, May 15, 2020.

11　Laura Forman, "For Newly Remote Workers, Small Town U.S.A. Will Lose Its Allure Soon Enough," *Wall Street Journal*, June 19, 2020.

能早已染疫。[12]

好幾世紀以來，當城市居民面臨災難時，常常會選擇棄屋逃逸。據估計，十四世紀的黑死病為佛羅倫斯帶來了嚴重打擊，造成一半以上的居民死亡。薄伽丘（Giovanni Boccaccio）在他的小說集《十日談》（*The Decameron*）中，提出了對當時來說非常新穎的建議：逃離城市、和幾個朋友一起與世隔絕、晚上聚在一起飲食與說故事（相當於當年的網飛）。但事實證明，這種人口外流只是暫時的現象。最後，城市歷劫歸來。在經歷了人類歷史上最嚴重的疫情後，以佛羅倫斯為首的義大利各城邦國家開始興起了文藝復興運動。

在經歷過大災難後，大城市往往只會愈挫愈勇。曾經有一位觀察家在一六六六年對倫敦進行調查時，認為那是屬於魔鬼的一年。他會那樣想也是情有可原，因為當年倫敦接連受到瘟疫及大火的雙重破壞。成千上萬的人死於疾病，[13]而且城市的八〇%遭祝融夷為一片冒煙的廢墟。[14]這座城市看似到此為止了。然而，當時對於「倫敦已死」的各種報導顯然是誇大了。那年是英格蘭最後一次爆發瘟疫。更重要的是，若用流行語來表達的話，倫敦人決定要「重建更好的未來」（build back better）。[15]這座城市非常古老，而且大部分的建築都是木造，因此一直以來都是一個火藥桶，新城市則是以磚塊和石頭重新打造。[16]我們今日所見的倫敦，其實是一座從灰燼中復活的城市。

記者詹金森（Clay Jenkinson）以新世界為例，說明這種喜歡宣告城市已死的傾向。一七九三年，費城是美國首屈一指的大都市（美國首都暨人口最多的城市），但當時發生了一場恐怖的黃熱病大流行，殺死了費城五萬居民中的五千人。國務卿傑佛遜（Thomas Jefferson）始終不喜歡市中心。他居住在城市的郊外，以通勤的方式上下班。他後來寫道：「大部分的惡，是用來產生一點良善的手段。黃熱病會阻礙我們國家大城市的發展。」[17]但情況並非全然如此。

---

12 “ ‘Thank You Parisians, Don’t Bring the Virus’: Plea from Rural France,” *Guardian*, March 18, 2020.

13 根據市府紀錄為六萬八千五百九十六人，請見：John S. Morrill, “Great Plague of London,” *Encyclopaedia Britannica*, https://www.britannica.com/event/Great-Plague-of-London.

14 即位於中央、被圍牆環繞的城市地區，請見：Matthew Green, “Lost in the Great Fire: Which London Buildings Disappeared in the 1666 Blaze?,” *Guardian*, August 30, 2016.

15 請見：“Build Back Better,” We Mean Business Coalition, https://www.wemeanbusinesscoalition.org/build-back-better/.

16 Andrew Sullivan, “The Very First Pandemic Blogger,” *New York*, March 15, 2020.

17 Clay Jenkinson, “Thomas Jefferson, Epidemics and His Vision for American Cities,” *Governing*, April 1, 2020,

永無止境的都市化

對於二〇二〇年還留在城市中的人來說，整座城市彷彿變成了一個詭異的版本，所有的活力都消失了。我是在一九七〇年代第一次造訪紐約，當時這裡還是一個簡陋、骯髒的地方，但四處都充滿活力。對於一位來自印度的男孩來說，紐約感覺就像是世界上最耀眼的大都市。當我在一九九〇年代初期搬到紐約時，那裡正處於一個全新的鍍金時代，但依舊未曾失去其混亂的精神。相較之下，二〇二〇年四月則是充滿監禁的生活及空蕩蕩的街道，城市的心臟靜止不動，劃破寂靜的就只有都卜勒效應下的救護車警笛聲。這種種一切都非常陌生且令人不安。魏斯曼（Alan Weisman）在二〇〇七年出版的非小說《沒有我們的世界》中，[18]想像了在人類突然消失後，城市崩潰並回歸荒野的景象。魏斯曼寫道，下水道很快就開始堵塞，不但地鐵氾濫成災，建築物也開始倒塌。由於沒有人類提供食物和溫暖，老鼠和蟑螂注定死亡。現代文明的遺物將會留下來，例如鋁製用品、不鏽鋼鍋具，當然還有塑膠製品。

若城市陷入危機，表示大部分人類都會受到影響。過去幾十年內全球人口湧入城市的現象，或許可說是我們一生中發生過最重大的人口變化。自從大約一萬年前人類首次定居以來，絕大部分人都是居住在農場和鄉下。但現在並非如此。一九五〇年，世界上只有不到三分之一的人口居住在城市中，但到了二〇二〇年，這比例已經超過了一半，而且現在仍不斷成長中，相當於地球上每兩週就新增一座芝加哥城。[19] 根據聯合國估計，到了二〇五〇年，將會有超過三分之二的人類生活在城市中。為了容納這股人潮，不只會有新城市出現，現有的城市也會不斷擴大。

一八〇〇年，世界上只有兩座人口超過一百萬的城市，分別為倫敦和北京。[20] 一九〇〇年時，大約有十五座。到了二〇〇〇年，已經飆升至三百七十一座。而二〇三〇年預計將超過七百座，其中一百二十五座將位於中國。屆時，全球可望出現四十座以

---

https://www.governing.com/context/Thomas-Jefferson-Epidemics-and-His-Vision-for-American-Cities.html.

18 Alan Weisman, *The World Without Us* (New York: St. Martin's Thomas Dunne Books, 2007).

19 United Nations, "World Population Prospects 2018," Department of Economic and Social Affairs, Population Dynamics, https://population.un.org/wup/.

20 David Satterthwaite, "The Transition to a Predominantly Urban World and Its Underpinnings," Human Settlements Discussion Paper Series, "Theme: Urban Change — 4" (2007), https://pubs.iied.org/pdfs/10550IIED.pdf.

上人口超過一千萬人的巨型城市。[21]

過去所有關於城市將衰亡的預言都已經被推翻。城市將會屹立不搖。都市化可能會以和疫情大流行前差不多的速度繼續進行，尤其在開發中國家更是如此。短期內不會發生農村覺醒運動。決定離開某一座城市的人，大都只會搬到另一座城市中，頂多搬到較小的城市。其他人將在郊區買房子，繼續在城市周圍生活，但更多人會決定留在城市中。

評論家認為，這次將會不同於以往。新科技讓人更容易在家工作，因此得以遠離疾病。確實，工作本身的性質將會發生重大變化，公司也無法再和以前一樣，要求大家每週平日都一定要進辦公室。但是和以前的時代相比，當代的城市問題似乎沒那麼嚴重。哈佛大學的經濟學家格雷瑟（Edward Glaeser）表示，美國的城市在一九七〇年代曾面臨比現在更慘淡的狀況。[22]全球化和自動化毀了許多都會產業，例如紡織業和航運業。汽車改變了人類的生活，讓大家可以住在離辦公室更遠的地方，可說是比Zoom更具革命性的科技。電話服務變得方便又便宜。這些因素再加上種族暴動和犯罪，就成了破壞城市生活的汽油彈。

然而，城市又捲土重來了。城市透過金融、顧問及醫療保健等服務產業，重建了新的經濟生活。雖然傳真機、電子郵件、低廉電話費和視訊會議日益興起，城市卻抓住了人類喜歡交流的天性，以許多簡單的方式進行自我再造。格雷瑟表示，在金融及科技等產業中，人們會因為同處一室、結識新人、每天接受前輩指導，以及相互比較筆記等方式獲得強大優勢，而這些很多是偶然發生的互動。他舉出資料表示：「與居住在小都市的人相比，住在人口超過一百萬的大都會區的美國人，生產力平均高出五〇%以上。即使考慮到勞工的教育、經驗和行業，這樣的關係同樣成立。就算再將單一勞工的智商納入考量，結果也是相同的。」全世界都可以看見相同的效應：全球前三百大都會區的 GDP 占了全球 GDP 的一半及 GDP 成長的三分之二。[23]

---

21 關於此段落的資料，皆取自：United Nations, *The World's Cities in 2018—Data Booklet*, 2018, https://www.un.org/en/events/citiesday/assets/pdf/the_worlds_cities_in_2018_data_booklet.pdf.

22 Edward Glaeser, *Triumph of the City: How Our Greatest Invention Makes Us Richer, Smarter, Greener, Healthier, and Happier* (New York: Penguin, 2011); 亦可見 https://www.scientificamerican.com/article/glaeser-triumph-of-the-city-excerpt/.

23 "The Destiny of Density," *Economist*, June 11, 2020.

城市是讓人類過現代生活的理想組織方式，可以讓人民在同一個地方進行交流、工作和娛樂，而且有助於建立健全社會所賴以為生的社會及經濟資本。城市也是適應性最強的地理單位，能夠不斷針對更廣泛的趨勢或居民所帶來的壓力做出回應。雖然數位科技在某些方面為城市生活提供了替代的做法（例如電傳會議），但從車輛共乘到外送服務，其實大部分數位科技都讓城市生活變得更加輕鬆且豐富。現在只要使用智慧型手機，就能夠以快速且低價的方式遊覽城市、向上百間餐廳訂餐、獲得附近活動的最新消息，以及找到約會對象。科技加強了人類選擇在城市中生活的核心因素，也就是——為了與他人相遇。城市從很早以前就承諾並提供了一種更刺激且迷人的生活方式，而且至少在過去的一個世紀中，城市確實為居民提供了更好的生活品質。

現代的城市為人類提供了更健康的生活。我們對城市充滿汙染和疾病的印象，來自另一個時代的工業城市。曾有研究人員以「死刑」描述居住在工業城市的生活，而隨著工業革命和大規模都市化接連到來，這項「刑罰」也變得愈來愈嚴厲。舉例而言，在一八九〇年，美國城市地區的死亡率比農村地區高出約三成。年輕人的情況更嚴重，一至四歲兒童的死亡率在城市地區高出九四%。[24]然而，隨著時間過去，這種懲罰消失了。鋪道路、設置下水道、路燈、垃圾處理機制、專業消防部門、建築法規、衛生法規及公園，這些措施都改善了健康和安全。「髒空氣會導致疾病」的觀念，成為廣設公園和遊樂場等開放空間的一大原因。打造紐約中央公園的奧姆斯德（Frederick Law Olmsted）也認同這個看法，並在一八七〇年寫道：由於「空氣被陽光和樹葉消毒了」，[25]因此公園具有「城市之肺」的功能。[26]在已開發國家中，十九世紀中期如狄更斯小說般四處橫行的汙穢和髒亂，已經在二十世紀化身為更乾淨、更安全且更美好的城市。

雜誌《紐約客》（*New Yorker*）的作者高普尼克（Adam Gopnik）認為，自由主義的優勢在於日積月累的「一千個小小的理智（sanities）」。現代的城市化需要的則是

---

24 David M. Cutler and Grant Miller, "The Role of Public Health Improvements in Health Advances: The 20th Century United States," National Bureau of Economic Research, Working Paper No. 10511, May 2004, https://www.nber.org/papers/w10511.

25 Frederick Law Olmsted, *Public Parks and the Enlargement of Towns* (New York: American Social Science Association, at the Riverside Press, 1870).

26 Frederick Law Olmsted, "Notes on the plan of Franklin Park and related matters" (1886), in *The Papers of Frederick Law Olmsted*, edited by C. E. Beveridge, C. F. Hoffman, and K. Hawkins, "Supplementary Series 1: Writings on Public Parks, Parkways and Park Systems" (Baltimore: Johns Hopkins University Press, 1997), 460-534.

「一千個小型的衛生設施（sanitations）」，而且這數字可能還遠遠不夠。水質的淨化工程，從十九世紀的倫敦就開始了。當倫敦因為工業化而湧入空前的人口時，骯髒的水質成了一種危機。作家強生（Steven Johnson）在一八五一年曾如此描述倫敦：「兩百萬人在沒有基礎設施的情況下，突然被迫共享九十平方英里的空間。這不只是在等待災難發生，這本身就是一場永無止息的災難。」[27]霍亂沿著街道傳播，造成上萬人死亡。流行病學的先驅斯諾（John Snow）認為這場疾病是經由水傳播。為了證明自己的觀點，他將當地的一個水泵堵了起來。結果，那一區居然不再傳出疫情了。然而，這項大膽的實驗卻未能說服當局逐步實施他的建議。[28]直到數十年後，又有成千上萬人白白犧牲之後，斯諾的想法才成為共識。

在大西洋對岸的美國，則在世紀之交時走上了通往健康城市的道路。一九〇八年，澤西市首次為水質進行大規模的氯化處理，成果有如奇蹟一般，傷寒等疾病造成的死亡率急遽下降，[29]因此其他城市也採取了相同的做法，例如巴爾的摩、芝加哥、辛辛那提、克里夫蘭、底特律、費城和匹茲堡。許多城市在供水方式上也進行了調整，例如開始進行過濾、建造排水溝以避免汙染，以及從地下深層抽水而不是從被汙染的河流中取水使用。這些措施與其他衛生方面簡單的進步，就足以產生驚人的影響。研究人員卡特勒（David M. Cutler）和米勒（Grant Miller）指出，從一九〇〇年到一九四〇年，美國的死亡率下降了四〇%，預期壽命也從四十七歲上升至六十三歲。他們補充，在那段期間，光是乾淨的水「就讓主要城市的總死亡率下降了大約一半」，而且兒童死亡率降低的幅度甚至更大。[30]

世界各地的城市會不斷互相學習有效的方法，並以此為基礎再研究出改良的做法，其中包括一些我們可能不會立刻覺得和城市有關的新想法。舉例而言，波士頓和費城在十九世紀後期開始在學校提供午餐。各式各樣的改革運動在城市中率先進行，而每當有任何新想法成功時，就會流傳到其他地方。如此一來，城市生活就能變得更好、更安全、更健康且更長壽。

---

27 Steven Johnson, *The Ghost Map: The Story of London's Most Terrifying Epidemic—and How It Changed Science, Cities, and the Modern World* (New York: Penguin Random House, 2006), 25.

28 同上，頁一七五、一九五－一九六。

29 David M. Cutler and Grant Miller, "The Role of Public Health Improvements," NBER Working Paper No. 10511, May 2004, https://www.nber.org/papers/w10511.

30 同上。

城市中的實驗沒有停止的一天。舉例而言，非傳染性疾病（例如心臟病、慢性呼吸道疾病，以及由不健康的飲食和缺乏運動所引起的疾病）為目前的主要死因之一，而現代城市也已經採取各種措施面對此問題，例如打造自行車道、增加公園，以及讓民眾更容易取得營養的食物，避免營養不良的問題。就連紐約市長彭博（Michael Bloomberg）引發民怨的汽水稅提案，也是試圖解決日益惡化的肥胖問題的一種努力。[31] 在二〇一一年，紐約市民的預期壽命比全國平均多出了整整兩年。[32] 彭博呼籲：「如果想要比一般美國人更長壽、更健康，就來紐約市。如果你有住在其他地方的重要親友，若他們搬到紐約市，平均而言，他們的壽命會更長。」[33]

城市也是比較能夠在地球上永續發展的生活方式。「城市其實對環境很友善」這概念可能會與我們腦中充滿水泥、柏油、垃圾和煙霧的形象不符，但這句話其實有很多事實為證。首先，城市中的居民所使用的空間相對較少。大部分的人都居住在城市地區，城市卻只占地球表面不到三％。[34] 居住在城市中的人所生的子女較少，而且從能源到食物，幾乎所有事物的消耗量都較低。事實上，由於郊區會從事工業活動或依賴骯髒的化石燃料，[35] 因此汙染有時會比城市更嚴重，[36] 例如路易斯安那州惡名昭彰的「癌症小巷」是密西西比河沿岸的一個地區，其中的黑人居民大都居住在石

31 值得留意的是，雖然彭博市長的汽水稅提案在紐約市被否決，卻在其他城市被採納，包括舊金山、西雅圖、費城和華盛頓特區。請見：“State and Local Finance Initiative: Soda Taxes,” Urban Institute, 2011-2020, https://www.urban.org/policy-centers/cross-center-initiatives/state-and-local-finance-initiative/state-and-local-backgrounders/soda-taxes.

32 Michael Howard Saul, “Life Span in City Exceeds U.S. Average,” *Wall Street Journal*, December 28, 2011, https://www.wsj.com/articles/SB10001424052970203479104577125151628468014.

33 Stu Loeser, Samantha Levine, Susan Craig, and Alexandra Waldhorn, “Mayor Bloomberg, Deputy Mayor Gibbs, Health Commissioner Farley Announce New Yorkers Living Longer Than Ever, Outpacing National Trend,” Official Website of the City of New York, December 7, 2011, https://www1.nyc.gov/office-of-the-mayor/news/453-11/mayor-bloomberg-deputy-mayor-gibbs-health-commissioner-farley-new-yorkers-living-longer#/4.

34 Liu Zhifeng et al., “How Much of the World’s Land Has Been Urbanized, Really? A Hierarchical Framework for Avoiding Confusion,” *Landscape Ecology* 29 (2014): 763-71.

35 “Country Living, Dirty Air: Oil & Gas Pollution in Rural America,” Earthworks and Clean Air Taskforce, https://www.scribd.com/document/383729903/Country-Living-Dirty-Air; 亦可見例如：Liz Ruskin, “Alaska Remote Diesel Generators Win Exemption from Pollution Rule,” Alaska Public Media, September 18, 2019, https://www.alaskapublic.org/2019/09/18/alaska-remote-diesel-generators-win-exemption-from-pollution-rule/.

36 H. E. S. Mestl, K. Aunan, H. M. Seip et al., “Urban and Rural Exposure to Indoor Air Pollution from Domestic Biomass and Coal Burning Across China,” *Science of the Total Environment* 377, no. 1 (May 2007): 12-26, https://doi.org/10.1016/j.scitotenv.2007.01.087.

化工廠旁。[37] 由於城市居民會搭乘公車、火車、地鐵和騎自行車，因此城市的交通比較乾淨。就連紐約街頭的垃圾堆，也只是一種假象。[38] 與農村和郊區相比，城市更注重資源回收，[39] 而且消耗的水[40] 和電也更少。[41] 歐洲和亞洲的大城市在效率和永續性方面也領先世界各國。[42]

後疫情時代的城市

不過，呼吸道病毒會改變這一切嗎？其實不會。關於這場疫情大流行的一個迷思，就是只有城市會受到影響。沒錯，疾病永遠會先襲擊城市，因為無論在任何國家，城市都是全球化程度最高的地區。然而在大部分國家中，疫情很快就會向郊區和鄉村地區蔓

---

37 Tristan Baurick, Lylla Younes, and Joan Meiners, "Welcome to 'Cancer Alley,' Where Toxic Air Is About to Get Worse," *ProPublica*, October 30, 2019, https://www.propublica.org/article/welcome-to-cancer-alley-where-toxic-air-is-about-to-get-worse.

38 紐約市最著名的人行道垃圾問題，其實源自於過度密集的建築。多數城市的建築之間都會有巷子做為存放垃圾的空間，但大部分建築建於十九世紀的紐約則沒有這類小巷。請見：Gersh Kuntzman, "Will NYC *Finally* Get Garbage out of Pedestrians' Way?," *Streetsblog NYC*, June 4, 2019, https://nyc.streetsblog.org/2019/06/04/will-nyc-finally-get-garbage-out-of-pedestrians-way/.

39 皮尤研究中心（Pew Research Center）的一項研究發現，在二〇一一年，高度都市化的加州（五三・四%）和華盛頓州（五〇・一%）的回收率最高，最低的則大都是農村州，例如奧克拉荷馬（三・七%）、阿拉斯加（四・五%）和密西西比（四・八%）。Drew DeSilver, "Perceptions and Realities of Recycling Vary Widely from Place to Place," Pew Research Center, October 7, 2016, https://www.pewresearch.org/fact-tank/2016/10/07/perceptions-and-realities-of-recycling-vary-widely-from-place-to-place/.

40 Arumugam Sankarasubramanian et al., "Synthesis of Public Water Supply Use in the U.S.: Spatio-Temporal Patterns and Socio-Economic Controls," *Earth's Future*, May 18, 2017, https://doi.org/10.1002/2016EF000511.

41 「在幾乎每個大都會地區，市中心居民的碳排放量都明顯低於郊區居民的碳排放量」，摘自 Edward Glaeser, "Green Cities, Brown Suburbs," *City Journal*, Winter 2009, https://www.city-journal.org/html/green-cities-brown-suburbs-13143.html.

42 請參見：Arcadis Sustainable Cities Index 2018, https://www.arcadis.com/media/1/D/5/%7B1D5AE7E2-A348-4B6E-B1D7-6D94FA7D7567%7DSustainable_Cities_Index_2018_Arcadis.pdf; 以及 Robert Muggah and Parag Khanna, "These 10 Asian Cities Are the Most Prepared for the Future," World Economic Forum, September 5, 2018, https://www.weforum.org/agenda/2018/09/these-asian-cities-are-best-equipped-for-the-future/.

延。與大城市相比，美國[43]和歐洲[44]許多農村地區感染二〇一九冠狀病毒的死亡率反而更高。城市中有些人口最稠密的社區反而感染數最少，例如紐約史泰登島郊區的感染情況比人口超級稠密的曼哈頓還要嚴重。[45]重點是，只要有良好的公共政策，即使在流感的大流行期間，城市生活也能相當安全。以國外為例，就算是龐大的城市也可以妥善防疫。香港、新加坡和臺北都是人口密集的城市，有擁擠的大眾運輸系統，但二〇一九冠狀病毒造成的死亡人數卻低得非常驚人。到了二〇二〇年七月下旬，香港雖然每年會接觸到上百萬來自中國的旅客，但累計的二千一百個病例中卻只有十八例死亡。[46]這些城市之所以能夠成功對抗病毒，是因為他們早已做好準備。之前的SARS大流行讓這些國家學到了慘痛的教訓。他們投資於醫療保健和衛生，並對冠狀病毒及早做出了積極而明智的反應。若能有優良的人才領導，城市的高密度就不一定會和厄運劃上等號。

許多開發中國家的資源更少、問題更多。在這些國家的城市中，窮人居住在擁擠的社區裡，衛生醫療服務的壓力非常大，甚至完全不堪負荷。這裡的居民很少看醫生。隨著疫情蔓延，這些城市顯然是最不堪一擊的地方。有些城市在壓力之下開始想方設法解決問題，例如孟買的官員提議要積極追蹤、測試和隔離亞洲最大的貧民窟之一「達拉維」（Dharavi）的居民，以阻止疫情擴散。英國廣播公司駐印度記者比斯沃斯（Soutik Biswas）表示：「私人醫生已經前往發燒營。資金雄厚的市政當局、政治人物和非營利組織，則提供了成千上萬的免費餐點和口糧。寶萊塢演員和商人捐贈了裝備、氧氣瓶、手套、口罩、藥物和呼吸器。」[47] 在危機發生前，這座城市中大部分的菁英從沒想過生活周遭的貧困人口問題，更別提還親自去拜訪了他們。

在十九世紀末，由於霍亂爆發，以及關於「另一半的人如何生活」（how the other

---

43 例如納瓦荷族（Navajo）的保護區。請見：Ian Lovett, Dan Frosch, and Paul Overberg, "Covid-19 Stalks Large Families in Rural America," *Wall Street Journal*, June 7, 2020.

44 Ilya Kashnitsky and José Manuel Aburto, "The Pandemic Threatens Aged Rural Regions Most," Center for Open Science, University of Oxford, and Interdisciplinary Centre on Population Dynamics (CPOP) at University of Southern Denmark, https://ideas.repec.org/p/osf/osfxxx/abx7s.html.

45 "Density & COVID-19 in New York City," Citizens Housing & Planning Council, May 2020, https://chpcny.org/wp-content/uploads/2020/05/CHPC-Density-COVID19-in-NYC.pdf.

46 "Coronavirus Map," *New York Times*, 搜尋日期：二〇二〇年七月二十七日，https://www.nytimes.com/interactive/2020/world/coronavirus-maps.html.

47 Soutik Biswas, "How Asia's Biggest Slum Contained the Coronavirus," BBC, June 23, 2020, https://www.bbc.com/news/world-asia-india-53133843.

half lives）等居住空間過度擁擠的報導蔚為流行，刺激了歐洲和美國的城市進行改革運動。如今，開發中國家的城市所面臨的問題規模比過去還要嚴重好幾倍，但追根究柢，其實只要運用西方城市在一個世紀前以衛生和淨水為中心的做法，就可以輕鬆解決問題。此外，這次的疫情大流行，可能會刺激人民針對其他災難採取預防措施。根據聯合國估計，在全世界人口超過五十萬的城市中，有五九％為颶風、洪水、乾旱、地震、山崩或火山爆發等自然災害的高風險地區。[48]

當然，城市本身也有一些問題。在美國的城市中，預期壽命的差距反映出了令人沮喪的種族與經濟不平等現象。在芝加哥以白人為主體居民的斯特維爾（Streeterville）高級社區成長的新生兒，平均可以活到九十歲，比南部以非裔美國人為主的恩格爾伍德（Englewood）社區出生的人多了三十年。[49]同時，警察對待黑人和白人的方式極為不平等，這個殘酷的事實在城市中尤其明顯。這些落差沒有單一的解決方法，而是必須從許多方向進行深入改革。然而，城市通常會凸顯出國家的問題，並將這些問題局限在單一空間中。美國到處都有不平等和種族主義的問題，城市只是強迫我們去面對這些問題，而不是用大門和私人保全把問題從自家門前趕走就好。

我們知道，城市一直以來都是思想、改革與行動的中心，也是政治進步的來源。正如伊比森（John Ibbitson）和布里克（Darrell Bricker）在他們的全球人口學研究中所解釋：「當一個社會開始都市化且女性獲得更多的權力時，親屬關係的束縛、宗教組織的權力、男人的統治地位與生育率都會下降。」[50] 農村地區喜歡多子多孫，因為這表示有很多工作人力。在城市中，大家族是一種負擔，尤其對女性而言更是如此。城市讓女性擺脫了守舊的鄉村生活，為她們提供了新的機會。市中心也是社會行動主義的起點。幾乎所有重要的政治、社會和經濟運動都是始於城市。就連塞拉俱樂部（Sierra Club）、綠色和平組織和許多活躍的環保組織，都是由都市人所成立。喬治・佛洛伊德（George Floyd）被謀殺後，抗議者也是聚集在美國的城市中，要求警方進行改革。

開發中國家都市化的腳步將會繼續快速前進。事實上，到了二〇三〇年，開發中國

48 United Nations, *The World's Cities in 2018*, 9.

49 "A Ride Along Chicago's Red Line: Life Expectancy Varies by 30 Years from One End to the Other," *Economist*, October 10, 2019.

50 Darrell Bricker and John Ibbitson, *Empty Planet: The Shock of Global Population Decline* (New York: Crown, 2019).

家將成為全球八〇%巨型城市的所在地。[51]然而在已開發國家，都市化可能已經達到高峰。目前在美國，城市人口的比例為八三%。到了二〇五〇年，這個比例可能會攀升至八九%，[52]而這數字似乎已經接近自然的極限。研究人員指出，紐約、洛杉磯、芝加哥等大城市的人口開始減少，[53]因此有些人擔心會再次發生像一九七〇年代那樣的出走潮（當時紐約失去了一〇%的居民）。[54]休士頓、華盛頓特區和邁阿密等其他城市的成長率，近年來也逐漸趨緩。[55]然而，這背後的原因有很大程度與城市生活的高成本有關，而這其實是成功的徵兆，並不是一件壞事。畢竟，美國的城市在一九七〇年代是因為「白人遷徙」（white flight）而流失人口，今日的城市則是因為太多的富裕人士想要入住而面臨士紳化的問題。無論如何，大部分離開城市的人，都不是前往小城鎮，而是在城市內遷移、搬到其他城市，或是換到小城市中。[56]顯然，發展成熟的**城市之間**愈來愈積極在爭奪居民。

新的都市模式

未來的城市會是什麼模樣？我們可以趁這機會重新再建構一次城市的樣貌。在這方面，可以關注巴黎的變化。二〇二〇年一月，在疫情大流行尚未發揮全力之前，巴黎市長伊達爾戈（Anne Hidalgo）提出了一個大膽的新計畫，這項計畫有可能讓巴黎在疫情後的世界中獲得發展動力。她宣布要將巴黎變成「一刻鐘城市」，[57]而這也是她競選連任的政見之一。這計畫的目標，是讓市民在短短的步行或騎自行車的距離之

---

51 United Nations, *The World's Cities in 2018*, 5.

52 United Nations, "World Populations Prospects 2019," https://population.un.org/wpp/.

53 Sabrina Tavernise and Sarah Mervosh, "America's Biggest Cities Were Already Losing Their Allure. What Happens Next?," *New York Times*, April 23, 2020.

54 Peter W. Colby, "Public Policy in New York State Today," in *New York State Today: Politics, Government, Public Policy* (Albany: State University of New York Press, 1985), Table 17: Change from 1970 to 1980 (-10.4%), 228.

55 William H. Frey, "Even Before Coronavirus, Census Shows U.S. Cities' Growth Was Stagnating," Brookings, April 6, 2020, https://www.brookings.edu/research/even-before-coronavirus-census-shows-u-s-cities-growth-was-stagnating/.

56 Joel Kotkin, "What the Census Numbers Tell Us," April 5, 2018, http://joelkotkin.com/what-the-census-numbers-tell-us/.

57 Natalie Whittle, "Welcome to the 15-Minute City," *Financial Times*, July 17, 2020, https://www.ft.com/content/c1a53744-90d5-4560-9e3f-17ce06aba69a; Jennifer Keesmaat, "The Pandemic Does Not Spell the End for Cities," *Foreign Affairs*, May 28, 2020.

內，就能抵達日常生活中可能必須去的任何地方。無論是雜貨店、工作場所、公園、學校、咖啡廳、健身房或醫院診所，都可以在十五分鐘內抵達。這計畫雖然聽起來簡單而討喜，但其實是非常具革命性的想法。芝加哥全球事務委員會（Chicago Council on Global Affairs）的城市專家克林（Samuel Kling）表示：「這確實違背了過去一百年來規劃城市的正統觀念，也就是將城市的各種功能分開。」[58]多年以來的主流想法，是將城市區分為住宅區、商業區、娛樂區和工業區。世界上沒有任何地方比美國更積極實施這項原則。由於限制性的分區制度禁止人口及建築的密度過高，因此造成都市發展扭曲及房價過高等問題。具有影響力的屋主會組成協會，全力阻止所有他們認為會侵犯他們地盤，或有可能吸引「錯誤的人」（通常是弱勢族群）成為鄰居的各種變化。最近，這種「別在我家後院」（Not In My Backyard）的鄰避主義（NIMBYism）在加州及其他地區引起了反對運動。這些社運人士高喊「**請在我家後院**」（Yes In My Backyard），[59]主張改革分區制度、大眾交通及城市發展，讓城市生活變得更多采多姿。

伊達爾戈市長的計畫同樣是以這種多元的願景為基礎，在設施和體驗上努力整合城市的各種功能。由於這座一刻鐘城市裡的設施之間的距離非常接近，因此能夠鼓勵民眾多騎自行車，進而減少路上的汽車數量。（她早已將塞納河沿岸的著名公路，變成了自行車道和人行道。）伊達爾戈勇敢面對支持汽車的黃背心運動者的抨擊，在大流行期間高票獲得連任，並持續推行自己的計畫。[60] 其實不難想像她為何會如此受歡迎。如果日常所需的一切都在步行距離內，就算有一輛全新的寶獅汽車也不太會想要去開它。幸好，由於人們仍然會因為擔心疾病而保持社交距離，大眾交通工具可能也會變得沒那麼擁擠。若巴黎的計畫順利進行，其他市長可能也會嘗試讓自己的大城市生活運作起來像小型社區一樣便利。許多市民因為不想搭地鐵，而選擇以慢跑、步行和騎自行車等方式移動，為了保障他們的安全，巴塞隆納和紐約等城市開始禁止在某些街道上行駛汽車。停車位被改成戶外座位，讓民眾能夠用餐又能保持社交距離。

58 "What Is Paris Mayor Anne Hidalgo's Plan for a '15-Minute City'?," Chicago Council on Global Affairs, February 24, 2020, https://youtu.be/55VkdnzGzhw.

59 Alana Semeuls, "From 'Not in My Backyard' to 'Yes in My Backyard,' " *Atlantic*, July 5, 2017.

60 「自二〇一四年開始擔任市長的伊達爾戈在法國的選舉中贏得了五〇・二%的選票，擊敗保守派候選人達狄（Rachida Dati）的三二%，布辛（Agnes Buzyn）則只有一六%。」請見：Carlton Reid, "Anne Hidalgo Reelected as Mayor of Paris Vowing to Remove Cars and Boost Bicycling and Walking," *Forbes*, June 28, 2020.

結果這項改變非常受歡迎，因此，在歐洲的某些城市中，這些暫時保留給行人的區域可能會在疫情過去後繼續禁止車輛通行。[61]

就算是遠離商業區的區域，也依然是生活的核心區，外圍則分別是近郊和遠郊。有些人喜歡城市生活的密度，有些人則喜歡在遠離市中心的地方買較大的房子，然後為了工作或娛樂而頻繁進到城市裡。活動的所在地因城市而異，但無論在任何地方，城市都是周圍的行星所環繞的太陽。作家科納（Parag Khanna）指出，在經濟上，美國實際上已成為一種相繫的都市地區的集合，也就是他所謂的「美利堅城邦共和國」（The United City-States of America）。[62]

已開發的大城市漸漸開始將自己視為世界舞臺上的獨立表演者。隨著主要都會區的經濟和人口不斷成長，這些地區的市長也開始試圖在國家甚至國際的層級上行使更大的政治權力。當川普總統在二〇一七年宣布美國將退出《巴黎協定》時，亞特蘭大、匹茲堡、紐約、芝加哥、鹽湖城和洛杉磯的領導人卻宣布將繼續遵守該協定。[63]氣候變遷、恐怖主義與疫情大流行，讓大家意識到，所有城市都會面臨相同的挑戰，應該要共同面對這些問題。

最大的城市容易成為鎂光燈的焦點，但其他較小的城市中其實也有很多事情正在發生。在美國，只要是能夠吸引附近大學畢業生的首府和城市，似乎就能在現代經濟中蓬勃發展。這就是丹佛、奧克拉荷馬、奧斯丁、納什維爾和哥倫布等城市的人口在這幾年出現顯著成長的原因。俄亥俄州立大學（美國最大的學校之一）約四〇%的學生表示，他們打算畢業後留在哥倫布市。[64] 老年人也常選擇居住在較小的城市中，而且通常會選擇大學城，因為那裡是各種文化交流之地，並擁有頂尖的醫療設施。

當然，雖然大部分城市正在蓬勃發展，並不代表所有城市都如此幸運。紐約和倫敦擁有大量資源，但這兩座城市在二〇一九冠狀病毒疫情初期都搞砸了。有些城市到了大流行期間，才終於開始推動一些早該改變的事，但這麼做只會弄巧成

---

61 Feargus O'Sullivan, "What Happens to Public Space When Everything Moves Outside," *City Lab*, May 29, 2020, https://www.bloomberg.com/news/features/2020-06-29/what-happens-to-public-space-when-everything-moves-outside.

62 Parag Khanna, "A New Map for America," April 15, 2016, citing Joel Kotkin's "mega-regions." 數位版本的地圖請見：https://www.nytimes.com/2016/04/17/opinion/sunday/a-new-map-for-america.html.

63 Ivo Daalder, "Why Cities Need Their Own Foreign Policies," *Politico*, May 6, 2017.

64 Alina Dizik, "New Residents Are Spending Big in Columbus," *Wall Street Journal*, November 7, 2019.

拙。處理危機不力的城市，將會陷入負面循環。城市衰落的原因通常與國家衰落的原因相同，也就是政府管理不善，而不是一些針對城市的大範圍結構性趨勢。

偉大城市的誕生與衰亡[65]

我很愛城市。我生長於孟買這座喧囂、骯髒且被印度許多地方以懷疑眼神看待的大城市。如今我住在紐約，這裡在許多方面都與孟買相似。然而，我也很喜歡小一點、安靜一點的城市。我曾在波士頓待了七年，住在這座小鎮最古色古香的燈塔山（Beacon Hill）街區。這裡的復古風情徹底讓我迷戀。我喜歡洛杉磯，因為那裡充滿狂野、自負的精神和現代主義的叛逆氣息，是一個與眾不同的地方。我愛巴黎、倫敦、維也納、柏林、伊斯坦堡、開羅、新加坡和東京。我喜歡城市喧囂的時刻，也喜歡城市靜謐的時刻。也許內心要有浪漫情懷，才能看到空曠城市的美吧。華茲華斯（William Wordsworth）在一八〇二年九月的一個清晨，對看似無人居住的倫敦市景感到著迷，並寫下了「此刻，城市披著早晨的美，彷彿一件衣著，寧靜而樸實」以及「上帝！所有房屋似乎都還睡著，整顆強力的心臟仍靜躺著！」等詩句。[66]即使在空曠的城市中，華茲華斯也看見了和平與歡樂。天空晴朗，河水長流。他驚嘆：「我從未見過、從未感受過如此深沉的平靜！」

我在紐約的經歷，比較接近作家懷特（E. B. White）寫於一九四九年的讚歌《這就是紐約》（*Here Is New York*）。[67] 對懷特來說，紐約市民和大家瘋狂的活動，讓這座城市充滿了活力。很多時候，大部分的紐約客都不會察覺一個街區之外出現了怎樣的奇景。懷特認為這樣的「鄰近性」非常有趣。他曾經因為在餐廳吃午餐時，距離一位知名演員「十八英寸遠」而感到非常興奮，並且在吃晚餐時，因為距離一對充滿活力的年輕夫妻「十八英寸遠」而感到同樣興奮。好景不常，曾經令人感到如此興奮的這段距離，現在卻讓人感到危險——至少目前是如此。然而對懷特來說，「這座城市就像一首詩，把所有生命、種族和品種都壓縮到一座小島上，並加上了音樂和內燃機的陪伴。曼哈頓島無疑是人類在地球上的最大集中地。上百萬名永久居民都理解這首詩

---

65 取自珍．雅各的著作《偉大城市的誕生與衰亡》（*The Death and Life of Great American Cities*）。
66 William Wordsworth, "Composed Upon Westminster Bridge, September 3, 1802."
67 Elwyn Brooks White, *Here Is New York* (1949), 21.

的魔力，卻無法精準描繪其中的所有含義。」

這也是偉大的都市理論專家珍・雅各（Jane Jacobs）對城市最熱愛的地方：多樣性。因此，她認為城市中的建築物應該以隨意且無計畫的方式自然發展。她表示：「真實而豐富的建築環境，始終來自各種不同的思想，而其中最豐富的環境，也是來自於不同時代所具有的不同目標及風格。」[68]此外，她也非常欣賞城市人口的多樣性。城市之所以能夠在數個世紀以來吸引如此多人前來，就是因為他們能夠遇到與自己相異的人，並透過不同的眼光看世界。在雅各心目中，最好的城市應該是馬賽克的模樣，「每一塊馬賽克都是構成整體的一部分，但每一塊都擁有自己的身分。」[69]

我們的世界即將變得比過去任何時代都更加多樣化。無論是思想、產業、職業、公司和人員的種類，都會愈來愈多。這些人將來自各種背景、種族、膚色和信仰，可能會相信各種神靈，也可能完全不相信。為了在這個世界上成功，我們必須學習如何面對多樣性並加強自我，而不是感到威脅。在這方面，城市的表現比其他任何地方更好，因為城市是同化與融合的工廠。

認為城市終將瓦解的預言家，將解決方法指向了 Zoom 和其他讓民眾能夠在家工作的工具。然而，人類現在愈來愈清楚，雖然遠距工作是一種出色的工具，卻不能完美取代實際的人際互動。可以確定的是，我們可以透過在線上聊天，繼續和已經熟識的同事一同工作。然而，想要透過視訊認識新同事並建立信任和團隊合作，將會非常困難，更不用說遠距工作讓員工無法在飲水機前聊天或是在辦公室中巧遇，但這類碰面的機會長期下來其實會因為思想上的衝突而提高生產力及創意。[70] 進行電傳會議時，其實是在耗費社會資本，而不是在建立社會資本。透過視訊進行課程，會讓學生感到疲勞、失去動力，並且渴望與教授和同學進行實際的人際互動，而這些互動正是學習的核心。雖然這類遠距工作的科技具有革命性，但最好的做法顯然還是採混合模式，也就是同時重視虛擬互動的便利性及實際交流的重要性。

認為數位生活將讓城市變得荒廢的人，應該去閱讀佛斯特（E. M. Forster）的科幻小說〈機器休止〉（The Machine Stops）。這篇小說寫於一九〇九年，但彷彿預言了二

---

68 Jane Jacobs, "Can Big Plans Solve the Problem of Renewal?," in *Vital Little Plans: The Short Works of Jane Jacobs,* edited by Samuel Zipp and Nathan Storring (New York: Random House, 2016).

69 Jane Jacobs, quoted in Jared Greed, "The Case for Diversity," *Dirt: Uniting the Built and Natural Environments,* September 30, 2016, https://dirt.asla.org/2016/09/30/jane-jacobs-the-case-for-diversity/.

70 Tom Simonite, "Remote Work Has Its Perks, Until You Want a Promotion," *Wired*, May 28, 2020.

〇二〇年的生活。在佛斯特的反烏托邦世界中，人類幾乎未曾經歷過現實世界。「笨拙的公眾集會系統早就被放棄了」，取而代之的是每個人都住在「像蜂巢一樣的六邊形」小房間裡，所有的食物、商品和娛樂活動都會透過類似於亞馬遜的「氣送管」自動送進房間，而且每個人都只透過視訊進行交流。在這個世界裡，從英格蘭到中國，每座城市都像是同一個模子打造出來的：

如今很少人會去旅行，因為科學的發展讓全球各地看起來都一樣。過去的文明總希望能夠快速往來各地，但現在這件事本身已經失去意義了。若北京和舒茲伯利（Shrewsbury）幾乎一模一樣，何必要跑到北京去？又為何必須從北京回舒茲伯利去？人類已經不太移動身體了……[71]

然而，即使在這種虛構的未來中，佛斯特也正確預料到，沒有任何科技能夠真正取代面對面的人際互動。只要透過數位科技，就會失去一些微妙的細節。書中有一段情節，是一個兒子正在和他的母親說話。佛斯特寫道：「他突然停止說話，於是她想像，他看起來應該很傷心。但她無法確定，因為機器沒有辦法處理表情上的細微差別。機器只能傳達大致的情況，而這功能在大部分的日常情況下都還算堪用。」後來，兒子懇求母親親自去見他，而這也呼應了佛斯特最具代表性的名句「唯有聯繫！」[72]的精神，呼籲人類應該要彼此親近。

現實生活中的人際關係，是幸福和意義的來源。這個想法不僅來自對未來的願景，也是來自遙遠的過去。政治學最早的作品之一，是亞里斯多德寫於西元前三五〇年的《政治學》（*Politics*）。而在《政治學》的第一頁，亞里斯多德就宣稱人類天生就是「社會性動物」（social animal）。這個詞有時會被翻譯為「政治性動物」（political animal）。這兩種譯法都觸及到了一部分的重要意義，而希臘原文「zoon politikon」則較具有啟發性，既源自與「動物」及「人畜共通傳染病」（zoonosis）相同的音譯字根，也源自「城邦」（polis），即古希臘的政體及人類居住的地方。

亞里斯多德接著解釋，人類唯有在城市中才能獲得滿足，並以蜜蜂做比喻，表示蜜

---

71 E. M. Forster, "The Machine Stops," *Oxford and Cambridge Review* (November 1909). 備注：佛斯特原文的「北京」是舊式的拼法「Pekin」。

72 E. M. Forster, *Howards End* (London: Edward Arnold, 1910).

蜂唯有在蜂巢內才能成長茁壯。對他來說，人類是不尋常的動物，因為人類在出生時並沒有完全成形，必須進一步受到周圍環境形塑，而最能把人類塑造為成熟成年人的環境，就是城市。事實上，城市的核心目的，是讓市民成為人類的典範，最後進而成為公民。對亞里斯多德來說，城市的重點不在於古蹟和公園，而是人類與他們的個性。

人類創造城市，而城市造就人類，兩者就像一枚硬幣的正反兩面。城市之所以就連在面對災厄時也能成長和忍耐，是因為大部分人類天生就喜歡參與、合作和競爭。每個人出於不同的理由而選擇在城市中居住，例如工作、陪伴、娛樂、文化，或以上全部。但是，在這些外在原因下，其實深藏著想要與他人社交互動的渴望。二〇一九冠狀病毒無法改變這種天性。事實上，外出限制可能會產生相反的效果，讓大家想起那個簡單而深刻的事實——我們人類在本質上就是社會性動物。

亞里斯多德說對了。

第7課

世界會愈來愈不平等

瘟疫之前人人平等。傳染病通常不會因為國籍、種族、階級和信仰不同而對人有差別待遇。從鼠疫橫行到霍亂肆虐的時代，許多藝術創作都在講這個主題。墨西哥藝術家波薩達（José Guadalupe Posada）曾說：「死亡對所有人都一樣，無論你是白人、黑人、富人還是窮人，我們終歸都會化成白骨。」[1] 波薩達對死亡極為著迷，他最著名的一幅作品《卡翠娜骷髏》（*La Catrina*）是一具頭戴一頂大羽毛帽、身穿維多利亞時代服飾的女性骷髏，既優雅又令人毛骨悚然，成為墨西哥亡靈節的象徵。[2] 他在一九一〇年左右，首次描繪了這幅令人難忘的圖畫，當時正逢霍亂肆虐。同一年，波薩達畫了另一幅作品《霍亂的骷髏》（*The Skull of Morbid Cholera*）。[3] 雖然這些藝術作品以人人平等的骷髏當主題，但卡翠娜骷髏也讓我們看到不平等。畫中的卡翠娜骷髏打扮成上流社會模樣，其實不僅是在嘲諷墨西哥國內的階級和貧富差距，也是在諷刺墨西哥與其他更富裕的西歐國家——所謂開發中國家和已開發國家之間的階級和貧富差距。

我們大概會永遠與不平等為伍，也逃不掉死亡和稅收這兩件活在世上必定要面對的事。近年來，我們會發現不平等現象變得特別惡劣。學者為這個主題寫了一整個書架的書，記者也為此寫了數百個專欄。皮尤研究中心的一項調查發現，三十九個國家中有三十一個國家的大多數人認為，這是「一個非常嚴重的問題」。[4] 但有趣的是，以某些重要的衡量標準去看，不平等其實是在降低。全球不平等，亦即世界上最富裕和最貧窮國家之間的收入差距，近十年來一直在下降；世界各地富人和窮人（比如說美國人和馬來西亞人）在同一時期的收入差距也在縮小。[5] 這個指標變化意義重大，因為自一八二〇年以來，工業革命讓西方國家遙遙領先於世界其他地區，彼此的差距愈拉愈大。第二次世界大戰後，一些非西方國家如新加坡和韓國，也加入了工業化國家的行列。但上面那些國家可能是特例，其實直到不久前，世界各國之間的貧富差距，總體來說依然都在加大。

---

1 Adriana Gomez Licon, “Mexican Day of Dead ‘Skeleton Lady’ Spreads Look,” Associated Press, October 31, 2013.

2 Simon Ingram, “La Catrina: The Dark History of Day of the Dead’s Immortal Icon,” *National Geographic*, October 18, 2019.

3 José Guadalupe Posada, *La calavera del cólera morbo* (1910), accessed via Library of Congress, https://www.loc.gov/pictures/item/99615954/.

4 Richard Wike, “The Global Consensus: Inequality Is a Major Problem,” Pew Research, November 15, 2013, https://www.pewresearch.org/fact-tank/2013/11/15/the-global-consensus-inequality-is-a-major-problem/.

5 *Taking on Inequality: Poverty and Shared Prosperity 2016*, The World Bank Group, 9, 81, https://openknowledge.worldbank.org/bitstream/handle/10986/25078/9781464809583.pdf.

通常我們所說的收入不平等是指國家**內部**的貧富差距，數據會更加複雜。這種不平等持續了幾十年，但最近開始穩定下來。世界銀行分析了一九九三年至二〇〇八年間的九十一個國家，發現其中四十二個國家的不平等程度上升、三十九個國家下降；[6] 二〇〇八年至二〇一三年間，情況則有變好一些：不平等程度降低的國家數量，是不平等加劇國家數量的兩倍。[7] 拉丁美洲以階級分明著稱，但在這段期間，十六個國家中有十二個國家的生活水準差距變小。[8]

如何衡量不平等，一直是個爭論不休的老問題。我選擇用吉尼係數（Gini coefficient），幾十年來，世界銀行、國際貨幣基金組織（IMF）和大多數學者都是用吉尼係數來衡量相對不平等。假設我賺了一百美元，你賺了一千美元，即使我們的收入都增加了一〇%，我們依然相對不平等。而且因為一千美元的一〇%遠遠大於一百美元的一〇%，你增加的錢絕對比我多。對國家來說也是一樣的狀況。如果美國經濟以每年三．五%的速度成長，中國則是每年五%，中美之間的差距會逐漸縮小；但由於美國既有的經濟規模較大，經濟產出還是會明顯超越中國。另外有一些人關注的則是收入最高的一〇%或一%的族群。這個族群原本就比其他人過得更好，這時候差距則是拉得更大。[9] 總而言之，看待不平等的方式有很多種，每種方式都可以看出不平等正在加劇；但如果是用比較傳統的觀點，或從歷史回顧的觀點來看，則會發現全球的不平等程度在過去一路攀升很久之後，最近有所下降。

但世界上那些最富有和最成功的國家卻非如此；這些國家的不平等程度急遽上升，而且美國特別嚴重。美國的吉尼係數已攀升至一九二八年之後的新高，一九二八年的經濟大蕭條正是資本主義猖狂多年之後所導致的，當時靠著羅斯福新政才重新提振。[10]

6 "Table 4.1: Trends in the Within-Country Gini Index, 1993-2013," *Taking on Inequality: Poverty and Shared Prosperity 2016*, The World Bank Group, 86, https://openknowledge.worldbank.org/bitstream/handle/10986/25078/9781464809583.pdf.

7 同上，頁八八。

8 同上。

9 Facundo Alvaredo, Lucas Chancel, Thomas Piketty, Emmanuel Saez, and Gabriel Zucman, "World Inequality Report 2018," 46, https://wir2018.wid.world/files/download/wir2018-full-report-english.pdf.

10 Markus P. A. Schneider and Daniele Tavani, "Tale of Two Ginis in the United States, 1921-2012," Levy Institute Working Paper (January 2015), http://www.levyinstitute.org/pubs/wp_826.pdf; 另外可以參閱：Thomas Piketty, Paris School of Economics, excerpted figures and tables, Table 1.1, http://piketty.pse.ens.fr/files/capital21c/en/Piketty2014FiguresTables.pdf.

二〇一三年，歐巴馬總統宣稱，美國不平等不斷加劇，是「我們這個時代的關鍵挑戰」。[11]美國確實面臨了挑戰，但世界上其他地區的進步是有目共睹的。我們將大部分心力投注於各種危機、悲劇和失敗，卻也不能否認這個世界有在變好。

全球不平等程度的下降，很大程度受惠於中國、印度和其他發展中國家持續的經濟成長，這些國家的經濟成長速度在過去二十五年裡遠遠超越先進國家，貧富差距縮小，數億人民擺脫了貧困。一九六〇年代那時我年紀還小，經常拜訪印度，在印度一些地方見證了這個變化。村莊變成了小鎮，小鎮變成了都市；房子愈變愈大，出現更多永久性建築，也出現一些臨時廁所。腳踏車、小綿羊機車還有汽車數量與日俱增，人們的移動變得更方便了。雖然這一切製造了許多問題，比如有毒的空氣、汙水和過度擁擠的道路與火車，但也大大減少了貧困兒童因為營養不良而餓死的情況。二〇〇〇年九月，聯合國制定了千禧年發展目標（Millennium Development Goals）。其中一項目標是在二〇一五年之前將每日收入低於一美元的極端貧困人口減半，結果這個目標提早了五年實現。[12]一九九〇年全球極端貧困人口總數有十九億，二〇一八年下降到六．五億。[13]還有一項關鍵指標也有巨大的進展：同期的幼童死亡率下降了五九％。[14]

讓不平等變嚴重的原因

二〇一九冠狀病毒疫情的爆發，卻可能讓這些進展功虧一簣。這場疫情可能讓發展中國家過去二十五年來取得的許多成果一筆勾銷，我們將掉回全球嚴重不平等的世界，而且未來只會變得更不平等。疫情爆發之初，其實沒有人會料到這個結果。因為第一波疫情並沒有波及大部分的發展中國家。事實上，當時全球疫情數據讓大家都在好奇：為什麼貧窮地方的感染人數這麼少？

11 Barack Obama, "Remarks by the President on Economic Mobility," White House, Office of the Press Secretary, December 4, 2013, https://obamawhitehouse.archives.gov/the-press-office/2013/12/04/remarks-president-economic-mobility.

12 United Nations, "Millennium Development Goals Report 2015," 15, https://www.un.org/millenniumgoals/2015_MDG_Report/pdf/MDG%202015%20rev%20(July%201).pdf.

13 Max Roser and Esteban Ortiz-Ospina, "Global Extreme Poverty," Our World in Data, 2019, https://ourworldindata.org/extreme-poverty.

14 "Under-Five Mortality," Global Health Observatory (GHO) data, WHO, https://www.who.int/gho/child_health/mortality/mortality_under_five_text/en/#:~:text=Trends,1%20in%2026%20in%202018.

二〇二〇年四月底，中低收入國家人口占全球八四％，但這些國家感染二〇一九冠狀病毒死亡的人卻只占了全球的一四％。[15]

某些發展中國家的患病死亡人數低，也許是因為缺乏檢驗而無法將死亡歸諸於二〇一九冠狀病毒。此外可能還有其他因素。比如富裕國家死亡人數之所以暴增，是因為二〇一九冠狀病毒在人口密集的養老院肆虐；這在發展中國家反而很少見。

高溫也許抑制了病毒傳播，但這尚未得到證實。[16]

一些醫療專家私底下推測，發展中國家的人民一生中可能會接觸更多的傳染病，所以免疫力更好（但這方面也幾乎沒有良好的相關研究）。

這些解釋中某些可能合理，畢竟這個疾病的真相還正在揭開當中。發展中國家在頭幾個月似乎躲過了疫情，因為無論是旅遊還是貿易，它們都與最初肆虐最嚴重的地區沒有太大聯繫。病毒先是從中國傳播到歐洲，再傳到美國，這些地方的人彼此往來頻繁。（中國是世界上遊客人數最多的國家，二〇一九年接近一．七億人。）[17]然而到了下一個階段，二〇一九冠狀病毒開始在南亞、拉丁美洲和非洲緩慢但穩定的蔓延。這些地方的工作和生活場域人口稠密、衛生條件糟糕，成了疫情引爆的溫床。印度最早爆發疫情的地方是孟買，那裡的貧民窟達拉維，有大約一百萬居民，人口密度接近紐約人口的三十倍。[18] 奈及利亞的拉哥斯（Lagos）是非洲最大的城市，有三分之二的人住在擁擠的貧民窟，許多人挨肩疊背的搭著公車上班。[19] 收入較低的國家，醫

---

15 Philip Schellekens and Diego Sourrouille, "Tracking COVID-19 as Cause of Death: Global Estimates of Relative Severity," Brookings Institution, May 2020, https://www.brookings.edu/wp-content/uploads/2020/05/Tracking_COVID-19_as_-Cause_of_Death-Global_Estimates_of_Severity.pdf.

16 Islam et al., "Temperature, Humidity, and Wind Speed Are Associated with Lower COVID-19 Incidence," 2020, https://doi.org/10.1101/2020.03.27.20045658, 轉引自：Rapid Expert Consultation on SARS-CoV-2 Survival in Relation to Temperature and Humidity and Potential for Seasonality for the COVID-19 Pandemic (April 7, 2020), National Academies of Science, Engineering, and Medicine, https://www.nap.edu/read/25771/chapter/1.

17 "Chinese Tourists Made 169 Million Outbound Trips in 2019: Report," China Global Television Network, February 29, 2020, 引用中國的國家統計局：https://news.cgtn.com/news/2020-02-29/Chinese-tourists-made-169-million-outbound-trips-in-2019-report-OtIYWsZmOQ/index.html.

18 "Dharavi slum has a population density almost 30 times greater than New York — about 280,000 people per square kilometer": Vedika Sud, Helen Regen, and Esha Mitra, *Mercury News*, citing CNN, April 4, 2020, https://www.mercurynews.com/2020/04/03/doctors-india-must-prepare-for-onslaught-of-coronavirus/.

19 根據聯合國適足住房權特別報告員（United Nations Special Rapporteur on housing）法哈（Leilani Farha）二〇一九年的報告：Paul Wallace and Tope Alake, "Lagos Building Luxury Homes in Face of Affordable Housing Crisis," Bloomberg, December 20, 2019.

院數量稀少。在孟加拉，每一萬人擁有的病床不到八張，是美國的四分之一，歐盟的八分之一。[20]在二〇一九冠狀病毒爆發之際，四十一個非洲國家擁有的呼吸器加起來卻不到兩千臺，相較之下，美國則有十七萬臺呼吸器。[21]《紐約時報》冷諷道，擁有一千一百萬人口的南蘇丹（South Sudan），整個國家的副總統（vice president）比呼吸器（ventilator）還多。[22]

許多發展中國家的大部分人民，每天掙的錢只夠自己和家人維生。政府因此面臨了一個兩難處境：如果選擇關閉經濟活動，人們會挨餓；如果選擇繼續開放，病毒就會擴散。這些政府當然沒有錢付給那些在家工作的人，或是補貼那些關閉的商家，事後來看，不實施全面性限制措施可能是最明智的做法。

以印度為例，部分出於封鎖措施的關係，二〇二〇年的經濟將萎縮五%，[23]淪落到有史以來最差的境地。[24]然而，到二〇二〇年七月為止，印度確診死於二〇一九冠狀病毒的人數為兩萬八千人，低於國內**每月**死於營養不良的六萬名兒童。[25]

即使假設二〇一九冠狀病毒造成的死亡人數被大大低估（聽起來似乎滿有道理），這個可怕的數字還是讓發展中國家注意到了二〇一九冠狀病毒的嚴重性。雖然封城的本意是為了挽救生命，但因為幾乎所有活動都停擺也導致了經濟崩潰，讓社會陷入了巨大的困境，而且諷刺的是，還加重了許多健康問題，人們不僅可能餓死，還可能抑鬱而終。這樣值得嗎？

這些都是很艱難的抉擇，所以不禁讓人懷疑，許多發展中國家並沒有仔細想過實施封鎖措施之後會帶來什麼樣的災難。這可能就是為什麼後來即使解封之後病例數大增，也很少有發展中國家想要再次實施封城了。

整個國家在經濟癱瘓之後，必然要面臨的是債務危機。在美國、歐洲、日本和中國

---

20 World Bank DataBank, "Hospital Beds (Per 1,000 People) — Bangladesh, European Union, United States," https://data.worldbank.org/indicator/SH.MED.BEDS.ZS? locations=BD-EU-us.

21 Ruth Maclean and Simon Marks, "10 African Countries Have No Ventilators. That's Only Part of the Problem," *New York Times*, April 18, 2020.

22 同上。

23 "Economy to shrink 5% this year, fiscal stimulus not enough to support growth," *Economic Times*, June 8, 2020.

24 World Bank DataBank, https://data.worldbank.org/indicator/NY.GDP.MKTP.KD.ZG?locations=IN.

25 二〇一七年，有七十萬六千名五歲以下兒童因營養不良死亡：Aastha Ahuja, "68 Per Cent of Child Deaths Under Five Years in India Caused by Malnutrition in 2017: Study," Banega Swasth India, 引自 India State-Level Disease Burden Initiative Study, https://swachhindia.ndtv.com/68-per-cent-of-child-deaths-under-five-years-in-india-caused-by-malnutrition-in-2017-study-39470.

的經濟損害相當嚴重，但政府投錢紓困之後會改善許多。這些國家，尤其是美國，可以相對輕鬆的以低利率借貸數兆美元，但對那些債臺高築的窮國來說，可沒那麼容易。俗話說，危機出現時資本逃得最快。在疫情爆發的頭幾個月，超過一千億美元逃離了新興市場。[26]為了讓經濟得以維持，這些國家只好以美元借高利貸，同時讓自己的貨幣快速貶值來償債。基本上，如果沒有大規模的債務減免計畫，未來他們要麼落入惡性通貨膨脹，要麼就得直接違約。

過去十年，隨著全球貿易加速，發展中國家的成長速度超越了先進國家，生活水準也隨之提高。即使是全球金融危機之後，貧窮國家恢復得也比富裕國家更快。[27]由於它們甚少使用複雜的金融產品，相對容易度過經濟低迷期。二〇一九冠狀病毒爆發後，幾十年來的努力在幾個月內付之東流。許多研究估計，在未來幾年內將有七千萬至四．三億人將重新陷入極端貧窮中。[28]世界上最富有的人與最貧窮的人之間存在的不平等，現在正在以極快的速度惡化。

富裕國家和貧窮國家的差距，可能會愈拉愈大，世界將一分為二，一邊是擁有良好醫療照護系統的國家，一邊是缺乏良好醫療照護系統的國家。一些國家已經開始向那些疫情控制良好的國家開放邊境，但繼續禁止易傳染地區的人進來，像是巴西、俄羅斯這些未能控制疫情的國家，遺憾而令人震驚的是，美國也名列其中。

紐西蘭總理阿爾登（Jacinda Ardern）表示，疫情控制不錯的紐西蘭和澳洲可望互相建立一個「跨塔斯曼疫情安全旅遊泡泡」（trans-Tasman bubble），讓兩國居民可以自由互訪。[29] 但她說：「在未來很長的一段時間內，我們不會向世界其他國家開放邊境。」[30] 那些極度仰賴這些國家帶來觀光收入的貧窮太平洋島國紛紛瘋狂遊說，希望

---

26 國際貨幣基金組織總裁格奧爾基耶娃（Kristalina Georgieva）說：「為了安全起見，大量資本逃離了新興經濟體和發展中國家，已經外流了將近九百億美元。這個問題比全球金融危機期間還要更嚴重。」請見：World Health Organization, COVID-19 virtual press conference, April 3, 2020, https://www.who.int/docs/default-source/documents/covid-19-virtual-press-conference-transcript-3-april-2020.pdf?sfvrsn=43e2f2f3_6.

27 "Slowly Emerging," *Economist*, April 7, 2015.

28 請見：Daniel Gerszon et al. ,World Bank, June 8, 2020, https://blogs.worldbank.org/opendata/updated-estimates-impact-covid-19-global-poverty; Andy Sumner, Chris Hoy, and Eduardo Ortiz-Juarez, "Estimates of the Impact of COVID-19 on Global Poverty," WIDER Working Paper 2020/43. Helsinki: UNUWIDER, https://www.wider.unu.edu/publication/estimates-impact-covid-19-global-poverty.

29 "New Zealand PM: No Open Borders for 'a Long Time,'" BBC, May 5, 2020.

30 同上。

也能加入這個新的旅行區。[31]

但是疫情期間，不會有旅行人士及商人願意去那些沒有良好醫療服務的地方，東加（Tonga）和吐瓦魯（Tuvalu）等充滿異國風情的國度，這下頓時失去了吸引力。許多發展中國家也將面臨窒礙難行的經濟困境。比如泰國、菲律賓和墨西哥這些國家，觀光收入占GDP的一五％至二五％；巴貝多（Barbados）和巴哈馬（Bahamas）這些較小的國家，觀光收入甚至占GDP超過三〇％。[32]恐懼最容易製造分裂──尤其是疾病帶來的恐懼，過去也曾讓世界不同地區的差距愈拉愈遠。十九世紀，黑死病在歐洲已逐漸銷聲匿跡，亞洲的部分地區卻仍深受其苦，這更加深了工業化世界與非工業化世界，以及殖民者與被殖民者之間的鴻溝。

大者更大

除了各國不平等的問題，公司也會面臨同樣的問題。愈安全愈穩定的公司，就愈能繼續保有優勢，結果大者就更大，這個趨勢同樣也是愈來愈顯著。過去幾年學者注意到，無論是在西方還是世界其他地方，各個領域的大公司不斷提高利潤、攻占市場，規模較小的公司根本不是對手。例如美國的亞馬遜、谷歌、沃爾瑪（Walmart）、CVS連鎖藥妝店、家居裝飾用品專賣店家得寶（Home Depot），或是歐洲的福斯汽車（Volkswagen）、家樂福（Carrefour）、西門子（Siemens）。在中國，大型企業多數是國有企業因而天生具有優勢，但私營企業巨頭如阿里巴巴和騰訊也是依然每年都在擴張。

創新是提高競爭力常用的方法。大型企業傾向繼續沿著既定道路發展，而新創企業和企業家則是會找一些新方法來解決問題和提高生產率。但這個方法現在沒用了。經濟合作暨發展組織（OECD）的一項研究指出，二〇〇一年至二〇一三年，在工業化國家中，生產力排名前五%的製造商，其生產力提高了三三%；[33] 排名前五%的服務企業則提高了四四%。其他製造商僅提高七%，其他服務企業則是五%。其他研究也

31 Jamie Smith, "Pacific Islands Plead to Join Australia-New Zealand Travel Bubble," *Financial Times*, June 7, 2020.

32 World Travel & Tourism Council, "Economic Impact Reports," https://wttc.org/Research/Economic-Impact.

33 Jason Douglas, Jon Sindreu, and Georgi Kantchev, "The Problem with Innovation: The Biggest Companies Are Hogging All the Gains," *Wall Street Journal*, July 15, 2018.

顯示，這種趨勢近十年來不斷增加。[34]為什麼呢？因為今日的市場，數大便是美。我們這個時代的兩大經濟趨勢就是全球化和資訊革命，規模愈大的公司愈有利。像福斯汽車和宜家（Ikea）這樣的公司，比其他小公司更容易進入中國和印尼市場；大型銀行可以在全球找到新客戶，地區性的銀行則很難辦到。

你會說，小型新創企業可以透過網際網絡接觸各地客戶，這樣世界會因此變得更平等。理想上是這樣沒錯，但事實上，網際網絡這個平臺並不利於促進競爭，它的本質反而製造了有史以來最大規模的壟斷。舉例來說，客戶可以利用網際網絡即時比價，總是可以盡可能買到便宜的價格。因此，大量營收有辦法打平固定成本的大公司比小公司更有優勢。如今，特定領域的龍頭企業常常占全球該領域市場的五〇％。比如談到線上購物和社群網站，人們確實只會想到亞馬遜或臉書。在搜尋引擎方面，很多人知道能與 Google 相提並論的競爭對手是 Bing，因為 Bing 是另一個科技巨頭微軟旗下的得意之作。但是 Google 占了全球市場的九〇％，Bing 才大約五％。[35]作風大膽的科技創業家和創投資本家提爾直截了當承認：「只有輸家才想要競爭。」[36]他認為每家公司都應該要把壟斷當成目標。因為在科技的世界裡，贏家可以取得前所未有的成功。

大數據正在改變資訊科技，它讓規模大的公司更具優勢。多數的大公司可以大手筆投資科技，通常會打造客製化的程序，利用數據讓營運更有效率。沃爾瑪最有名的就是利用科技來維持緊密的供應鏈，它可以即時知道什麼東西銷售最快，以及哪裡需要補貨。現在的電腦可以處理幾乎無限多的數據，誰先搶得先機，誰就有更多優勢。二〇一八年，摩根大通（JPMorgan）每天處理四千九百萬筆信用卡和簽帳金融卡的交易，總額超過一兆美元。[37] 這些數據經過正確的分析，價值堪比金礦，只不過它不像真正的黃金那樣供應有限，數據金礦只會不斷變大。

二〇一九冠狀病毒將讓大公司變得更有優勢。在疫情大流行和經濟封鎖之下，大型數位公司變得至關重要，生意一飛沖天。只要人們愈來愈習慣數位生活，它們的身價

---

34 Morgan Stanley Wealth Management, "The Capex Conundrum and Productivity Paradox," Global Investment Committee, November 2017, https://advisor.morganstanley.com/sandra-smith-allison-butler/documents/home-office/investing/The-Capex-Conundrum-and-Productivity-Paradox.pdf.

35 J. Clement, "Global Market Share of Search Engines 2010-2020," Statista, June 18, 2020, https://www.statista.com/statistics/216573/worldwide-market-share-of-search-engines/.

36 Peter Thiel, "Competition Is for Losers," *Wall Street Journal*, September 12, 2014.

37 JP Morgan Chase 2018 Annual Report, https://www.jpmorganchase.com/corporate/investor-relations/document/line-of-business-ceo-letters-to-shareholders-2018.pdf.

就會益發水漲船高。不過不是只有網路公司才會在意規模優勢，無論做的是不是網路，大公司的信用額度通常較高，可以度過風暴。它們擁有區域或全球品牌，以及更廣泛的供需網絡。當某些經濟體快速復甦，而另一些經濟體仍陷入停滯，跨國大公司可以趁機將資源投在復甦的地區，當地小企業反而做不到。超大型企業（Megacorporation）[38]有一大票遊說者，可以確保它們在政府發錢補貼或刺激經濟時能得到最大量的現金挹注。美國聯邦準備系統和目前主要的疫情紓困法案《冠狀病毒援助、救濟和經濟安全法案》（Coronavirus Aid, Relief, and Economic Security Act, CARES Act）的經費不成比例的流向規模更大、人脈更廣的企業。[39]

那些原本就處境不利的族群現在變得更脆弱了。麥肯錫（McKinsey）的一份報告發現，少數族裔擁有的小型企業可能尤其危險，像是黑人或西班牙裔的小型企業被歸類為「處於危險中」（at risk）或「處於困境中」（distressed）的比例是疫情之前的兩倍。[40]這些公司不成比例的集中在受創嚴重的產業，比如食品和零售業。（這就可以解釋，為何二〇二〇年二月少數族裔占美國勞動力的三七％，但到了三月中旬，卻占了新增失業人口的五八％。）這當然也顯示了，疫情大流行會加深原本就存在的鴻溝，從而使彌合分裂變得更加困難。

一般來說，在動盪不安的時期，人們會傾向找讓人有安全感的成熟品牌。多年來，那些規模最大的公司在股市裡過得如魚得水，它們的股價一直在飆升。聯邦準備系統為大量資產提供擔保，好讓它們在疫情危機之後有個經濟「基礎」，這項行動讓既有參與者，甚至那些風險巨大者獲益。聯邦準備系統向投資者提供垃圾債券（junk

---

38 譯注：指大型綜合公司，這類企業有能力壟斷或幾乎能壟斷多個市場。

39 根據聯邦預算問責委員會（Committee for a Responsible Budget）的資料圖表顯示，儘管《冠狀病毒援助、救濟和經濟安全法案》被吹捧為「商業街」（Main Street）的命脈，但這個法案對大型企業和航空業的好處並沒有少於小企業（http://www.crfb.org/blogs/visualization-cares-act）。備注：小企業貸款（PPP）後來擴大到接近七千億美元，但要注意的是，並不是所有接受PPP貸款的小企業都是真正的「家庭式小商店」（mom-and-pop stores）。申請貸款者包括全球漢堡連鎖店 Shake Shack，以及肯伊・威斯特（Kanye West）服裝公司、知名俱樂部 Soho House、私人飛機公司，以及美國藝術家傑夫・昆斯（Jeff Koons）。（譯注：「商業街」概念與傳統金融中心的「華爾街」對立，城鎮中的主要街道，通常也是庶民生活重要的商業區，提供購物、消費與社交的需求。）

40 André Dua, Deepa Mahajan, Ingrid Millan, and Shelley Stewart, "COVID-19's Effect on Minority-Owned Small Businesses in the United States," McKinsey & Company, Social Sector Practice, May 27, 2020, https://www.mckinsey.com/industries/social-sector/our-insights/covid-19s-effect-on-minority-owned-small-businesses-in-the-united-states.

bonds）等一系列風險投資，還保證幾乎沒有缺點。[41]這樣一來，投資錯誤就沒有懲罰，投資人不用怕崩盤，也不須做資產評估，根本違反了資本主義的精神。*也因為通常只剩有錢人才玩得起股票，財富不平等變得更加嚴重。這是經濟學家口中的「馬太效應」（the Matthew Effect）的經典案例。取名源自於聖經《新約．馬太福音》中的寓言：「凡有的，還要加給他，叫他有餘；凡沒有的，連他所有的也要奪去。」按這個道理，聯邦準備系統的行為其實是對富人實行社會主義，對窮人施行資本主義。

這可說是美國歷史上最糟糕的時刻。

＊東方航空（Eastern Airlines）的執行長波曼（Frank Borman）曾打趣道：「沒有破產的資本主義，就像沒有地獄的基督教。」[42]（東方航空公司於一九八九年申請破產。）

兩個美國

許多學者研究指出，高度的不平等將使得經濟和政治變得更糟糕。意即，經濟成長率較低（有能力消費的人較少），[43]以及，對彼此與對政治機構的信任度較低。[44]在歷史上，目前美國的不平等程度是經濟大蕭條以來的最高峰，政府對近幾十年的研究也證實的確如此。美國人口普查局（US Census Bureau）收集了自一九六七年以來有關不平等的數據資料，此後美國吉尼係數上升了二二%。[45]如果我們看的是最富有的那前一

---

41 Gene Ludwig and Sarah Bloom Raskin, "How the Fed's Rescue Program Is Worsening Inequality," *Politico*, May 28, 2020.

42 引述自波曼，轉引自 Thomas G. Donlan, "The Benefits of Failure," *Barrons*, April 12, 2010.

43 Joseph Stiglitz, *The Price of Inequality: How Today's Divided Society Endangers Our Future* (New York: W. W. Norton, 2012).

44 Richard G. Wilkinson and Kate Pickett, *The Spirit Level: Why More Equal Societies Almost Always Do Better* (London: Allen Lane, 2009).

45 Taylor Telford, "Income Inequality in America Is the Highest It's Been Since Census Bureau Started Tracking It, Data Shows," *Washington Post*, September 26, 2019.

〇%，或甚至前一%，差距會變得更大更明顯。在世界各地，這些群體的收入占國民所得的比例幾乎都有所上升，但美國的上升幅度絕對是先進國家之冠。[46] 一九七〇年代，收入最高的前一%族群的收入總額還占國民所得不到一〇%，[47] 到了二〇一九年，已經超過二〇%。相比之下，收入最低的五〇%族群的收入占比卻在下降，從一九七〇年的二二%降至今日的一五%。[48] 如果你不是用收入，而是用資產來計算不平等的話，得出來的結果將讓你瞠目結舌。最富有的前一〇%美國人擁有的資產，比如房子、汽車、股票和債權，其總額是全美國的七〇%；最貧窮的五〇%美國人擁有的資產僅占一．五%。[49] 在一九八〇年代，雷根曾經提出過一個動人的願景，可以解決貧窮和不平等問題，同時推動經濟成長。二〇二〇年，至少像美國這樣的先進國家，經濟成長卻一直像過去二十年一樣欲振乏力。即使富人被收完稅，窮人拿到政府的補助之後，美國的不平等程度依然是史上之冠，也勝過所有西方國家。[50] 美國的吉尼係數離丹麥這種歐洲國家很遠，反而比較接近巴西。[51]

二〇一九冠狀病毒疫情讓這些差距變得更大，將美國一分為二。[52] 在許多方面，疫情更凸顯出美國現存的不平等問題。一個不注意，病毒早已悄然無聲的蔓延開來，理論上不會因為個人的財富或種族而有所差別。然而現實情況是，貧窮地區的感染率比富裕地區高得多，健康狀況也更差。

在紐約市，布朗克斯、皇后區、布魯克林等某些貧困地區的死亡率，是上東區及上

46 Alvaredo et al., "World Inequality Report 2018," 6, 8.

47 "The Unequal States of America: Income Inequality in the United States," Economic Policy Institute infographic, 改編自：Estelle Sommeiller and Mark Price, "The New Gilded Age: Income Inequality in the U.S. by State, Metropolitan Area, and County," an Economic Policy Institute report published July 2018, https://www.epi.org/multimedia/unequal-states-of-america/#/United%20States.

48 Moritz Kuhn, Moritz Schularick, and Ulrike I. Steins, "Income and Wealth Inequality in America, 1949-2016," Federal Reserve Bank of Minneapolis, Institute Working Paper 9, June 2018, 21, https://www.minneapolisfed.org/institute/working-papers-institute/iwp9.pdf.

49 US Federal Reserve, "Distribution of Household Wealth in the U.S. Since 1989," https://www.federalreserve.gov/releases/z1/dataviz/dfa/distribute/table/.

50 Drew Desilver, "Global Inequality: How the U.S. Compares," FactBank, Pew Research Center, https://www.pewresearch.org/fact-tank/2013/12/19/global-inequality-how-the-u-s-compares/; and "Income Distribution Database," OECD, https://stats.oecd.org/Index.aspx?DataSetCode=IDD (choose measure "Gini (disposable income)").

51 World Bank DataBank, https://data.worldbank.org/indicator/SI.POV.GINI?locations=US-DK-BR.

52 請見：Joe Pinsker, "The Pandemic Will Cleave America in Two," *Atlantic*, April 2020.

西區的四至六倍，即使後者的人口密度其實更高。[53]從這點便可窺見美國不平等問題之一隅。窮人的健康底子更差，可能患有心臟病或糖尿病，獲得的照護品質也更低劣，而且通常不敢接受二〇一九冠狀病毒檢測，因為治療費用會高到讓人破產。尚未被感染的人，也有很高機率會被感染，因為他們必須外出上班，而不是待在舒適的家中遠端工作。

美國黑人感染二〇一九冠狀病毒的比例是白人的至少兩倍，更是讓人看見美國不平等問題有多嚴重。[54]全國黑人的總死亡率甚至比白人高出二・三倍，在一些州更是高達四倍。[55]（這個現象不是美國獨有，英國的非白種人死亡人數同樣高得不成比例。）[56]有三分之一的非裔美國人說自己認識的人已經因感染二〇一九冠狀病毒而逝世，相較之下僅九％的白人有這樣的經驗，這類懸殊對情緒和心理的影響也很驚人。[57]疫情為美國黑人帶來的悲痛和絕望衝擊，遠比其他族群來得高，大概也就是因為這樣，黑人佛洛伊德被槍殺的事件引爆了激烈反彈。

種族主義造成的不平等可以追溯到幾個世紀以前，但最近的結構變化也讓不平等的現象火上加油。首先，隨著工業化世界的經濟愈來愈數位化及服務導向，大學教育帶來的經濟效益也在穩步上升。美國根本沒有找到方法讓貧窮的聰明孩子可以沿著教育的梯子往上爬。一項一九九九年至二〇一三年大學錄取狀況的調查結果相當驚人，收入最高的前一%家庭的孩子考上常春藤盟校或其他菁英學校的機率，是收入最低的二

53 Larry Buchanan, Jugal K. Patel, Brian M. Rosenthal, and Anjali Singhvi, "A Month of Coronavirus in New York City: See the Hardest-Hit Areas," *New York Times*, April 1, 2020.

54 "Double Jeopardy: COVID-19 and Behavioral Health Disparities for Black and Latino Communities in the U.S.," Office of Behavioral Health Equity, Substance Abuse and Mental Health Services Administration, US Department of Health and Human Services, https://www.samhsa.gov/sites/default/files/covid19-behavioral-health-disparities-black-latino-communities.pdf.

55 "The Color of Coronavirus: Covid-19 Deaths by Race and Ethnicity in the U.S.," APM Research Lab, July 8, 2020, https://www.apmresearchlab.org/covid/deaths-by-race.

56 Shaun Treweek, Nita G. Forouhi, K. M. Venkat Narayan, and Kamlesh Khunti, "COVID-19 and Ethnicity: Who Will Research Results Apply To?" *Lancet* 395, no. 10242 (June 27-July 3, 2020): 1955-57, https://www.ncbi.nlm.nih.gov/pmc/articles/PMC7292594/; 以及 Lucinda Platt and Ross Warwick, "Are Some Ethnic Groups More Vulnerable to COVID-19 Than Others?," *VI Inequality*, May 1, 2020, https://www.ifs.org.uk/inequality/chapter/are-some-ethnic-groups-more-vulnerable-to-covid-19-than-others/.

57 Amy Goldstein and Emily Guskin, "Almost One-Third of Black Americans Know Someone Who Died of Covid-19, Survey Shows," *Washington Post*, June 26, 2020.

○%家庭貧困孩子的**七十七倍**。[58]與此同時，經濟學家皮凱提（Thomas Piketty）等人指出，投資收益的成長速度快於工資的成長。我們可以看到，原本是藍領階級在做的例行工作，變成愈來愈多是白領階級在做，現在甚至轉移給低工資國家的人接手或是由電腦來完成。在後工業化的世界，過去勞動力可以得到的薪酬已不復以往。資本在全球自由流動，最有效率的企業獲益最高。科技愈來愈快完成工作，而且做得比人類更有效率、更便宜且更好，人工智慧的發展只會愈來愈加速。

然而，這些結構性的變化並不是不平等加劇的唯一原因。支持富人的政府政策也推了一把。許多西方國家的稅務在很多方面都有利於資方，而非勞方。美國許多州的「工作權」（right to work）在政策實行上障礙重重，工會也愈來愈難吸引人加入。那些背負大學貸款和房屋所有權的人獲得補貼，高中畢業生和租屋者卻只能苦苦掙扎。選舉很燒錢，所以國內的富人可以用錢買到政治影響力，也可以改變規章制度和稅收，這個狀況在美國尤其嚴重。美國正面臨工業化世界中有史以來最嚴重的不平等，國會在二○○一年、二○○三年和二○一七年通過了數兆美元的減稅措施，卻都不成比例的嘉惠了國內前一○%的族群。川普之所以當選，部分原因是他走經濟民粹主義路線，以及抨擊華爾街，但他至今仍在施行這些落伍的政策。政治科學家哈克（Jacob Hacker）

和皮爾遜（Paul Pierson）將這種說一套做一套的做法稱為「財閥民粹主義」（plutocratic populism）。[59]

這世上肯定有更好的方法可以解決這些問題。面對結構性壓力以及不斷加劇的不平等，我們需要的是多一點的創造力和多一點雄心。舉例來說，《美國軍人權利法案》（GI Bill）在二戰後曾讓數百萬名退休軍人受教育，我們需要更多像這樣的政策，可以大規模提供勞工培訓和再培訓的機會。其他更廣泛的措施，例如我前述提到的「勞動所得稅額補貼制度」，也應該要擴大實施。這些點子都很花錢沒錯，但什麼都不做的代價可能更高。歷史清楚的告訴我們：如果再不進行改革，解決日益嚴重的不平等，總有一天將引爆革命。

---

58 Raj Chetty, John N. Friedman, Emmanuel Saez, Nicholas Turner, and Danny Yagan, "Income Segregation and Intergenerational Mobility Across Colleges in the United States," *Quarterly Journal of Economics* 135, no. 3 (August 2020): 1567-633, https://doi.org/10.1093/qje/qjaa005.

59 Jacob Hacker and Paul Pierson, *Let Them Eat Tweets: How the Right Rules in an Age of Extreme Inequality* (New York: Liveright, 2020).

財富與道德

在一個民主社會裡，我們希望每個人都能擁有平等的機會，共享生活中重要的事物，但這在貨幣化的世界裡變得愈來愈罕見。大多數國家都擁抱市場，認為市場必定能提高經濟效率。但正如哈佛大學哲學家桑德爾（Michael Sandel）在二〇一二年出版的著作《錢買不到的東西：金錢與正義的攻防》（*What Money Can't Buy: The Moral Limits of Markets*）中所言，我們已經從「擁有市場經濟」，變成了「成為市場社會」；在市場社會，一切都以價格來衡量；所有物品和服務，都可以貼上合適的價格變成消費品。你想要你醫生的手機號碼嗎？一些醫生會以每年一千五百美元的價格將號碼賣給你。你想要讓你的孩子住進更好的宿舍和享用更好的餐廳嗎？很簡單，這只需要花幾千美元就能辦到。有些監獄的囚犯可以花每晚九十美元升級自己的牢房。若你身為遊說人士，要如何讓人幫你在國會聽證會上弄到一個席位？只要區區每小時二十美元即可。甚至像公民身分這樣最神聖的國家資產，也可以在許多地方買到。某些加勒比海島嶼的護照要價十萬美元，[60]美國綠卡則要價九十萬至一百八十萬美元，[61]而英國一級投資者的簽證是兩百五十萬美元。[62]賽普勒斯（Cyprus）、馬爾他（Malta）和保加利亞（Bulgaria）這些幾乎沒有旅遊限制的歐盟成員國也會把公民身分拿來販售。[63]

當一切都可以買賣，生活中各個面向的不平等就出現了。舉個簡單的例子，在體育館現場觀看體育比賽，曾經是一項偉大的公共活動，未來將變得不再公共。過去，體育館的座位都長得一樣，唯一差別在於位置不同。如今，這些座位反映了我們這個社會的階層，而且等級區分得很精緻，比如大眾坐的位子是廉價的座椅，中產階級坐的更好一點，前一%的人則是有空調的包廂，裡頭備有酒吧和美食。這個曾經讓來自各方的人聚在一起的活動，反而讓我們看出彼此是多麼疏遠。如果金錢能夠買到更好的房子、汽車甚至遊艇，是一回事；但如果連公民身分、進入公共領域的特殊管道、大

---

60 例如可參見：Antigua and Barbuda (https://cbiu.gov.dm/investment-options/)，或是：Dominica (http://www.antiguabarbuda-citizenship.com/).

61 US Department of State, "Immigrant Investor Visas," https://travel.state.gov/content/travel/en/us-visas/immigrate/immigrant-investor-visas.html.

62 "Investor visa (Tier 1)," UK Government, https://www.gov.uk/tier-1-investor.

63 Francesco Guarascio, "EU Sees Crime Risks from Malta, Cyprus Passport-for-Sale Schemes: Report," Reuters, January 21, 2019.

學裡的優惠待遇及政客的支持都可以用錢買到，那麼到了最後，金錢只會變成腐化和侵蝕的力量。

要了解二〇一九冠狀病毒疫情大流行之後，不平等如何影響社會，或許可以研究那些處理疫情最得當的地區。無論是人民之間，還是人民與更大的機構之間，這些國家幾乎都擁有高度的信任。在一份關於「大多數人是否可信」的社會調查報告中顯示，大部分人持信任態度的社會，例如北歐和東亞國家，在應對疫情大流行方面都有不錯的表現。[64] 雖然有很多原因可以解釋為什麼信任度這麼高，但這些國家相對比較平等很明顯是重要關鍵。[65] 像丹麥這樣比較平等的國家擁有更多的「社會資本」，其中最重要的就是信任。[66] 但隨著美國過去五十年來不平等的程度加劇，社會的信任急遽下降。非裔美國人認為他們生活在一個被區隔開來且不平等的世界，這不無道理，因為他們與美國白人所受的法律、標準和待遇都截然不同。如今美國窮人也認為有人操縱了現在的體系，置他們於不利處境。要讓人民彼此更信任，就得讓每個人知道自己與其他人都在為共同的目標而努力。但是只要我們的生活充滿各種有形和無形的藩籬，每個人所處的世界就會愈來愈遠，我們就會認為彼此沒有共通性，如此一來，所謂的共同利益自然蕩然無存。

傳染病造成的不平等問題，最明顯的是健康者和病人之間的不平等，作家桑塔格（Susan Sontag）將一邊稱為「健康之國」（kingdom of the well），另一邊稱為「疾病之國」（kingdom of the sick）。[67] 兩個世界之間的鴻溝非常巨大，大到你一得病，世界觀就會徹底改變，看看罹患小兒麻痺症之後的小羅斯福就知道了。每個人都可能罹患相同的疾病，但通常疾病會讓不同的人過得愈來愈不平等。我們未來很有可能又得面

---

64 "Can People Be Trusted," General Social Survey, 2018, https://gssdataexplorer.norc.org/variables/441/vshow.

65 Esteban Ortiz-Ospina and Max Roser, "Trust," 2016, https://ourworldindata.org/trust; 另可見：R. Ward, Loreen Mamerow, and Samantha B. Meyer, "Interpersonal Trust Across Six Asia-Pacific Countries: Testing and Extending the 'High Trust Society' and 'Low Trust Society' Theory," *PLoS ONE* 9, no. 4 (April 23, 2014), https://doi.org/10.1371/journal.pone.0095555; 以及 Soo Jiuan Tan and Siok Kuan Tambyah, "Generalized Trust and Trust in Institutions in Confucian Asia," *Social Indicators Research* 103, no. 3 (September 2011): 357-77, https://www.jstor.org/stable/41476527?seq=1.

66 Fabio Pisani and Maria Cristina Scarafile, "Income Inequality and Social Capital: An Empirical Analysis for European Regions," University of Rome Tor Vergata, Società Italiana degli Economisti (Italian Society of Economists), https://siecon3-607788.c.cdn77.org/sites/siecon.org/files/media_wysiwyg/160-pisani-scarafile.pdf.

67 Susan Sontag, "Illness as Metaphor," *New York Review of Books*, January 26, 1978, https://www.nybooks.com/articles/1978/01/26/illness-as-metaphor/.

對另一場大瘟疫，屆時就得意識到，這個世界必須讓每個窮人和富人活得同樣安全又健康。我們應該要努力實現這樣的平等。自古至今，許多宗教經典和哲學著作都認為，也許不平等必然存在，但道德上人皆生而平等。美國獨立和法國大革命時也曾高舉這些理想。也許現在的二〇一九冠狀病毒正要求我們將之化為現實。

第8課

全球化沒有死

二〇二〇年三月三十一日凌晨，感染二〇一九冠狀病毒的魯伊斯（Liliana del Carmen Ruiz）病逝了。她是阿根廷西北部的小兒科醫師，才五十二歲，但可能因為有潛在疾病而更容易受感染。她沒有旅遊史，在檢驗確診感染二〇一九冠狀病毒疾病之前還被誤診為登革熱。她的父親是一名麵包師傅，母親是一名家務工。她得過癌症，在哥多華（Córdoba）獲得醫學學位，然後回到家鄉拉里奧哈省（La Rioja）工作。魯伊斯是該省已知的首位二〇一九冠狀病毒疾病患者，也是第一個死亡病例。[1]

事實上，在疫情大流行期間，全球有數以萬計的人悲慘的死去。我之所以特別提魯伊斯的故事，原因很簡單。在拉里奧哈省，離魯伊斯過世地點不遠的地方，若穿越地心到地球的另一面，[2] 正好就是中國的武漢，幾個月前第一個爆發疫情的地點。阿根廷偏遠內陸的一隅，竟然也受到了遠在一萬兩千英里之外的野生動物市場的影響。這是因為，我們所有人都是相連在一起的，而且不是由誰說了算。

瘟疫常常以某個特定的地點命名，但其實它們完全**不會**只局限在某一個區域。許多世紀以來都是如此，可以追溯到從中世紀絲綢之路的商隊和商船出現開始，特別是一百五十多年前蒸汽船和火車興起的時代。比如一八八九年至一八九〇年的「俄羅斯流感」（Russian flu）、一九一八年至一九一九年的「西班牙流感」、一九五七年至一九五八年的「亞洲流感」（Asian flu）、一九六八年至一九六九年的「香港流感」（Hong Kong flu）、二〇一二年的「中東呼吸症候群冠狀病毒感染症」（MERS），以及二〇一九年至二〇二〇年的「武漢病毒」（Wuhan virus）。人類素來喜歡貼外國標籤，這些外國名卻不是病毒真正的發源地，而且讓人忘記疾病最初發生的範圍比那更廣。人們總是急著將疾病視為從國外來的而以某個地方為名，但那個地方的人並不會跟著叫同一個名字。比如在西班牙，「西班牙流感」其實就只是流感而已。

一百多年來，人們一直在擔心疾病會因為世界變平而更容易傳播。過去人們說世界變平，在當代我們稱之為「全球化」。一八九〇年，流感跨出歐洲大陸，蔓延至英國。記者米勒（Florence Fenwick Miller）在倫敦一份報紙上寫道：「我們的火車及高效率

1 "The Story of the Pediatrician Who Died of Coronavirus in La Rioja," Web24 News, April 1, 2020, https://www.web24.news/u/2020/04/the-story-of-the-pediatrician-who-died-of-coronavirus-in-la-rioja.html; 以及二〇二〇年三月三十一日，拉里奧哈省衛生部長的推特發文：https://twitter.com/Minsaludlrj/status/1244962594496143366.

2 Antipode Map, https://www.antipodesmap.com/#about-antipodes, "Wuhan, China", 搜尋日期：二〇二〇年七月十日。

的郵政帶來便利的生活，但如今也讓我們付出代價，這些致命的病原體充滿活力的快速傳播。」[3]流感肆虐整個歐洲，十五歲的邱吉爾有感而發的為他的高中校刊寫了一首詩，描述疾病無情的從亞洲侵襲到西方：「它攀過了烏拉山／每一道柵欄和屏障都／無法讓它掉頭；／它慢慢襲來，誰也阻止不了／最先到來的是它恐怖的名聲／一天比一天更駭人。」[4]

如今，對疾病和全球化的擔憂很快讓人意識到：疫情大流行將讓原來緊密相連的世界分崩離析。某位專欄作家冷酷的預言，二〇一九冠狀病毒是「釘死全球化棺木的最後一根釘子」。[5]但真的是這樣嗎？幾十年來，人們一直在抗議全球化，警告說它即將滅亡。有許多書在抨擊它；政治性運動大部分的訴求都是在呼籲扭轉這個可怕的浪潮。但有人成功過嗎？真的有人有辦法做到嗎？卡拉貝爾（Zachary Karabell）在疫情爆發前幾週寫道，如果我們更仔細的研究數據，「我們只會一再以不同方式得出同一個結論：討厭全球化很簡單，把它當箭靶很方便，但要阻止它是不可能的事。」[6]

當前的反全球化論調都在說，因為所有人的生活和經濟全都糾葛在一起，使得我們沒辦法再掌握自己命運。特別是二〇一九冠狀病毒這樣的緊急情況衝擊了全球供應鏈，世界各地都面臨醫療用品嚴重短缺。如今一般會認為，有些東西必須在本地生產。

全球的經濟發展常常令人眼花撩亂，每當局面失控都會讓大家焦慮不安，但這種情況也不是第一次碰到了。[7] 一九六〇年代，時任英國首相威爾森（Harold Wilson）在面臨國際市場的壓力之下，發誓要抵制「蘇黎世侏儒」（gnomes of Zurich）。[8] 整個

---

3 Florence Fenwick Miller, 'The Ladies Column,' *Illustrated London News* 96 (1890), 154-55, 引用於 J. Mussell, "Writing the 'Great Proteus of Disease': Influenza, Informatics, and the Body in the Late Nineteenth Century," in *Minds, Bodies, Machines, 1790-1920*, edited by D. Coleman and H. Fraser (Basingstoke, UK: Palgrave Macmillan, 2011), 161-78, https://core.ac.uk/download/pdf/267268737.pdf

4 Winston Churchill, "The Influenza, 1890," National Churchill Museum, https://www.nationalchurchillmuseum.org/winston-churchill-the-influenza-poem.htm; 一八九〇年發表在哈羅公學（Harrow School）校刊 *The Harrovian*，目前收藏在邱吉爾檔案室：https://www-archives.chu.cam.ac.uk/perl/node?a=a;reference=CHUR%202%2F336.

5 Garry White, "Coronavirus Is the Canary in Globalisation's Coal Mine," *Telegraph*, March 6, 2020.

6 Zachary Karabell, "Will the Coronavirus Bring the End of Globalization? Don't Count on It," *Wall Street Journal*, March 20, 2020.

7 Adam Tooze, "The Death of Globalisation Has Been Announced Many Times. But This Is a Perfect Storm," *Guardian*, June 2, 2020.

8 這個詞的出現，是源自於威爾森在一九五六年的一次演講，在一九六〇年代英國對抗通膨時期開始流行起來，請見："Why Are Swiss Bankers Called Gnomes?", BBC News, February 25, 2010, http://news.bbc.co.uk/2/hi/uk_news/magazine/8534936.stm.

一九六〇年代，我們目睹了經濟危機的風暴從墨西哥席捲到東亞，再到俄羅斯。每個國家的人都聲稱自己過得很慘，因為紐約和倫敦那些地方的金融家冷酷無情的騙走了他們的錢。當市場讓你賺大錢時，你說這個報酬是你應得的；但當市場不再有利可圖，你就說這個遊戲被人操縱了。[9]

一九九九年，隨著貿易迅速擴張、網際網絡蓬勃發展，另一種反彈開始了——來自人民的強烈抵制。那一年，一位名叫喬瑟・波維（José Bové）的農夫組織了一群激進份子，聯手破壞了法國小鎮米約（Millau）一家正在興建的麥當勞分店。對波維來說，這個金色的拱門招牌就是那個橫掃全球的美式資本主義的象徵。一九九九年十二月，西雅圖有數以千計憤怒的示威者衝入了世界貿易組織（World Trade Organization）正在召開的會議。二〇〇一年九月十一日的恐怖攻擊，某種意義上也是開放世界引起的反彈。但這些危機並沒有減緩全球貿易發展的腳步。九一一事件後，各國開始對旅客和移民設下了一個又一個的檢查關卡和障礙，但在一陣低迷之後，人們很快又開始可以四處移動，而且人數愈來愈多。從二〇〇一年至二〇一八年，搭飛機的旅客增加了一倍多，從每年十七億增加到四十二億。[10]

二〇〇八年金融危機帶來的打擊更持久。美國和歐洲市場所遭受的衝擊也進一步波及了全世界，全球資本、商品和服務的流動都急遽減少，降幅達九%，甚至更多。[11] 隨著經濟慢慢復甦，這些流動非常緩慢的恢復了。[12] 然而，貿易[13]、資本流

---

9 例如參見巴格沃蒂（Jagdish Bhagwati）曾在BBC電臺與一位法國市長的辯論。這位市長對某家當地工廠遷往英國感到不滿。巴格沃蒂說：「當它來到你們的城市時，你們拍手叫好。現在他們要繼續逐利而居，你們就急得跳腳。你們不能魚與熊掌兼得。」引述巴格沃蒂：*In Defense of Globalization* (Oxford: Oxford University Press, 2007), afterword.

10 二〇〇〇年航空客運量為一六・七四億人次，二〇〇一年為一六・五五億人次，二〇〇四年為一八・八九億人次，二〇一八年為四二・三三億人次，請見："Air Transport, Passengers Carried," International Civil Aviation Organization, Civil Aviation Statistics, World Bank DataBank, https://data.worldbank.org/indicator/IS.AIR.PSGR.

11 二〇〇九年全球貿易萎縮九・九%，投資下降九%，請見：World Bank Report, "A Decade After the Global Recession: Lessons and Challenges for Emerging and Developed Economies," ed. M. Ayhan Kose and Franziska Ohnsorge, Chapter 3, "Macroeconomic Analysis," http://pubdocs.worldbank.org/en/799211574200483232/Recession-Chapter-3.pdf.

12 二〇一一年之後，全球貿易年成長率降至四・一%，二〇〇二年至二〇〇七年則是七・六%；資料來源同上。

13 二〇〇八年的貿易占全球GDP的三〇・七%，二〇一八年占三〇・一%，請見："Exports of Goods and Services (% of GDP)," World Bank DataBank, https://data.worldbank.org/indicator/NE.EXP.GNFS.ZS.

動[14]和外國直接投資（FDI）[15]從未回復到二〇〇八年的水準。

人們開始將這個危機歸咎於極度複雜且環環相扣的全球經濟。人們認為，當前的經濟利益犧牲了一般老百姓的勞動條件，為銀行家和投資者牟利。[16]由於利率調降至歷史新低，以及推動積極貨幣政策，景氣慢慢回溫，股票和其他金融資產也開始漲價，進一步拉大資本與勞工之間的不平等。英美等各個大國都選出了反對「全球主義」（globalism）的民粹政客，人們開始談論「去全球化」（deglobalization），[17]然後二〇一九冠狀病毒就來了。

追求獨立的動力

二〇一九冠狀病毒的爆發以及接踵而來的全國性外出限制，讓一些經濟指標出現有史以來最嚴重的下滑。二〇二〇年四月，與前一年相比，全球航空交通量下降了九四％，[18]歐盟新車註冊量減少了七六％，[19]美國的職缺裁減了兩千萬。到了五月，美國的失業率高達一四．七％，衝破歷史新高。[20]同時各國開始實施邊境管制和旅行限制，連原來彼此開放邊境的國家也不例外。歐盟公民在歐洲的申根區旅遊基本上不需要任何簽證也沒有限制，現在除了禁止幾乎所有外國訪客，有一段時間甚至連歐盟公民也無法自由移動。

---

14 二〇〇七年全球資本流動占世界ＧＤＰ的二二%，二〇一七年則占六．九%，請見：United Nations Conference on Trade and Development, Global Investment Report 2018, Box Figure I.1.1, "Global Capital Flows, 2002-2017 (Per cent of GDP)," 11, https://unctad.org/en/PublicationsLibrary/wir2018_en.pdf.

15 世界外商直接投資（World FDI）：二〇〇七年是三．二兆美元，二〇一五年是二．二兆美元，二〇一八年是七千七百億美元，請見："Foreign Direct Investment, Net Outflows," World Bank Data Bank, https://data.worldbank.org/indicator/BM.KLT.DINV.CD.WD.

16 參見如 Lawrence H. Summers, "The Inequality Puzzle," *Democracy: A Journal of Ideas*, no. 3 (Summer 2014).

17 關於「去全球化」請見：Ruchir Sharma, "Our Irrational Anxiety About 'Slow' Growth," *New York Times*, August 17, 2019.

18 比較二〇二〇年四月與二〇一九年四月的航空交通量。資料來自國際航空運輸協會（International Air Transport Association, IATA），該協會為代表兩百九十家航空公司的同業公會，占全球航空客運量的八二%，請見："After April Passenger Demand Trough, First Signals of Uptick," IATA, Press Release #49, June 3, 2020, https://www.iata.org/en/pressroom/pr/2020-06-03-01/.

19 "Passenger Car Registrations," European Automobile Manufacturers' Association, May 19, 2020, https://www.acea.be/press-releases/article/passenger-car-registrations-38.5-four-months-into-2020%E2%80%9376.3-in-april.

20 本段內容引用以及一四．七%這個失業率數據來自Nelson D. Schwartz, Ben Casselman, and Ella Koeze, "How Bad Is Unemployment? 'Literally off the Charts,'" *New York Times*, May 8, 2020.

此外，人們開始深切注意到自己的醫療用品仰賴海外生產商的問題。例如美國人服用的藥物，每三顆藥就有一顆是印度生產的學名藥，[21]而印度本身則有三分之二的藥物成分來自中國。在二〇二〇年三月中旬疫情最嚴重之際，全球貿易陷入緊縮與停滯。由於航班大大減少，跨太平洋運輸貨物的每磅成本變成原來的三倍。[22]出於安全的需求，從歐盟、日本到印度，許多國家的政府宣布他們將致力追求自給自足，或者至少將全球供應鏈體系變得更有彈性。[23]連昔日堅定的全球主義者，也突然開始談論「製造業回流」（reshoring）。法國總統馬克宏（Emmanuel Macron）在一次全國演說中哀嘆法國「對其他大洲太過依賴」，並且宣布疫情後的新目標是在技術和製造業方面實現「法國的獨立自主」。[24]幾週後，忠貞的國際主義者拜登（Joe Biden）推出了四千億美元的「購買美國產品」（Buy American）計畫。[25]過去四十年來，商品、服務、資金和人員的自由流動改變了整個世界，現在局勢似乎將被一股慢慢聚攏的力量給逆轉。

這個逆轉有可能成功嗎？由於目前還沒有更近期的數據，所以我們先來看一些二〇一九冠狀病毒爆發之前的狀況。出口占全球經濟多少百分比是一個常用來衡量全球化的指標。二〇〇八年之後，這個指數大幅下跌，雖然後來有所回升，但二〇一八年仍只有三〇．一％，略低於二〇〇八年的最高點三〇．八％。[26]但是二十年前的

21 Priyali Sur, "The Coronavirus Exposed the US' Reliance on India for Generic Drugs. But That Supply Chain Is Ultimately Controlled by China," CNN Business, May 16, 2020, https://www.cnn.com/2020/05/16/business-india/india-pharma-us-china-supply-china-intl-hnk/index.html.

22 Keith Bradsher and Ana Swanson, "The U.S. Needs China's Masks, as Acrimony Grows," *New York Times*, March 23, 2020.

23 參見例如 European Commission, "Coronavirus: Commission Issues Guidelines to Protect Critical European Assets and Technology in Current Crisis," March 25, 2020, https://trade.ec.europa.eu/doclib/press/index.cfm?id=2124; 日本： Walter Sim, "Coronavirus: Japan PM Shinzo Abe Calls on Firms to Cut Supply Chain Reliance on China," *Straits Times*, April 16, 2020; 以及印度： Bill Spindle and Rajesh Roy, "India's Coronavirus Crisis Spurs a New Look at Self-Reliance," *Wall Street Journal*, May 17, 2020.

24 Emmanuel Macron, "Addresse aux Français," June14, 2020, https://www.elysee.fr/emmanuel-macron/2020/06/14/adresse-aux-francais-14-juin-2020.

25 "The Biden Plan to Ensure the Future Is "Made in All of America" by All of America's Workers," Joe Biden for President, https://joebiden.com/madeinamerica/.

26 "Exports of Goods and Services (% of GDP)," World Bank DataBank, https://data.worldbank.org/indicator/NE.EXP.GNFS.ZS

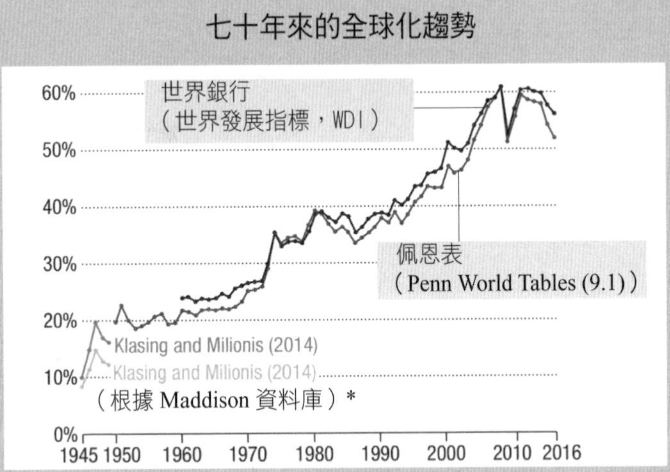

「貿易開放指數」（trade openness index）衡量的是所有進出口占全球經濟總量的比例，Y 軸表示 GDP 的百分比。

＊譯注：Maddison Project Database 是著名的國別比較資料庫，比較歷來的經濟數據如 GDP、人均 GDP、勞動生產率。

二〇〇〇年是多少呢？答案是二六%。那麼三十年前的一九九〇年呢？一九%。不然來看看外國直接投資的數值好了，二〇一六年資金流入達二・七兆美元。[27]二〇〇〇年才只有一・六兆美元，一九九〇年則只有兩千四百億美元。一九九八年，航空旅行及相關旅遊為全球GDP貢獻了一・四兆美元，到了二〇一六年更是翻了一倍。[28]換句話說，自一九九〇年代以來，幾乎所有的衡量標準都顯示全球化正在飛速前進，過去幾年雖然有倒退一些，但這並非去全球化，而只是停滯罷了。

總的來說，全球經濟仍緊密相連。「貿易開放指數」（trade openness index）是最廣泛的衡量標準，它衡量所有進出口在世界經濟總量中所占的比例，二〇〇七年是六一%，下降至二〇一六年的五四%。但從歷年來的資料來看，一九四五年貿易開放

---

27 "Foreign Direct Investment, Net Inflows," World Bank DataBank, https://data.worldbank.org/indicator/BX.KLT.DINV.CD.WD.

28 變成大約二・七兆美元，請見："Aviation Benefits Report 2019," Industry High Level Group / International Coordinating Council of Aerospace Industries Associations, 17, https://www.icao.int/sustainability/Documents/AVIATION-BENEFITS-2019-web.pdf.

度大概是一〇%，自那之後你可以看到全球化程度不斷向上成長。[29] 二〇〇八年之後雖然有些退步，但幅度不大，只是長期趨勢中的一個小顛簸。

短期來說，二〇一九冠狀病毒疫情和外出限制確實抑制了所有國內和國際的經濟活動，這大概會慢慢讓世界脫離全球化。但是一旦治療方法或疫苗問世，經濟指標的改善速度也可能與原本惡化的速度一樣快。不過目前長期影響尚未有定論，反對全球化的聳動言論也還未轉化成同樣極端的政策。幾乎沒有國家為因應疫情而實施重大的新關稅，也沒有任何國家計畫這麼做。因為設立貿易壁壘沒有太大意義，大多數國家都在尋找最有效的方式來拚經濟，設立壁壘肯定會阻礙經濟復甦。

川普政府背叛了美國促進自由貿易的悠久傳統，讓美國每個家庭額外支出大約一千三百美元的稅金，卻幾乎什麼都沒有得到，[30] 只能眼睜睜看著世界其他地方繼續加強互助合作。過去幾年，我們看到修訂後美國卻退出的《跨太平洋夥伴協定》（Trans-Pacific Partnership）、《加拿大—歐洲貿易協定》、《日本—歐盟經濟夥伴協定》，以及非洲大陸自由貿易區（African Continental Free Trade Area）。自二〇〇八年以來，各國確實已經實施了數百項新的小型保護主義措施或關稅，但淨影響有限。在一九六七年自由化達顛峰之前，一九六〇年代工業化國家的關稅率平均是一五%。[31] 到了二〇一七年，即使加上那些歷來對貿易抱持懷疑態度的發展中國家，全球的關稅率平均也已降至不到三%，[32]或許之後會上升至四%，跟之前的大幅邁進相比，也只能說是後

---

29 "Globalization over 5 Centuries," Our World in Data, "Globalization over 5 Centuries, World," Our World in Data, https://ourworldindata.org/grapher/globalization-over-5-centuries?time=1945..2016. 資料來自 Mariko J. Klasing and P. Milionis, "Quantifying the Evolution of World Trade, 1870-1949," *Journal of International Economics* 92, no. 1 (2014): 185-97; A. Estevadeordal, B. Frantz, and A. Taylor, "The Rise and Fall of World Trade, 1870-1939," *Quarterly Journal of Economics* 118, no. 2 (2003): 359-407, 取自 https://www.jstor.org/stable/25053910; 世界銀行—世界發展指標（World Development Indicators, WDI）、http://data.worldbank.org/data-catalog/world-development-indicators; Robert C. Feenstra, Robert Inklaar, and Marcel P. Timmer, "The Next Generation of the Penn World Table," *American Economic Review* 105, no. 10 (2015): 3150-82, 下載自 www.ggdc.net/pwt.

30 根據美國國會預算局（Congressional Budget Office）的一項研究，川普徵收的關稅將讓二〇二〇年的美國家庭平均收入減少一千兩百七十七美元，請見："The Budget and Economic Outlook, 2020 to 2030," "Trade Policies," Congressional Budget Office, January 2020, https://www.cbo.gov/publication/56073.

31 Organisation for Economic Co-operation and Development (OECD), "Tariff Escalation & Environment" (Paris, 1996), 15, citing UNCTAD (1968), "The Kennedy Round: Estimated Effects on Tariff Barriers," TD/6/Rev. 1, United Nations, New York, http://www.oecd.org/officialdocuments/publicdisplaydocumentpdf/?cote=OCDE/GD(96)171&docLanguage=En.

32 二〇一七年全球關稅平均是二・五九%，請見："Tariff Rate, Applied, Weighted Mean, All Products (%),"

退了一兩步而已。

在應對二〇一九冠狀病毒疫情方面，美國、印度與法國在內的幾個國家，皆有人提到關鍵醫療產品不能仰賴外國進口。[33]但西方國家目前許多短缺的商品並非複雜的機械或藥品，而是製作口罩和棉花棒之類的簡單設備。這些基本生活用品通常是在低收入國家中生產，把它們大規模的搬回來自己生產將會變得非常昂貴。下一個遇到的緊急狀況若是氣候災難，那將需要完全不同的應急物資。即使又是流行病，也可能不是現在的呼吸道病毒，而需要另一套專門的防疫設備。政府是否應該要預測到所有可能出現的情況，並為數十種產業提供補貼，來因應下一次面臨衝擊時可能出現的物資短缺？這個問題很可能會徹底改變資本主義。

如果政府購買並儲備大量的醫療用品，定期補充過期的藥品，這樣供應問題可能很容易解決，因為短缺通常是短期的，大都發生在危機來襲的當下，之後私營企業會為了滿足需求而加速生產。二〇一九冠狀病毒大流行期間就是這個樣子。幾個月來，全球口罩短缺到令人絕望，促使許多國家禁止出口防護設備。[34]印度也這麼做，在接下來幾個月，印度製造商將N95口罩的生產量提高到疫情之前的五十七倍；[35]到了七月，許多地方反而變成供應過剩。中國的口罩批發價格跌了九〇%。[36]

與其施行「回流」政策，更重要的應該是建立一種類似戰備儲油（strategic petroleum reserve）的「戰略醫療儲備」（strategic medical reserve）。美國確實有這樣的儲備，但數量有限而且經常被忽視。在二〇〇九年 H1N1 流感爆發之後，醫療用品供

World Bank DataBank, https://data.worldbank.org/indicator/TM.TAX.MRCH.WM.AR.ZS.

33 美國：「川普總統的經濟顧問納瓦羅（Peter Navarro）表示：『我們再也不應該依賴世界其他國家提供基本藥物和相關對策。』」請見：Sur, "The Coronavirus Exposed the US' Reliance on India for Generic Drugs. But That Supply Chain Is Ultimately Controlled by China"; 印度：Vindu Goel, "As Coronavirus Disrupts Factories, India Curbs Exports of Key Drugs," *New York Times*, March 6, 2020; 法國：Rym Momtaz, "Macron Urges Massive Increase in Local Production of Medical Equipment," *Politico*, March 31, 2020.

34 美國的狀況請見：Farhad Manjoo, "How the World's Richest Country Ran Out of a 75-Cent Face Mask," *New York Times*, March 25, 2020; K Oanh Ha, "The Global Mask Shortage May Get Much Worse," Bloomberg, March 10, 2020.

35 Viswanath Pill, "Rising Inventory, Falling Prices Spook PPEs, Sanitizer Makers Who Jumped into COVID-19 Bandwagon," Moneycontrol.com, 引述印度醫材工業協會（Association of Indian Medical Device Industry, AiMeD），https://www.moneycontrol.com/news/business/companies/rising-inventory-falling-prices-spook-ppes-santizer-makers-who-jumped-into-covid-19-bandwagon-5547681.html.

36 Heather Mowbray, "Trending in China: Wholesale Mask Prices Fall over 90% and Raw Materials Fall to Fraction of Peak Price," *Caixin Global*, July 15, 2020.

應從未得到足量的補充。[37]許多防疫良好的亞洲國家，從之前的SARS和MERS疫情中記取教訓，確實建立了大量的關鍵設備儲備。未來有很大機率會再次發生災難，因此各國必須要好好研究哪些是必備的關鍵物資和設備，並且建立儲備中心。企業也應該思考如何在緊急情況下保持彈性，例如自己也儲備一些物資和材料。這些做法可能都比讓整個產業持續保持運作來得便宜，因為必需品的短缺危機可能每十年才遇到一次，每一次可能持續幾個月。

無論對外的說詞為何，許多國家真正擔心的不再是仰賴外國的問題，更多是害怕自己太仰賴中國。這種擔心大量產品供應集中在單一國家的問題，早在疫情爆發之前就存在了，尤其某個國家生產的某些消費品占了全球生產的七〇％至八〇％。[38]事實上，川普政府一直想與中國脫鉤，這次正利用二〇一九冠狀病毒疫情，努力往與中國脫鉤的方向前進。一些歐洲國家也在這麼做。這些動作不僅是希望供應鏈能變得多元，也是希望阻止中國利用市場力量實現地緣政治目的。然而要擺脫對中國供應商的依賴，讓供應鏈多元化，最簡單的方法就是將工廠轉移到其他生產成本低且無須擔心大國政治的地區，例如越南、孟加拉或羅馬尼亞。由於中國晉身中等收入國家，勞動力成本也跟著上漲，這波轉移潮一直從未削減。事實上這場疫情的長期受益者很可能是墨西哥，墨西哥對美國企業來說是個理想地點，不僅離家近，勞動力也很廉價。無論這些移轉的理由多麼冠冕堂皇，有些甚至是正當的，都不表示全球化將走向終點，只是顯示了貿易和跨境投資領域正在重新組織。

一些工廠將搬回國內，日本、歐盟等多國政府都制定了獎勵措施，鼓勵企業回國內生產。[39]川普政府鼓勵美國大型企業回國的其中一項措施，就是提供美國出口商減免稅額的優惠。[40]但即使有這樣的獎勵措施，要重建國內的製造產線也會相當緩慢，過程中還會碰到世上最大的阻力：每個國家的比較利益各自不同。全球化之所以發展蓬勃，就是因為不同國家各自在不同領域具備優勢。先進國家不適合生產日常消費品，

---

37 Sarah Fitzpatrick, "Why the Strategic National Stockpile Isn't Meant to Solve a Crisis Like Coronavirus," NBC News, March 28, 2020.

38 "Made In China?," *Economist*, March 12, 2015.

39 歐盟：Flavia Rotondi, Piotr Skolimowski, Jeannette Neumann, and Joao Lima, "Europe Finds It's Not So Easy to Say Goodbye to Low-Cost China," Bloomberg, June 29, 2020; 日本：Isabel Reynolds and Emi Urabe, "Japan to Fund Firms to Shift Production out of China," Bloomberg, April 8, 2020.

40 "Companies Get Leniency in Made-in-America Export Tax Break," Bloomberg, March 4, 2019.

所以自一九五〇年代和一九六〇年代以來，大多數先進國家的製造業工作機會急遽減少。[41] Levi's 的鑲邊牛仔褲售價約為一百三十美元，如果是「美國製造」的話，同樣的褲子要價三百五十美元。[42]

儘管川普給過美國藍領工人承諾，並徵收了自臭名昭彰的《斯姆特－霍利關稅法》（Smoot-Hawley Tariff）以來最廣泛的關稅，[43] 但在他的治理下，美國製造業的職缺數量並沒有起色，依然比一九八〇年少了一半以上，而且很可能會繼續停滯下去。[44] 二〇一九冠狀病毒大流行期間，美國服飾品牌 Brooks Brothers 宣布關閉國內三家工廠。執行長宣稱，它們過去一直奉行「美國製造」的理念，但現在政府的鼓勵措施並不足以讓它們度過財務危機，在這段經濟低迷的時期，公司再也負擔不起虧本生意。[45]（事實上，這家公司很快就申請破產，在我寫這篇文章的時候，它正在找人把自己買下來。）

面臨類似困境的還有蘋果公司。二〇一二年，蘋果的執行長庫克在電視新聞的黃金

41 美國的數據參閱美國聖路易聯準銀行（St. Louis Fed），https://www.stlouisfed.org/on-the-economy/2017/april/us-manufacturing-really-declining; 其他已開發國家自一九六〇年代開始下降，請見：Our World in Data, https://ourworldindata.org/grapher/share-of-manufacturing-employment-in-high-income-countries-1960-2011.

42 Dana Varinsky, "Here's What 5 of Your Favorite Products Would Cost if They Were Made in the US," *Business Insider*, November 27, 2016, https://www.businessinsider.com/how-much-products-would-cost-if-made-in-us-2016-11#jeans-2.

43 Chad P. Bown and Eva (Yiwen) Zhang, "Trump's 2019 Protection Could Push China Back to Smoot-Hawley Tariff Levels," Peterson Institute of International Economics, May 14, 2019, https://www.piie.com/blogs/trade-and-investment-policy-watch/trumps-2019-protection-could-push-china-back-smoot-hawley.

44 若把二〇一九冠狀病毒疫情前後的突然波動排除，單就製造業職缺而言，其在川普任內增加了五十萬，但是在總就業人數所占的比例並沒有變化：二〇一七年一月占了八．四九%，二〇一九年二月最高至八．五五%，二〇二〇年一月則降至八．四四%。相比之下，小布希執政期間，製造業職缺則下降了三．五個百分點。數據來自 US Bureau of Labor Statistics, All Employees, Manufacturing [MANEMP], 取自 FRED, Federal Reserve Bank of St. Louis; https://fred.stlouisfed.org/series/MANEMP, July 15, 2020.

回顧歷史數據，聖路易聯準銀行顯示：

一九八〇年：一千九百萬個製造業職缺

二〇〇〇年：一千七百萬個

二〇一〇年：一千一百五十萬個

二〇二〇年一月：一千兩百八十萬個

二〇二〇年五月：一千一百七十萬個

Ronnie Polidoro, "Apple CEO Tim Cook Announces Plans to Manufacture Mac Computers in USA," NBC News, December 6, 2012.

45 Brooks Brothers 的執行長克韋基奧（Claudio Del Vecchio）接受《紐約時報》的採訪，請見：Vanessa Friedman and Sapna Maheshwari, "Brooks Bros., 'Made in America' Since 1818, May Soon Need a New Calling Card," *New York Times*, June 5, 2020.

時段自豪的宣布，蘋果的新電腦將在美國製造。這是蘋果多年來第一次在產品包裝上寫著「美國組裝」。但在德州奧斯丁（Austin）製造蘋果電腦的過程比預期來得艱困，電腦的銷售日也延宕了好幾個月。結果由於美國製造商無法生產足夠多的特殊規格螺絲釘，到頭來蘋果公司還是得向中國訂購。[46]更大的問題在於，中國專精於製造電腦之類的科技零件，美國卻不是。二〇一七年，庫克曾說：「在美國，你可以把模具工程師找來開會，但我不保證可以填滿一個房間；在中國卻可能填滿好幾座足球場。」[47]如今，在美中貿易戰和二〇一九冠狀病毒大流行期間，蘋果將再次嘗試把部分製造業務從中國轉移到越南和印度。[48]

這裡一切討論都聚焦在實體商品上，實體商品對先進經濟體來說確實很重要，但是這個重要性也在下降。在大多數現代經濟體中，服務業的職缺比製造業的職缺還多。服務業貢獻了美國GDP的七〇%，[49]每五個職缺就有四個是服務業。[50]人們對德國人卓越的製造力讚不絕口，但事實上，即使在德國，七〇%的經濟產出[51]和職缺[52]仍是在服務業。法國的製造業占全國GDP不到一〇%。[53]今日的先進經濟體，幾乎都是以服務業為主。諷刺的是，我們仍然稱世界上最先進的經濟體為「工業化國家」，它們實際上都要算是**後**工業化國家。服務業很難出口，因為像餐旅業這樣的許多服務業，

46 Jack Nicas, "A Tiny Screw Shows Why iPhones Won't Be 'Assembled in U.S.A.,'" *New York Times*, January 28, 2019.

47 同上。

48 Yoko Kubota and Tripp Mickle, "Apple Explores Moving Some Production out of China," *Wall Street Journal*, June 20, 2019; and India: Kim Lyons, "Apple Starts Making First Flagship iPhone in India," *Verge*, July 25, 2020.

49 截至二〇一九年第四季是七〇・四%。US Bureau of Economic Analysis, "Value Added by Private Services-Producing Industries as a Percentage of GDP," 取自：FRED, Federal Reserve Bank of St. Louis, June 18, 2020, https://fred.stlouisfed.org/series/VAPGDPSPI.

50 美國有八〇・二%的工作是服務業，請見：US Bureau of Labor Statistics, "Employment by Major Industry Sector," Table 2.1, September 4, 2019, https://www.bls.gov/emp/tables/employment-by-major-industry-sector.htm.

51 服務業占德國GDP的六九・三%，請見：Bruttoinlandsprodukt für Deutschland 2019 (Gross Domestic Product for Germany 2019), Federal Statistical Office of Germany (Statistisches Bundesamt), 11, https://www.destatis.de/DE/Presse/Pressekonferenzen/2020/BIP2019/pressebroschuere-bip.pdf?__blob=publicationFile.

52 德國有七四・五%的工作是服務業，請見："Persons in Employment and Employees by Sectors of Economic Activity," Federal Statistical Office of Germany (Statistisches Bundesamt), May 19, 2020, https://www.destatis.de/EN/Themes/Labour/Labour-Market/Employment/Tables/persons-employment-sectors-economic.html.

53 "Manufacturing, Value Added (% of GDP) — France," World Bank DataBank, https://data.worldbank.org/indicator/NV.IND.MANF.ZS?locations=FR. 請注意，世界銀行對製造業的定義不包含建築業。若把建築業算在內，所有產業產值占法國GDP的一七%，資料同樣來自世界銀行：http://wdi.worldbank.org/table/4.2.

注定要由當地人來做。至於像法律和會計這類服務業，則都必須遵守各國不同的監理規範。在許多地方，醫療照護都是成長最快速的服務業，而這既需要當地勞工，也受到嚴密監理。不過，像銀行、諮詢這類服務業，則都在想方設法進軍國際開疆拓土。

近年來，全球經濟最大的轉變是數位經濟的崛起，這種產業本身就是全球性的。影音、電子郵件和資料共享也在不斷進步。軟體逐漸「侵蝕」硬體，數位產品和實體產品的界線愈來愈模糊。你在紐約拍的X光，可能會交給位於孟買的人遠端操控位於新加坡的主機來分析。你在巴黎叫Uber，司機開著普銳斯油電混合電動車（Prius）來載你，請問這時候你付的車錢是給這位開日本車的法國勞工，還是給那套加州製作的智慧網絡？世界各地的公司都在像亞馬遜、臉書及阿里巴巴這樣的平臺上銷售自己的產品，並利用數位工具來加強管理生產、銷售和配送工作。數位經濟可說是正方興未艾。據思科系統（Cisco）的計算，從二〇〇五年至二〇一六年，跨境頻寬的使用增長了九十倍，預計到二〇二三年還會再增長十三倍。[54] 數位產品儘管起步得晚，但已在許多產業占據主導地位。大多數線上服務都一直無聲無息的跨國運作著。* 所以經濟學者隆德（Susan Lund）和泰森（Laura Tyson）認為，全球化實際上並沒有倒退，只不過改變了形式。

全球化走向數位化的同時，亞洲這樣的新興市場也將傳統模式發展出新面貌。正如隆德和泰森所言，「世界上至少有一半的國際貿易貨品，生產過程中至少涉及一個發展中國家，而發展中國家之間的貨物貿易，即所謂的南南貿易（South-South trade），

＊在這個無國界的數位世界，中國是一個很大的例外，它將自己的網際網絡與外部企業區隔開來。但是其他國家並沒有效仿中國的做法，畢竟很少有國家具備它那樣的規模。也就是說，在某些領域，我們有兩種數位世界，一種是中國，一種是其他國家。

54 Christine Lagarde, “Creating a Better Global Trade System,” IMF, May 14, 2018, https://www.imf.org/en/News/Articles/2018/05/14/sp-lagarde-creating-a-better-global-trade-system. 另可參閱麥肯錫全球研究院：自二〇〇五年至二〇一七年，跨境數據流量增加了一百五十倍。McKinsey Global Institute, “Globalization in Transition: The Future of Trade and Value Chains,” January 2019, 72, https://www.mckinsey.com/~/media/mckinsey/featured%20insights/innovation/globalization%20in%20transition%20the%20future%20of%20trade%20and%20value%20chains/mgi-globalization%20in%20transition-the-future-of-trade-and-value-chains-full-report.ashx.

從二〇〇〇年占全球貿易總額的七％上升到二〇一六年的一八％。」[55]這些新興市場正在開放貿易，而非關閉貿易。從一九九〇年至二〇一六年，亞洲貿易占全球貿易的比重從二四％上升至三四％，同時期，貿易占亞洲GDP總額從原來不到三五％，成長至超過五五％。[56]中國向亞洲、非洲、拉丁美洲甚至歐洲提供了大規模基礎建設投資計畫，稱之為「一帶一路」。這個計畫其實具有重商主義色彩，甚至可能帶有帝國殖民意圖，但它仍然大規模擴張了外貿與投資。光是二〇一四年至二〇一七年之間，中國就向參與一帶一路的國家提供了一千兩百億美元的貸款來建設基礎設施。[57]

自一九四五年以來，美國一直引領著全球貿易走向更開放、更自由的境界。川普卻打破了這項傳統。但是即使沒有美國的領導，從東亞到非洲等其他國家仍會繼續尋找更多元的貿易和交流方式。如果你想提高本國國民的生活水準，就必須從其他國家那邊買到更便宜的商品，然後把更貴的東西賣給其他國家。但川普卻在二〇一七年一月宣布退出《跨太平洋夥伴協定》，其他參與該協定的國家如今皆緩緩上路，後續的貿易協定現在也已生效，成員國人口規模總計約四億九千五百萬人，占世界經濟總量的一五％。[58]美國在退出之後，暫且因為擁有足夠大的國內市場而得以自給自足，但成本勢必提高、經濟效率勢必下降。但其他大多數的國家可沒有這種本錢，不增加貿易就無路可走。

全球化的未來？

人類從不想停滯不前。數萬年來，世界的生活方式就是不斷移動。如果我們把人類

---

55 Susan Lund and Laura Tyson, "Globalization Is Not in Retreat: Digital Technology and the Future of Trade," *Foreign Affairs*, May/June 2018.

56 Organisation for Economic Co-operation and Development (OECD) Report: "Perspectives on Global Development 2019: Rethinking Development Strategies," November 2018, Figure 4.9, 164, http://obela.org/system/files/persp_glob_dev-2019-en.pdf.

57 Benn Steil and Benjamin Della Rocca, "Belt and Road Tracker," Council on Foreign Relations, Greenberg Center for Geoeconomic Studies, May 8, 2019, 搜尋日期：二〇二〇年七月十三日，https://www.cfr.org/article/belt-and-road-tracker.

58 "Overview and Benefits of the CPTPP," Government of Canada, February 11, 2019, https://www.international.gc.ca/trade-commerce/trade-agreements-accords-commerciaux/agr-acc/cptpp-ptpgp/overview-apercu.aspx.

移動視為全球化，那麼全球化從六萬至九萬年前第一批人類遷徙出非洲就開始了，因為當時乾旱和饑荒（也或許有疾病）日趨嚴重，這群人必須尋找新的居住地。[59] 中間幾千年來，漫長的全球化腳步持續加快，也歷經了多次的戰爭和瘟疫。[60] 波斯（Persian）、羅馬、印加（Incan）、馬利（Mali）、蒙古（Mongol）、鄂圖曼（Ottoman）等帝國崛起，它們擴大了貿易路線，發現了新的邊界，也促進了民族的融合。

傑出的學者亞當·斯密（Adam Smith）更進一步精準點出現代全球化出現的兩個重要時間點：一四九二年，哥倫布「發現了」美洲；一四九八年，達伽瑪（Vasco da Gama）繞著非洲找到了抵達亞洲的新航線。斯密稱這是「人類歷史上最偉大、最重要的兩起事件」。[61] 為什麼這麼說呢？因為這兩起事件都顯示全球經濟大規模擴張，增加了數以百萬計的新消費者和生產者。他解釋道：「歐洲那些鄰近大西洋、波羅的海、地中海的地區只占全世界的一小部分。如今歐洲商業城鎮已經不只為這些地方製造產品、輸送貨物，更將許多耕耘機賣到美國，同時也運送許多亞洲、非洲、美洲國家的貨物，有時候還會把貨賣到這些地方。」[62] 斯密寫作的時代，農業仍是幾乎所有國家的經濟命脈，但他也預見了全球市場的擴大，將使農業在貿易和製造業穩定擴大時逐漸沒落。他預測，城市和鄉鎮將取代農村，創造出最大量的經濟產值。

工業革命之後，貿易發展盛況空前。糖、酒、菸草和鱈魚源源不絕送往世界各地。（全球化甚至涉及了殘酷可怕的奴隸貿易，數百年來，奴隸為製糖和菸草等產業提供免費勞動力。）但直到十九世紀早期，繁榮的商品貿易才從根本上改善了整體生活水準。歷史學家歐魯克（Kevin O'Rourke）與威廉森（Jeffrey Williamson）認為，全球化的「大爆發」（big bang）始於一八二〇年代的運輸價格暴跌，而後持續了整個十九世

---

59 Cassandra Love, "In Their Footsteps: Human Migration out of Africa," *National Geographic*, January 18, 2019, https://www.nationalgeographic.org/article/their-footsteps-human-migration-out-africa/.

60 最近一項研究將全球化出現的時間標得比大多數資料都還要早，認為全球化主要發生在非洲－歐亞大陸的舊大陸，但也包括北歐遠征冰島，格陵蘭和加拿大。請見：Valerie Hansen, *The Year 1000: When Explorers Connected the World and Globalization Began* (New York: Scribner, 2020).

61 Adam Smith, *The Wealth of Nations*, Volume II, Chap. VII, Part III, "Of the Advantages which Europe has derived From the Discovery of America, and from that of a Passage to the East Indies by the Cape of Good Hope," referenced in Kevin H. O'Rourke and Jeffrey G. Williamson, "When Did Globalization Begin?," *European Review of Economic History* 6, no. 1 (April 2002): 23-50, https://doi.org/10.1017/ S1361491602000023, building on the work of J. D. Tracy (1990), "Introduction," in *The Rise of Merchant Empires*, edited by J. D. Tracy (Cambridge: Cambridge University Press, 1990), 3.

62 Smith, *Wealth of Nations*, "Of the Advantages which Europe has derived."

紀。[63]他們指出，一八八二年至一九一四年間，從緬甸的大光（Rangoon；今日的仰光）運輸大米到歐洲的成本下降了四分之三。上海與長崎之間的煤炭運輸也是如此。[64]僅僅在三十年的時間裡，世界船運的噸位幾乎增加了兩倍。[65]全世界的產品價格也開始漸漸趨近。隨著全球化而來的影響，是那些進入這個更大的新市場的國家，收入皆廣泛提高。[66]

我們現在這個時代，同樣發生了戲劇化的改變，由於快速網路連結的興起，造成通訊成本大幅下降。我大學時，因為電話費太貴了，我必須精打細算並且留意時間，所以打電話給我在印度的媽媽只能講三分鐘。今天，我女兒可以用 Face-Time 與遠在新加坡的朋友視訊通話，講上五個小時也不用花一毛錢。對使用者來說，通訊成本下降了，但其實對許多數位商品和服務來說，運輸成本基本上是零，它推動了全球化第二次大爆發，打造出我們現在生活的這個世界。

當今全球化的趨勢與過去的版本大相逕庭。投資流向世界各地；商品分別在不同國家製造，然後又在不同國家行銷、販賣、提供服務。有時一件產品會在不同國家來回五、六次。資訊瞬間就可以傳遍全世界。這一切的背後是人口的不斷流動，每年有五百萬名國際學生、[67]二・七億名移民、[68]十五億名旅客。[69]這個局勢還有辦法翻轉

嗎？或許成長會趨緩或倒退，但是讓全球化不斷向前進的結構性力量很多，要全面翻

63 O'Rourke and Williamson, "When Did Globalization Begin?"

64 同上，"IV. The Second Era: 19th Century Transport Revolutions and Commodity Price Convergence."

65 Eric Hobsbawm, *Age of Empire: 1875-1914* (New York: Vintage Books, 1987), 350, citing Mulhall, *Dictionary of Statistics* (London, 1881) and *League of Nations International Statistical Yearbook 1913*, Table 76.

66 Our World in Data, "GDP Per Capita, 1870 to 1914," https://ourworldindata.org/grapher/average-real-gdp-per-capita-across-countries-and-regions?time=1870..1914. 對最全球化的地區，像是西歐和「西方邊陲國家」（Western Offshoots，例如美國，加拿大，澳洲，紐西蘭等）來說，第一波全球化浪潮期間人均ＧＤＰ成長了一倍以上。資料來自：Maddison Project Database, version 2018. Jutta Bolt, Robert Inklaar, Herman de Jong, and Jan Luiten van Zanden, "Rebasing 'Maddison': New Income Comparisons and the Shape of Long-Run Economic Development," Maddison Project Working Paper 10 (2018).

67 UNESCO, "Outbound Internationally Mobile Students by Host Region," accessed June 18, 2020, http://data.uis.unesco.org/Index.aspx?queryid=172.

68 United Nations Department of Economic and Social Affairs, "The Number of International Migrants Reaches 272 Million, Continuing an Upward Trend in All World Regions," https://www.un.org/development/desa/en/news/population/international-migrant-stock-2019.html.

69 UN World Tourism Organization, "World Tourism Barometer," January 2020, https://www.unwto.org/world-tourism-barometer-n18-january-2020.

轉會需要大範圍的鬆綁，而且可能會帶來巨大的後果。然而，現代歷史上確實曾經鬆綁過一次，而且很可能再次發生。

二十世紀初是全球一體化最後一個偉大時代。全世界基本上彼此相安無事。電報、電話、無線電、火車、輪船、汽車和電燈等技術革命，讓這個時代進步神速。貿易也膨脹到前所未有的程度。經濟學家凱因斯觀察到人們漸漸對昔日一度難以想像的便利習以為常，他寫過一段話形容當年的繁華時代：「倫敦的居民早晨時可以一邊在床上喝茶、一邊用電話訂購商品，買到世界各地任何他們想要的商品，並期待明天商品就會抵達自家門口。」[70]人們旅行的時候不需要護照，以前所未有的方式跨越國境。無數的移民踏上美國、加拿大、澳洲這些新土地。自一八七〇年至一九一四年，住在國外的勞工增加了五倍。[71]到了一九一四年，美國大約一五％的人口是移民，歷經一個世紀的增增減減，現在又漸漸回到這個比例。

凱因斯的同鄉布萊斯子爵（Lord Bryce）是這個時代敏銳的觀察者，他一九〇二年時宣稱：「全人類因為經濟的關係，正迅速成為一個民族。」[72]十年之後，英國經濟學家安傑爾（Norman Angell）出版了暢銷書《大幻覺》（*The Great Illusion*），[73]他認為歐洲主要國家變得緊密相依，發動戰爭是一件愚不可及的事。擾亂全球貿易，讓你的敵人或貿易夥伴陷入困境，即使是打贏了戰爭，所付出的代價也遠超過因勝利而獲得的經濟利益。他寫道：「好戰的國家統治不了世界，只會顯露出人性的卑劣面而已。」

安傑爾是對的，戰爭代價高昂，而且適得其反，但歐洲還是義無反顧投入戰爭。四年的腥風血雨之後，兩千萬人死於非命，歐洲唇齒相依的經濟也陷入一片廢墟。俄羅斯、奧匈帝國、鄂圖曼和德國這四大多民族帝國已然崩潰。戰爭掀起了經濟和政治旋風，把共產主義吹進了俄羅斯，又把法西斯主義送進德國和義大利。接著是經濟大蕭條和另一場更血腥的世界大戰。從許多方面來看，全球貿易和旅行用了大約一甲子的

70 John Maynard Keynes, *The Economic Consequences of the Peace* (1920), Chapter II: "Europe Before the War."

71 Maurice Obstfeld, "Globalization and Nationalism: Retrospect and Prospect," University of California, Berkeley; Peterson Institute; CEPR; and NBER Italian Economic Association Annual Meeting, Palermo, Italy, October 24, 2019, https://conferences.wcfia.harvard.edu/files/peif/files/globalizationandnationalism.pdf.

72 Lord James Bryce, The Romanes Lecture, June 7, 1902, Oxford University.（這份講稿有個令人尷尬的題目：〈人類先進種族和落後種族的關係〉[The Relations of the Advanced and the Backward Races of Mankind]。

73 Norman Angell, *The Great Illusion: A Study of the Relation of Military Power in Nations to Their Economic and Social Advantage*, 3rd ed., 1911, https://archive.org/details/greatillusion00angeiala.

時間才恢復到第一次世界大戰前的高峰。[74] 削弱全球化最後榮光的不是經濟或科技造成的後遺症，而是政治問題，而且是最古老的現實政治問題。

歷史不會重複，但會押韻。當我們生活在一個全球化和技術變革的新時代，我們會一再看到，當一個新的大國崛起，既有的霸權便會感到不安，這類故事在國際關係中很常發生。[75] 隨著中國的崛起，以及美中兩大經濟體之間日益激烈的大國競爭，那種兵戎相見的現實政治很可能捲土重來。當然你可以篤定的說，有鑑於兩國相互依賴的程度，持續衝突下去只會為兩國老百姓帶來苦難，付出高昂的代價。但就像安傑爾後來意識到的，即使如此也不代表戰爭不會發生。

總而言之，全球化並沒有死，但我們可能會搞死它。

74 Obstfeld, "Globalization and Nationalism."

75 修昔底德在《伯羅奔尼撒戰爭史》中寫道：「由於雅典的崛起，以及斯巴達揮之不去的恐懼，戰爭注定會發生。」引用於 Graham Allison, *Destined for War: Can America and China Escape Thucydides's Trap?* (London: Scribe, 2017).

第9課

世界正從單極走向雙極

作家喬治・帕克（George Packer）在二〇一九冠狀病毒剛爆發的頭幾週寫下：「在無窮無盡的三月，美國人每天一早起來都再次發現這個國家多麼失敗。」[1] 但人們雖然注意到了肆虐的疫情和美國政府的無能，卻沒有注意到這些都代表著這個國家的處境日益嚴峻。在二〇〇八年金融海嘯玷汙了美國聲譽之後，就一直有很多人擔心這個國家已陷入困境。經濟學家說生產力與經濟成長已陷入「長期停滯」；[2] 有些人指出不平等日益加劇；[3] 有些人則說死於酗酒、藥物濫用、自殺的比例愈來愈高，所謂的「絕望之死」（deaths of despair）已襲擊了美國。[4] 二〇一六年那個實境秀明星選上總統，顯示政治已經開始崩毀（即使是那些相信川普的人也相信目前的制度已經當機，所以才選他來拯救世界）。到了今年，爆發的疫情更是將美國的問題暴露無遺：政府效率低落、醫療照護體系漏洞百出、政治嚴重極化。愛爾蘭評論家歐圖爾（Fintan O'Toole）二〇二〇年四月寫道：「兩百多年來，美國讓世界各地產生了各種不同情緒：愛與恨、恐懼與希望、嫉妒與輕蔑、敬畏與憤怒。但直到現在，世界各地才開始以另一種情緒看待美國：憐憫。」[5]

二〇一九冠狀病毒讓更多人開始討論美國是否會衰落，而這些討論其實是因為他們擔心中國崛起。與中國光鮮亮麗的城市相比，美國的基礎建設愈來愈不忍卒睹；同樣的，中國有效控制了疫情，美國的處理方式卻相當無能。雖然二〇一九冠狀病毒最初來自中國，但它不僅以驚人的速度拉平了感染曲線，更大規模遏止了疫情。中國政府曾對八億人實施部分或完全封城，而且在三週內檢測完了武漢一千萬人口的感染狀態。[6] 反觀川普政府卻把責任推卸給中國，轉移民眾的注意力。當然，中國最初的確處理不當，而且給出了錯誤的資訊；但世界各地還是有許多人一邊因中國的謊言而生氣，一邊被中國的處理能力所震懾。而在中國人眼裡，華府的政治修辭只不過表示這

---

1 George Packer, "We Are Living in a Failed State," *Atlantic*, June 2020.

2 Lawrence H. Summers, "Reflections on Secular Stagnation," February 19, 2015, remarks at Princeton University's Julis-Rabinowitz Center for Public Policy and Finance.

3 例如：Thomas Piketty, *Capital in the Twenty-First Century* (Cambridge, MA: Harvard University Press, 2013).

4 Anne Case and Angus Deaton, *Deaths of Despair and the Future of Capitalism* (Princeton, NJ: Princeton University Press, 2020).

5 Fintan O'Toole, "Donald Trump Has Destroyed the Country He Promised to Make Great Again," *Irish Times*, April 25, 2020. 這篇文章引起了許多關注，並被引用多次，例如：Maureen Dowd in "Double, Double, Trump's Toil, Our Trouble," *New York Times*, August 1, 2020.

6 James Griffiths and Amy Woodyatt, "780 Million People in China Are Living Under Travel Restrictions Due to the Coronavirus Outbreak," CNN, February 17, 2020.

個超級大國想在衰落之際，盡力阻止對手崛起。

這種事不是第一次。哈佛大學的杭廷頓在一九八八年發表於《外交政策》（*Foreign Affairs*）的文章中就說當時實在太多人看衰美國，還創了一個名詞來描述他們——「衰退主義者」（declinist）。[7] 他認為當時的衰退主義已經是第五波，第一波源自蘇聯發射第一顆人造衛星，第二波是一九六〇年代美國越戰失利，第三波是一九七三年的石油危機，第四波是一九七〇年代末水門案（Watergate）與停滯性通膨遺留的餘波，第五波則是一九八〇年代末（杭廷頓寫作當時）的日本崛起。在那之後幾年，美國的主導地位仍屹立不搖。然而後來出現了伊拉克戰爭、二〇〇八年金融危機，以及今年的二〇一九冠狀病毒，第六波衰退主義顯然已經到來。

杭廷頓指出，這些看衰美國的預言無論說服力多強、說法多極端，最後都沒實現。而他這種反調也逐漸成為一家之言，催生一整批學者與記者大力反駁這種「美國衰落迷思」。那麼，這第六波衰退論究竟會再次變成杞人憂天，還是會在問題一個個累積之下，變成預知死亡紀事？

歷史學家伯內特（Correlli Barnett）在《大英帝國的頹傾》（*The Collapse of British Power*）[8] 中認為，英國這個當時的超級大國也經歷過類似的過程，在一連串的挫折之中，症狀不斷惡化，錯誤不斷加劇，來自競爭者的壓力愈來愈大，幾十年來不斷侵蝕這個國家，最後終於在一九四〇年代贏得二戰之時崩潰。大英帝國分崩離析之後，花了半個世紀適應新的國際地位。美國也會走上一樣的道路嗎？

這的確很值得擔心。美國處理疫情的方式既凸顯了內政的弱點，又破壞了世界領袖的形象，讓更多人開始懷疑美國模式的資本主義與民主。過去二十年來，網際網絡讓世界上更多人接觸到美國模式，也讓他們對其中某些殘酷的面向感到恐懼。美國的槍枝暴力事件、警察槍擊事件、囚犯比例都遠勝他國，數量有時甚至是十倍以上；[9] 美國的貧富差距明顯大於其他國家；美國有很多人連基本的醫療保險都沒有；美國的種族分裂至今都沒癒合。我在印度長大時，人們會一邊批評美國的外交政策，一邊相信

---

7 Samuel P. Huntington, “The U.S. — Decline or Renewal?,” *Foreign Affairs*, Winter 1988/89.

8 Correlli Barnett, *The Collapse of British Power* (Amherst, NY: Prometheus Books, 1986).

9 “Firearms: Global Mortality from Firearms, 1990-2016,” Global Burden of Disease 2016 Injury Collaborators, JAMA 320, no.8 (2018): 792-814, https://jamanetwork.com/journals/jama/fullarticle/2698492; 監獄：Eurostat, “Prison Statistics,” https://ec.europa.eu/eurostat/statistics-explained/index.php?title=Prison_statistics; 以及 Drew Kann, “5 Facts Behind America’s High Incarceration Rate,” CNN, April 21, 2019.

美國擁有全世界最先進、最成功的模式。如今他們對美國模式卻愈來愈不信任，甚至開始覺得美國很可憐。

美國目前雖然漏洞百出，卻依然在經濟實力這個目前衡量國家實力的最基本標準上，表現得相當好。目前它仍是世界最大的經濟體，總產值占全球四分之一，比緊跟其後的中國和日本加起來還高。它過去十年在全球金融危機中復甦的速度與力道超過大多數國家，在全球GDP中所占的比例比以前更高。[10]至於美國銀行這些金融危機的核心，危機過後的國際力量也變得更大。在世界經濟論壇（World Economic Forum）的《全球競爭力報告》中，美國排名第二，僅次於新加坡。在勤業眾信（Deloitte）最近的《全球製造業競爭力指標》（Global Manufacturing Competitiveness）中，它幾乎與中國並列第一。[11]全世界規模最大或技術最高的公司，大部分都位於美國。美元目前仍是世界儲備貨幣，而且近幾年的所占比例才剛提高，占交易貨幣的近九成。[12]經濟學家兼投資人夏瑪（Ruchir Sharma）指出：「在中美兩國的官方資料中，二〇一九年兩國的名目GDP成長率分別約為六%和四%。照此計算，中國要到二〇五〇年左右才能趕上美國。」[13]此外，美國的軍事實力顯然是世界最強，軍費開支比排名其後的十個國家加起來還高，而且那十個國家有一半都是跟美國正式簽約的盟友。[14]

如今的美國是個一團混亂、參差不齊、不平等的國家，優勢與劣勢都讓人印相深刻。它治理得不好而且並不公平，但依然強大得令人難以置信。美國的「軟實力」，[15] 也就是吸引力、引人效法的能力、設定議題的能力，近年來都顯著下降。發明軟實

---

10 二〇一〇年，美國的 GDP 占全球 GDP 的二二・七%，二〇一八年上升至二四%，請見：World Bank DataBank, https://data.worldbank.org/indicator/NY.GDP.MKTP.CD.

11 2016 Global Manufacturing Competitiveness Index, Deloitte, https://www2.deloitte.com/global/en/pages/manufacturing/articles/global-manufacturing-competitiveness-index.html.

12 二〇一九年四月，八八%的外匯交易以美元進行，請見："Foreign Exchange Turn-over in April 2019," Triennial Central Bank Survey, Bank for International Settlements, https://www.bis.org/statistics/rpfx19_fx.htm. 二〇二〇年六月，八五%的外匯交易以美元進行，請見：Committee on the Global Financial System, Paper #65: "US Dollar Funding: An International Perspective," 3, https://www.bis.org/publ/cgfs65.pdf.

13 Ruchir Sharma, "The Comeback Nation: U.S. Economic Supremacy Has Repeatedly Proved Declinists Wrong," *Foreign Affairs*, April 31, 2020.

14 二〇一九年美國的軍費支出是七千三百二十億美元，軍費支出第二名至第十一名分別是中國、印度、俄羅斯、沙烏地阿拉伯、法國、德國、英國、日本、南韓、巴西，總計七千二百五十八億美元。請見："Trends in World Military Expenditure, 2019," Table 1, Stockholm International Peace Research Institute, https://www.sipri.org/ sites/default/files/2020-04/fs_2020_04_milex_0_0.pdf.

15 「軟實力」這個詞最初出現於 Joseph S. Nye, *Bound to Lead* (New York: Basic Books, 1990).

力這個詞的奈伊（Joseph Nye）不太相信美國衰亡論，但近年也警告說，許多跡象正顯示美國的軟實力愈來愈弱。[16]各國對美國的態度已經惡化，皮尤民調在二〇一八年訪問了二十五個國家的人，其中對美國持正面看法的只剩五〇%，持負面看法的卻有四三%；受訪者中只有二八%認為美國會考量其他國家的利益，而只有一四%認為美國比幾年前花費更多心力來解決全球問題。這某種程度上反映了美國總統支持度一落千丈，從支持歐巴馬的六四%，[17]下降到支持川普的二九%。[18]但這時候我們應做的不該是人身攻擊，因為這些轉變的主因都不在美國境內，而是在境外。隨著「其他各國崛起」，[19]整個世界正在快速改變當中。

想知道為什麼美國的權力正在衰落，想想權力是什麼就可以了：權力就是讓別人乖乖聽你的話做事的能力。美國對其他國家的影響力已大不如三十年前。舉例來說，美國在一九八〇年代可以對土耳其頤指氣使，當時土耳其的經濟一塌糊塗，經常獲得美國援助；主導政界的軍方，則在整個冷戰期間一直是美國的忠實盟友。但現在土耳其幾乎完全自行其是，不再理會美國。它不但堅決反對美國支持敘利亞的庫德族人，還跟俄羅斯購買敏感性軍武。早在川普上任之前，土耳其就愈來愈不敬重華府。二〇〇三年，小布希政府根據過去美國與土耳其的關係，決定將土耳其列為入侵伊拉克的兩條戰線之一。但土耳其拒絕，把美國嚇了一跳。

土耳其這個例子顯示，美國的權力日益受到限制的主因，並不是美國衰落，而是其他國家崛起。土耳其在一九八〇年代是美國的忠實盟友，當時它的經濟、政治、軍事都仰賴美國。但如今冷戰已然過去許久，蘇共這類全球威脅已經消失，土耳其擔心的國防問題只剩下周邊國家。同時，從一九九〇年代以來，其經濟產出成長至五倍，[20]

---

16 「證據明顯指出，川普的確侵蝕了美國的軟實力。」請見：Joseph S. Nye, "Donald Trump and the Decline of US Soft Power," *Project Syndicate*, February 6, 2018.

17 Richard Wike, Bruce Stokes, Jacob Poushter, and Janell Fetterolf, "U.S. Image Suffers as Publics Around World Question Trump's Leadership," Pew Research, June 26, 2017, https://www.pewresearch.orjg/global/2017/06/26/u-s-image-suffers-as-publics-around-world-question-trumps-leadership/.

18 Richard Wike, Jacob Poushter, Janell Fetterolf, and Shannon Schumacher, "Trump Ratings Remain Low Around Globe, While Views of U.S. Stay Mostly Favorable," Pew Research, January 8, 2020, https://www.pewresearch.org/global/2020/01/08/trump-ratings-remain-low-around-globe-while-views-of-u-s-stay-mostly-favorable/.

19 請見：Fareed Zakaria, *The Post-American World* (New York: W. W. Norton, 2008).

20 World Bank DataBank, Turkey GDP since 1990: https://data.worldbank.org/indicator/NY.GDP.MKTP.CD?locations=TR.

而人均GDP成長至三倍。[21]政治體系也比以前更穩定、更進步。該國領導人艾爾多安不斷獲選連任，支持度愈來愈高。軍方則在政界失勢。艾爾多安在二〇一六年成功阻止了一場政變，沒有像其他民選土耳其領導人那樣被推翻。除了土耳其，世界上還有很多這樣的國家。印尼、巴西、肯亞的經濟與政治都以相同的模式變得愈來愈獨立、愈來愈有自信。當然，最明顯的例子就是中國。

一個世界，兩大強權

凡是討論中國崛起，都會先從經濟成長趨勢這個關鍵開始講起。冷戰結束時，這個國家在全球GDP中所占的比例還不到二%，現在卻已達一六%。[22]過去十年，中國一直都是全球經濟成長的主力。它現在已經取代了美國占據七十年的位子，成為全球最大的商品貿易國。[23]此外，中國還是全球最大的生產國、第二大進口國，並擁有全球最高的外匯存底。它的船隻、太陽能電板、風力渦輪產量全球第一；汽車、電腦、智慧型手機消費量全球居冠。全球最快的五百臺電腦中有二百二十六臺在中國，數量是美國的兩倍。

簡單來說，中國已經崛起了，而且明顯到每個人都看得出現在國際上有兩大強權。目前美國依然是世界第一，但雙極世界的特徵就是兩個超級大國的實力都遙遙領先其他國家，例如外交政策學者摩根索（Hans Morgenthau）用雙極體系來描述二戰後世界的理由，就是在英國實力崩潰之後，美蘇兩大強權的實力遠超過其他國家。二〇二〇年，中國占全球GDP的比例雖為亞軍，但幾乎等於**第三名至第六名的總和**。中國的國防預算目前僅次於美國，但也超過之後四個國家的總和。

而在中國崛起的同時，衰落的不是美國，是歐洲。從一九八〇年以來，美國占全球GDP的比例大抵相同，[24]但從一九九〇年以來，歐盟成員國所占的比例卻從原本的

---

21 World Bank DataBank, Turkey GDP per capita since 1990: https://data.worldbank.org/indicator/NY.GDP.PCAP.CD?locations=TR.

22 World Bank DataBank, China and World GDP, 1990 to 2019, https://data.worldbank.org/indicator/NY.GDP.MKTP.CD?locations=CN-1W.

23 至少到二〇一三年都是，請見："China Eclipses U.S. as Biggest Trading Nation," *Bloomberg News*, February 9, 2013, https://www.bloomberg.com/news/articles/2013-02-09/china-passes-u-s-to-become-the-world-s-biggest-trading-nation.

24 一九八〇年，美國GDP占世界GDP的二五・四％；二〇一八年占二三・九％，請見："GDP

三〇%降至二〇%以下。[25]在地緣政治上，歐盟通常也不像是一個統一的強權。全歐盟最有錢的德國，經濟規模大約只有中國的四分之一；其他國家的規模則小到根本不能比。經常被說是可以制衡中國力量的印度，經濟規模大約只有中國的五分之一。至於俄羅斯，雖然擁有聯合國安理會的否決權以及海量的核彈這些世界強權特徵，經濟規模卻只有中國的八分之一，軍事預算則是中國的四分之一。

每個雙極體系都不一樣。[26]前蘇聯的軍事實力至少在某些方面和當時的美國不相上下，其他方面卻遠遠落後美國。中國的狀態則剛好相反，軍事實力比美國弱很多，但許多經濟與科技能力已經可以和美國分庭抗禮。而且目前經濟規模第三大的日本和第四大的德國，都由於歷史因素而無法積極參與國際事務。這一切都意味著，美中兩大強權和其他國家之間的鴻溝只會繼續擴大。

那麼這個新興國際關係體系中的兩大強權，是否注定一戰？[27]打從古希臘的修昔底德以來，學者都一直擔心崛起的強權會與既有的強權發生衝突，也就是「權力轉移」（power transition）時發生的危機。[28]

目前美中兩國看起來並沒有敵意，兩國的經貿依存度至少到二〇〇六年為止都非常高，高到弗格森（Niall Ferguson）和石里克（Moritz Schularick）兩位學者認為「這兩國的經濟實際上已經合而為一」，成為「中美共同體」（Chimerica）。[29] 但在全球金融危機，以及習近平與川普的崛起之後，局勢開始變化。二〇二〇年，兩國在貿易、

(current US$) — United States" and "World GDP (current US$)," World Bank DataBank, https://data.worldbank.org/indicator/NY.GDP.MKTP.CD.

25 Mikkel Barslund and Daniel Gros, "Europe's Place in the Global Economy — What Does the Last Half Century Suggest for the Future?," "Figure 5: Regional GDP Shares in US$, 1965-2030," in "50 Years of European Integration," *Intereconomics* 51, no. 1 (2016): 5-11 (ZBW — Leibniz Information Centre for Economics and CEPS — Centre for European Policy Studies), https://www.intereconomics.eu/contents/year/2016/number/1/article/europes-place-in-the-global-economy-what-does-the-last-half-century-suggest-for-the-future.html.

26 有關美蘇兩大強權與美中兩大強權之間差異的詳細討論，請見：Øystein Tunsjø, *The Return of Bipolarity in World Politics: China, the United States, and Geostructural Realism* (New York: Columbia University Press, 2018).

27 參見例如：Graham Allison, *Destined for War.*

28 參見同上，以及 Harvard Belfer Center, "Thucydides's Trap Case File," https://www.belfercenter.org/thucydides-trap/case-file.

29 請見弗格森與《世界郵報》主編嘉戴爾斯（Nathan Gardels）的對談："Niall Ferguson: Is U.S.-China Economic Marriage on the Rocks?", *HuffPost* blog, May 25, 2011, https://www.huffpost.com/entry/niall-ferguson-is-us-chin_b_245470.

科技、地緣政治方面都出現許多緊張關係。二〇一九冠狀病毒疫情，讓華府對北京的言詞與行動都公開強硬起來。或許未來世代回顧這個階段，會說二〇一九冠狀病毒最深刻的影響就是開啟了新冷戰。

中美兩國中央政府都轉變了對彼此的態度，二〇一二年習近平上任國家主席之後，[30]北京在國際上變得更強硬，先是搶占印度領土，後又對南海宣稱主權。同時還進一步管控香港、要求接受中國援助和貸款的國家更聽話，以及要求各國的政府企業與國際組織接受中國對臺灣與其他問題的立場。其外交部也展開新政策「戰狼外交」，[31]這名字源自一部解放軍在世界各地秀肌肉的中國動作片。

川普政府則是一上臺就決定對北京採取強硬態度。他希望美中在科技與經濟上脫鉤，在二〇一九冠狀病毒疫情開始之後更不斷拿這件事來說嘴。中國同樣也把疫情當成競逐權力的機會。它成功控制大部分的國內疫情，並且避開最初疫情處理失當的指責，轉而把握機會從事「口罩外交」，送出大量醫療物資和專家贏取各國的好感。中美兩國也以完全不同的方式處理疫情的公關問題。中國答應提供二十億美元幫助全球對抗二〇一九冠狀病毒，美國卻削減對世界衛生組織的捐款，並直接退出該組織。當然，美國對世界衛生組織的貢獻至今遠遠超過中國，對其他國家的二〇一九冠狀病毒疫情援助也超過了二十四億美元。[32]美國依然是國際秩序的支柱，只是這個事實被川普的煽動咆哮掩蓋住了。這回合的公共外交由北京勝出，它未來也會因此對這類活動更有信心。[33]

不過，川普對中國的強烈抨擊，反映出美國兩黨罕見的共識。這幾年來，兩黨對

---

30 儘管習近平是二〇一三年就任國家主席，但自二〇一二年成為中國共產黨總書記及中央軍事委員會主席以來，他已是實質統治者，請見：John Rutwich, "Timeline — The Rise of Chinese Leader Xi Jinping," Reuters, March 16, 2018, https://www.reuters.com/article/us-china-parliament-xi-timeline/timeline-the-rise-of-chinese-leader-xi-jinping-idUSKCN1GS0ZA.

31 Ben Westcott and Steven Jiang, "China Is Embracing a New Brand of Foreign Policy. Here's What Wolf Warrior Diplomacy Means," CNN, May 22, 2020.

32 美國引用國會的數字，國會撥款二十四億美元「用於推動公衛系統、人道救援以及促進全球經濟、安全和穩定」。請見：US Department of State, "Foreign Assistance for Coronavirus (COVID-19)," https:// www.state.gov/foreign-assistance-for-coronavirus-covid-19/.

33 二〇二〇年春天，一項針對五十三個國家共十二．四萬人的全球調查發現，只有兩個國家認為美國的防疫表現比中國好，一個是美國，一個是中國的長期對手日本。請見："Nearly all countries say that China's response to the COVID-19 is better than the US's," in Democracy Perception Index — 2020, https://daliaresearch.com/blog/democracy-perception-index-2020.

中國事務的共識愈來愈高。華府發現，過去幾十年與中國不斷合作的「交往政策」（engagement）並沒有讓中國變得更自由更民主，於是決定將態度轉為漸趨強硬。光從字面上看，承認對中的「交往」破裂，似乎只是戀人單相思失敗之後的嘆息。但這種解讀其實是個大誤會，美國的對中政策從來就不只有「交往」而已，同時也進行「遏阻」（deterrence），而這種交往與遏阻並行的方式，有時候就稱為「避險」（hedging）策略。

美國官員打從一九七〇年代以來就認為，與其把中國拒於門外，讓它繼續充滿恨意的搞破壞，還不如邀它進入全球經濟與政治體系。在那之後，華府就一方面一直邀請中國，一方面支持其他亞洲國家，例如賣武器給臺灣。柯林頓執政期間，美國採取所謂的奈伊倡議（Nye Initiative），保證會繼續在東亞部署重要的軍事實力。小布希上任後，華府推翻了幾十年來的方針，讓印度擁有核武，藉此制衡中國。歐巴馬政府則制定了著名的「重返亞洲」戰略，強化美日與美澳的軍事合作，也加強了與越南的聯繫；並同時提出《跨太平洋夥伴協定》，制衡中國在亞洲的影響力，直到川普在上任第一天退出了該協定。[34]

這種避險策略是有用的。在尼克森重建美中關係之前，中國是全球最強大的流氓國家。毛澤東自認是革命運動的先鋒，可以帶領眾人摧毀西方資本主義，他相信無論再巨大的力量都擋不住這偉大的目標，即使發生核戰也要繼續下去。他在一九五七年造訪莫斯科時曾說：「即使狀況再糟，全世界死了一半的人，還是會有一半的人活著。但帝國主義卻會被夷為平地，全世界會一起進入社會主義。」在毛澤東統治下，中國在拉丁美洲、東南亞及世界各地資助煽動反西方的叛亂活動和意識型態運動。

相比之下，如今的中國無論是和周邊國家的關係還是在軍事上都非常克制。它在一九七九年短暫入侵越南之後，就沒有發動過戰爭。一九八〇年代初之後，也沒有在任何地方扶植代理政權，沒有支持武裝叛亂活動。這種等級的不侵略紀錄在世界強權中絕無僅有。過去幾十年來，聯合國安理會的其他常任理事國都在他國多次使用武力，而次數最多的就是美國。

然而，雖然中國的政治體制並不直接影響美國的對中政策，但華府裡的很多人都對中國沒有變得自由民主相當失望。當然，這沒有什麼好意外的。幾乎沒有美國高層官員曾經聲稱，美中外交政策是打算徹底改變中國的政治體制。他們相信中國的威權主

---

34 Peter Baker, "Trump Abandons Trans-Pacific Partnership, Obama's Signature Trade Deal," *New York Times*, January 23, 2017.

義只要現代化之後就會軟化；網際網絡會以各種方式拓展出更多自由的空間；而國家對經濟的掌控力只會愈來愈小。許多中國知識份子也抱著這樣的夢，而且在好一段時間裡這似乎真有可能，因為中國開始嘗試規模愈來愈大的經濟改革，甚至開放了地方選舉。但近幾年，北京當局的方向變得相當明顯：國家的掌控力和鎮壓的力道變得更大。但這並不能證明美國的政策失敗，因為中國加強控制的原因與華府無關，而是新領導人習近平崛起所造成的。

中國的第三次革命

習近平的改革，激進到被學者易明（Elizabeth Economy）稱為繼毛澤東的共產革命，以及鄧小平在一九八〇年代走向市場與美國的改革之後的「第三次革命」。習近平的改革分為四個方面：增強他自己的權力、強化共產黨對社會與經濟的掌控力、加強監管資訊與資本、更強勢的外交。長年觀察中國的夏偉（Orville Schell），從一九七〇年代以來就一直在注意中國與西方世界交往政策的起伏，並以嚴厲的詞彙描述了習政權的轉變。他認為，雖然習近平經常談到要與外國密切交流，[35] 並讓國家重生；但「其實背後有著一顆巨大的野心。這是因為他深信有許多『境外敵對勢力』一直長期密謀要推翻中國」。[36] 也許習近平將像過去的前兩次革命一樣，奠定未來數十年的中國走向；但也可能像過去的許多改革一樣及時逆轉。總之，習近平口中的「新時代」，[37] 讓美國和許多其他國家開始和一個新中國打交道。

對中國人民來說，日益嚴峻的鎮壓成了一場悲劇。領導人不但延緩了經濟改革，更增加了共產黨的掌控與鎮壓，還激怒了鄰國。其中最慘的可能莫過於以穆斯林為主的

---

35 習近平說：「要堅持多邊主義，維護多邊體制權威性和有效性。要踐行承諾、遵守規則，不能按照自己的意願取捨或選擇。」英文版全文請見：CGTN America, "Full Text of Xi Jinping Keynote at the World Economic Forum," January 17, 2017, https://america.cgtn.com/2017/01/17/full-text-of-xi-jinping-keynote-at-the-world-economic-forum.

36 Orville Schell, "The Death of Engagement," *The Wire—China*, June 7, 2020, https://www.thewirechina.com/2020/06/07/ the-birth-life-and-death-of-engagement/.

37 習近平說：「這個新時代，是中國日益走近世界舞臺中央、不斷為人類做出更大貢獻的時代。」英文版全文請見：Xi Jinping, "Secure a Decisive Victory in Building a Moderately Prosperous Society in All Respects and Strive for the Great Success of Socialism with Chinese Characteristics for a New Era," Delivered at the 19th National Congress of the Communist Party of China, October 18, 2017, *China Daily*, https://www.chinadaily.com.cn/china/19thcpcnationalcongress/2017-11/04/content_34115212.htm.

新疆居民，政府把上百萬維吾爾人關進「再教育營」，又以騷擾性的方式監視其他數百萬人。（而在貿易談判不斷拖延之下，川普一直都對這種惡行默不作聲；[38] 甚至還有報導指出，川普為了在連任選舉中勝出，竟然以支持中國鎮壓穆斯林為籌碼，去拜託習近平購買更多美國中西部的大豆。）同時，北京也加強控制了香港，在二〇二〇年七月對這個自治地區實施了嚴厲的《國家安全法》。

中國的外交政策在習近平的領導下也變得野心勃勃：[39] 它在聯合國機構投入了四倍於美國的人力，[40] 開始爭取這些機構的領導地位，並推出了龐大的「一帶一路」計畫，還在南海築起人工島。它捨棄了鄧小平過去的「韜光養晦」政策，開始主動出擊。尤其是強化軍備一事，最能看出它正在執行某項長期計畫。

不過以中國目前的經濟地位來看，它的影響力究竟能強化到什麼程度？華府必須先思考這個關鍵問題，才能認真宣稱中國運用力量的方式中，有哪些跨過了底線。鄧小平在一九九〇年建議中國領導人韜光養晦的時候，中國還很貧困，經濟規模很小。但在經濟規模擴大八〇〇%之後，如今它已成巨人。長久蟄伏培養實力之後，它開始像每個財富與實力逐漸成長的大國一樣，試圖進一步影響周邊區域與整個世界。但它究竟擴張到多大才合適，而擴張到什麼地步會造成危險？這是華府和全世界都從未認真思考的核心問題。

我們可以拿十九世紀的美國來對照。雖然當時美國的規模遠不如現在的中國，但也是個逐漸崛起的大國。以當代的標準來看，一八二三年的美國是個發展中國家，[41] 整

---

38 如果前國家安全顧問波頓（John Bolton）的說法可信的話，川普曾在中西部農業地區積極爭取中國的選舉援助。請見：John Bolton, *The Room Where It Happened: A White House Memoir* (New York: Simon & Schuster, 2020), 節錄刊登於 *Wall Street Journal*, https://www.wsj.com/articles/john-bolton-the-scandal-of-trumps-china-policy-11592419564:

> 令人驚訝的是，川普把話題轉向即將到來的美國總統大選，暗暗提到中國的經濟能力，並懇請習近平確保他勝選。他強調農民的重要性，以及中國購買大豆和小麥對選舉的影響……二〇一九年六月的二十國集團（G-20）大阪峰會，在只有口譯員在場時，習近平向川普解釋為什麼要在新疆建立再教育營。據我方口譯員的說法，川普回應習近平說，應該要繼續建造集中營，他認為這是絕對正確的事情。

39 “As America Gets Tired, China Gets Busy,” *Economist*, June 18, 2020.

40 “Who Runs the World?,” *Economist*, June 18, 2020.

41 參見例如：Stefan Link and Noam Maggor, “The United States as a Developing Nation: Revisiting the Peculiarities of American History,” *Past & Present* 246, no. 1 (February 2020): 269-306, https://doi.org/10.1093/pastj/gtz032.

個國家都是農民，基礎建設落後，甚至不在世界前五大經濟體之列。[42] 當時它靠著門羅主義阻擋歐洲列強涉入西半球，而英國勉強接受，有時候甚至強迫美國成為地方霸權。過去的美國當然與現在的中國不完全相同，但它提醒我們，國家經濟實力一旦增強，就會設法擴張對外影響力。如果中國每次擴張，華府都將其視為危險，美國的反應就會違反國際社會的運作機制，結果反而讓中國真的威脅到美國。

美國從未和中國這種新興強權打過交道。自一九四五年以來，德國、日本、南韓等在財富和聲望上崛起的主要國家，要麼在某種程度上受到美國保護，要麼是華府最緊密的盟友。因此過去的國際政治有一項反直覺的特性：新勢力的抬頭通常都對美國大為有利。但中華人民共和國卻並非如此，它不僅比過去的新興勢力巨大很多，更一直活在美國的聯盟結構與影響範圍之外。

美國兩大黨的外交政策菁英，都習慣全世界唯美國馬首是瞻的狀況。歐布萊特（Madeleine Albright）在國務卿任內，曾聲稱美國擁有使用武力的道德權威（當時是指一九九八年轟炸伊拉克一例），「我們是美國，這個世界需要我們。我們昂首挺立，比其他國家看得更遠。」如今很多國家應該都不會再接受這種言論了。二〇一九年，國務卿蓬佩奧（Mike Pompeo）發表了一份居高臨下的聲明，說美國與其盟友會確保中國乖乖待在「它應該待的位置」，這聽在中國人耳裡肯定會火冒三丈。根據蓬佩奧的說法，中國犯下的錯，就是讓軍事開支超出其國防所需。當然，美國、法國、俄國、英國，以及多數其他大國也不該做出這樣的事。但事實上，判定一個國家算不算強權的有用方式之一，就是該國除了關心自己當下的安全，是否還會試圖干涉其他事務。

華府的政治氛圍總是逼著決策者「強硬」而非「軟弱」，但用這種視角思考國際事務相當危險。決策者在國際關係事務上真正該面對的挑戰並非要不要強硬，而是能否明智的處理問題。

詭異的是，華府對中國的新興鷹派共識竟然只考慮自己，而不討論中國會如何回應。畢竟中國的鷹派也一直在警告說，美國想要壓制中國，甚至想要推翻目前的北京政權。美國希望阻止中國做出某些破壞穩定的強勢行為，但川普政府的姿態卻只會逐

---

42 一八二〇年，世界主要經濟體占世界GDP比例的前五名依序為：中國（三八・七%）、印度（一六%）、法國（五・四%）、英國（五・二%）、俄羅斯（四・五%）；美國（一・八%）是第九名。資料來自 Angus Maddison, *Monitoring the World Economy, 1820-1992* (Paris: OECD, 1995), 30, compiled by Vincent Ferraro, Mount Holyoke College, https://www.mtholyoke.edu/acad/intrel/ipe/topten.htm.

漸坐實北京鷹派的說法，增加他們的影響力，讓中國做出這類行為。如今美中正在不斷增強對方鷹派的勢力，兩國關係漸趨緊張，衝突風險逐漸攀升。更重要的是，川普的強硬策略不但無法消除美中的貿易逆差、無法在北韓與伊朗問題上尋求中國支持，在其他事務上也都完全沒有達成目的，反而讓中國在國際間更為咄咄逼人，在國內則更加專制。

美國的鷹派態度，源自於他們擔心有一天中國會統治全球。這種擔憂很危險，因為歷史告訴我們，當強權在擔心挑戰者取代自己的時候，經常會用自己以為的「敵方弱點」先發制人，結果弄巧成拙，反而讓挑戰者的崛起變得無法阻止。一九一四年的歐洲政治人物，就是在這種思維下迷迷糊糊的掀起戰爭；[43]如今，華府的當權派，似乎也開始相信一種中國注定崛起的詭異命定論。許多跡象都顯示他們眼中的噩夢未必會成真。華府一直非常擔心蘇聯與日本的崛起，有時候擔心到近乎偏執，但事實證明這兩國都沒有統治世界。中國也是一樣，雖然它取得了各種成就與優勢，國內卻積憂難解，例如人口正在減少、債務堆積如山。中共的政治地位究竟會如何演變，目前也充滿變數。雖然幾十年來該國的政治鎮壓愈來愈嚴厲，崛起的中產階級仍希望政治愈來愈開放，這在香港與臺灣這兩個北京密切關注的華人社會最為明顯。

最重要的是，從日本、印度到澳洲，幾乎所有鄰國都對中國崛起極為焦慮。習近平的外交政策讓這些國家大為驚恐，其中幾個甚至因此徹底修正外交方針。二〇二〇年六月，中印邊境爆發衝突，導致數十人死亡，隨後印度似乎啟動了一項制衡中國的長期戰略。[44]嚴重仰賴中國市場的澳洲則開始把中國當成主要敵人，而且在北京對澳洲發動多次網路攻擊之後變得更為明顯，最近它甚至還帶頭呼籲各國共同調查中國在二〇一九冠狀病毒爆發之初的處理方式犯下哪些錯誤。日本重新啟動了《跨太平洋夥伴協定》，把其他國家一起拉上談判桌，並確保各國會真正執行協議。越南更是在其強大鄰居的威脅下，做出了一件過去無法想像的事情：在沒有結盟的情況下，與宿敵美國成為軍事夥伴。[45]臺灣人民為了不陷入香港的悲劇，支持了反中的總統順利連任，同時不斷升高對中國大陸的敵意，使北京對臺動武的難度與代價都提高了。（其實華府的策略家

---

43 Christopher C. Clark, *The Sleepwalkers: How Europe Went to War in 1914* (London: Allen Lane, 2012).

44 Jeffrey Gettleman, Hari Kumar, and Sameer Yasir, "Worst Clash in Decades on Disputed India-China Border Kills 20 Indian Troops," *New York Times*, June 16, 2020.

45 關於此軍事夥伴關係，請見："U.S. Security Cooperation with Vietnam," US Department of State Bureau of Political-Military Affairs, Fact Sheet, May 21, 2019, https://www.state.gov/u-s-security-cooperation-with-vietnam-2/.

可以勸告北京，當某地有數百萬人把你視為敵國，你入侵那個地方沒多久之後很可能就會陷入一場夢魘。）中國在地緣戰略上一直有一個根本弱點：身邊有一大堆鄰居都反對它崛起，而習近平的政策不但沒有改善這種困境，反而使局勢惡化。如今中國依然愈來愈強，但這片廣大的領土周邊圍繞著討厭它的鄰居，而鄰居的敵意甚至逐月上升。

兩強並立未必等於開戰

美中之間的關係變得緊張是無可避免的，但戰爭卻可以避免。我們對國際政治的想像大部分來自現代歐洲歷史：列強在下一場現實政治的大棋局，不斷彼此開戰。這種世界上有數大強權的國際關係通常稱為「多極」體系，本質上就不穩定。只要有好幾個實力相當的國家互相競爭，抱著懷疑彼此打量，就很可能出現誤判、侵略、戰爭。歐洲就是因為這樣才衝突了好幾百年。但這個世界其實只有大約十六世紀中期至二十世紀中期是處於多極體系，大部分時間則處於單極體系中，由西方的羅馬帝國或東方的一系列中華帝國這種單一強權掌握。

美蘇競爭帶來的雙極體系，只持續了不到五十年。它為列強帶來了過去一百五十年來最持久的和平，而且令人驚訝的是，雙方在整個過程中沒有擊出過一發子彈，最後其中一方便投降瓦解。這告訴我們，即使國際體系再次回到雙極也未必需要擔心，兩大強權之間未必會開戰。[46]

真要說起來，兩大強權甚至可能不需要陷入**冷戰**。引發冷戰的國際局勢，緊張到如今難以想像。納粹在一九四一年入侵蘇聯西境，使蘇聯損失了大約兩千五百萬、占總人口一〇%以上的男女老少。[47]在二戰慘勝之後，蘇聯開始嘗試控制每一個中歐與東歐鄰國，在領土西邊建立一個緩衝圈，使本土永遠免遭入侵。接下來，它開始影響南方的希臘和土耳其，並往更遠的地方開疆闢土，影響其他國家。蘇聯政權的核心意識

46 更多關於雙極體系穩定的資料，請見：Kenneth Waltz, *Theory of International Politics* (Long Grove, IL: Waveland Press, 1979).

47 根據《大英百科全書》，蘇聯在二戰中傷亡人數的估計各方差異很大——「沒有可靠的數字」。這裡估計的兩千五百萬人死亡，其中包含軍人及平民的死亡人數，但不包含因為戰爭而少生孩子造成的人口減少。請見：Warren W. Eason, "The Soviet Population Today: An Analysis of the First Results of the 1959 Census," *Foreign Affairs*, July 1959, https://www.foreignaffairs.com/articles/russian-federation/1959-07-01/soviet-population-today#:~:text=(1).

型態，是各國團結起來對抗西方的全球共產革命，在美國眼中，蘇聯的共產主義本身就是可怕的威脅，因此它將蘇聯的每個盟友都當成敵人，甚至嚴重懷疑那些不選邊站的中立勢力。看看美蘇當時的作風吧！莫斯科為了擴大國際影響力來對抗美國，冒著毀滅世界的風險在古巴部署核彈；華府則為了防止地球另一端的貧窮小國赤化，竟然先後向越南叢林投入總計三百萬的軍力。

相比起來，華府與北京的關係在各方面都和緩太多。西方國家根本無法真正實施北京所謂的「市場列寧主義」，[48] 這種中國模式其實是自由市場經濟與高壓政治的罕見結合體，奠基於中國獨有的歷史背景。與其說它是一整套融貫的意識型態，還不如說是某種話術，而且這套模式幾乎沒有出現在任何其他國家。過去的莫斯科幾乎在各方面都反對國際秩序，如今的中國雖然無視人權，但已經比蘇聯融入許多。美蘇兩國在冷戰期間每年的貿易總額很少超過二十億美元，[49] 如今美中的貿易額每天都接近二十億美元。[50] 當代的超級強國之間緊密相連的經濟，是彼此合作的強大誘因。川普政府也正因如此才對中國忽冷忽熱，並要求北京購買更多美國商品，擴大美國公司的銷售通路。這都是為了讓美中在科技上脫鉤的同時繼續彼此依賴。

當下的美中局勢與其說像是冷戰，反而更接近十九世紀末的當權英國與新興德國之間的關係。美國總統威爾遜在解釋第一次世界大戰成因時曾說：「英國擁有地球，德國則想要地球。」[51] 幾位學者探討過當時的英德衝突與當下美中關係之間的相似處，其中一段歷史分析是這麼寫的：

> 這兩種競爭關係都是在經濟全球化、新科技突飛猛進的環境中發生的。[52] 而且這兩場

---

48 Kristof, "China Sees 'Market-Leninism' as Way to Future."

49 請參見：US Census, "Trade in Goods with the USSR, Years 1985-1990," https://www.census.gov/foreign-trade/balance/c4610.html.

50 二〇一八年貨物和服務貿易總額為七千三百七十一億美元，每天二〇．二億美元。資料來源：Office of the US Trade Representative, "The People's Republic of China: U.S.-China Trade Facts," https://ustr.gov/countries-regions/china-mongolia-taiwan/peoples-republic-china.

51 美國駐英大使佩奇（Walter Hines Page）在日記中記載，威爾遜在一九一六年八月的談話中提及「英國擁有地球，德國則想要地球」。轉引自 Adam Tooze, *The Deluge: The Great War, America and the Remaking of the Global Order, 1916-1931* (New York: Penguin/Viking Press, 2014), Chapter 1, footnote 39, compiled in *The Papers of Woodrow Wilson*, 69 vols., edited by A. S. Link et al. (Princeton, NJ: Princeton University Press, 1966-94), 36:120.

52 Markus Brunnermeier, Rush Doshi, and Harold James, "Beijing's Bismarckian Ghosts: How Great Powers Compete

> 競爭，都是由新興專制國家的保護主義經濟體系，挑戰老牌民主國家的自由市場經濟體系。最後，由於競爭中的雙方其實也彼此依賴，它們都以關稅威脅、標準制定、科技盜竊、金融實力、基礎建設投資等方式在競爭中搶奪上風。

過去各國沒有好好處理英德之間的競爭，最後引發了世界大戰，而世界大戰又埋下了二次大戰的種子。

但別忘了，如今的局勢與過去的歷史差很多。整個世界從來沒有像現在這樣，位於同一個全球化體系中。世界在大約西元兩百年的時候，也由兩大強權分治，當時地球人口最多的地方，如果不是位於聽令於羅馬帝國的歐洲與地中海，就是位於聽令於漢族的中國。羅馬與中國各自領導著自己的單極國際體系，但彼此之間幾乎完全獨立。當代的世界不是這樣，各地全都深深相依，人員、商品、思想都不斷流動。此外，當代的全球互動都是在「自由國際秩序」（liberal international order）中進行的，美國在二戰後打造了這套框架，讓各國開放貿易、打造聯合國這類國際組織、制定國際行為規範與準則、促使各國彼此合作解決共同問題。正如伊肯伯里（John Ikenberry）所言，這套秩序雖然面臨許多變化與挑戰，卻符合每個人的利益，因而「容易加入，難以推翻」，一直維持至今。[53] 這套秩序也幫諸多大國進入現代歷史上最長的和平時期，並讓成功脫貧的人數達到史上最高。雖然美中之間的雙極關係可能變得緊張，但仍與這個歷久不衰的強大**多邊**關係密不可分，這套多邊關係也正是我們下一章介紹的重點。

未來的國際關係顯然無法逃離兩強並立，但未必要陷入冷戰。

Economically," *Washington Quarterly* 41, no. 3 (Fall 2018): 161-76, https://www.tandfonline.com/doi/full/10.1080/0163660X.2018.1520571.

53 John Ikenberry, *After Victory: Institutions, Strategic Restraint, and the Rebuilding of Order After Major Wars* (Princeton, NJ: Princeton University Press, 2001, new edition 2019), Preface.

第10課

有時候堅持理想反而最現實

二〇一九冠狀病毒明明不分國界影響全球，卻反而讓許多國家開始閉關自守。在各種苦難、經濟困境、內政混亂的狀態下，許多國家的領導人放棄了國際合作，轉而封鎖國境，設法靠自己獨立復甦。二〇二〇年四月，川普應對疫情的方式已經演變成美國民族主義，把疫情的責任都推到中國身上，指責世界衛生組織助紂為虐。至於中國則是口頭上支持國際合作，但很快就開始採取「疫苗民族主義」（vaccine nationalism）。中國就像它的鷹派官媒《環球時報》說的那樣，「在研發疫苗的過程中不會仰賴歐美，必須靠自己解決這個關鍵問題。」[1] 印度領導人的做法也和北京一樣，它限制了關鍵醫療用品出口，[2] 同時砸下超過十億美元準備自行開發藥物[3] 並生產關鍵物資，[4] 降低對中國藥品的依賴。[5] 世界各地都開始高喊「自掃門前雪」，就連歐洲也不例外。

但回顧歷史就會發現，各國領導人在這次危機之下的小心眼和民族主義其實很奇怪。二〇一九冠狀病毒的苦痛很真實，但跟一九一四年至一九四五年之間的悲劇根本不能比，當時歐洲先是被一場大戰打得分崩離析，然後立刻來一場比二〇一九冠狀病毒致命很多的大流感，沒過幾年再陷入經濟大蕭條，之後極權主義興起，二次大戰再把歐洲摧毀一遍，最後兩顆核彈把日本城市夷為平地，這些事情林林總總加起來死了超過一・五億人。[6] 但在一連串地獄般的危機之後，當時的各國領導人推動了更多國際合作。倖存下來的政治人物與勇士看見了民族主義的肆虐和目光如豆的自私會把世界搞得多慘，知道自己必須想辦法讓世界逃離這種彼此相殺的荒謬螺旋。

他們的努力，締造了七十五年相對和平的時光，一直延續至今。但諷刺的是，在和

---

1 Mu Lu, "Mastering Advanced Tech Protects National Security," *Global Times*, March 18, 2020.

2 Pamela Boykoff, Clare Sebastian, and Valentina Di Donato, "In the Race to Secure Medical Supplies, Countries Ban or Restrict Exports," CNN Business, March 27, 2020.

3 Devjyot Ghoshal and Sachin Ravikumar, "Health Experts Cast Doubt on India's Timeline for COVID Vaccine," Reuters, July 3, 2020.

4 總理莫迪在印度商業總會（Indian Chamber of Commerce, ICC）第九十五屆年度大會會議上致詞：「我知道人們會想，真希望我們的醫療設備方面能自給自足，真希望我們能夠自己生產個人防護裝備，真希望我們能自己生產所有我們會買或消費的東西。要解決問題就得從『自給自足的印度』（atma nirbhar Bharat）開始。」請見：*Deccan Chronicle*, "Turn Crisis into Opportunity, Says PM Modi; Reiterates Self-Reliance," June 11, 2020.

5 Ari Altstedter, "India to Spend $1.3 Billion to Boost Pharmaceutical Production," Bloomberg, March 22, 2020.

6 一九一四年至一九四五年發生了各種動盪不安的事件，外界普遍認可的死亡人數估計如下：兩千萬人死於第一次世界大戰；大約五千萬人（可能高達一億人）死於西班牙流感；約八千萬人死於第二次世界大戰，包含那些死於大屠殺和其他納粹死亡集中營的受害者；大約五百萬人死於史達林的大屠殺，比如大清洗（Great Purge）及烏克蘭大饑荒（Holodomor）。

平中長大的我們卻變得憤世嫉俗，對打造這些和平的理想不屑一顧。當代人很流行抨擊「全球主義」，卻幾乎不討論沒有全球主義的世界會變成怎樣。如今英國人在小家子氣的民族主義下趾高氣揚的支持脫歐，忘記了民族主義與鄰國彼此敵視可以多麼可怕，忘記了一九一六年七月一日的索姆河戰役（Battle of the Somme），就是為了爭奪僅僅三平方英里的泥地而犧牲了近兩萬名英國士兵的性命。[7]當時帶領盟軍各國度過戰爭與大蕭條的領導人，顯然比當代的英國人更懂這有多可怕，他們決定給理想主義一個機會。

當時的小羅斯福還是威爾遜政府的海軍助理部長，他非常欣賞威爾遜那套「打造一個民主可以安心存在的世界」的願景。威爾遜親眼目睹人們在一戰結束之後的幾年內如何放棄理想，後來又如何在他擔任總統之時引發一場更大的戰爭。小羅斯福則認為，威爾遜的經驗顯示我們必須以美國為中心再次嘗試讓各國合作，這樣列強就會有更大的誘因盡一切努力維持和平。在美國才參與二戰幾個月，終戰之日遙遠，勝負依然未定的時候，小羅斯福就開始規劃一套國際制度和集體安全（collective security）體系，盡量防止未來再次爆發世界大戰。

長年擔任國務卿的賀可德（Cordell Hull）則是在看過一九三〇年代的貿易戰如何演

變為軍事戰之後，全心全意推動一種全新的國際自由貿易體制。他的後繼者在一九四五年之後實現了這個夢想，制定了《關稅及貿易總協定》（General Agreement on Tariffs and Trade），後來發展為世界貿易組織。

小羅斯福是眾所周知的理想主義者，繼任的杜魯門（Harry S. Truman）卻沒有這樣的名聲。杜魯門在長崎和廣島投下原子彈、創立北約、圍堵蘇聯、發動韓戰，被稱為是固執的現實主義者。但其實杜魯門的內心深處非常理想主義，而且深受威爾遜的四海一家思維所影響。他在密蘇里州獨立市就讀高中最後一年時，為丁尼生（Alfred, Lord Tennyson）的〈羅斯利莊園〉（Locksley Hall）[8] 著迷得神魂顛倒，還把以下的詩句抄在紙上：[9]

---

7 據 BBC 報導，有一萬九千兩百四十人傷亡，請見：“WW1: Why Was the First Day of the Somme Such a Disaster?,” https://www.bbc.co.uk/teach/why-was-the-first-day-of-the-somme-such-a-disaster/zn3hwty.

8 Alfred, Lord Tennyson, “Locksley Hall,” *Poems* (1842). 保羅．甘迺迪的著作《人類議會》（*The Parliament of Man*）這本書的書名就是出自於這首詩。

9 John Hersey, *New Yorker*, April 7, 1951, https://archives.newyorker.com/newyorker/1951-04-07/flipbook/050/.

For I dipt into the future, far as human eye could see,
我以凡人之眼窺視可能的來日，
Saw the Vision of the world, and all the wonder that would be,
目睹此世之夢景，與未來諸多奇蹟，
Saw the heavens fill with commerce, argosies of magic sails,
我看見天堂諸國門庭若市，魔法商船於雲間騎行，
Pilots of the purple twilight, dropping down with costly bales;
穿破天際紫霞，運送價值連城之快遞；
Heard the heavens fill with shouting, and there rain'd a ghastly dew
我聽見天堂諸國尖叫驚惶，天降陰邪之露，
From the nations' airy navies grappling in the central blue;
各國的飛行艦隊在蒼穹中掙扎傾覆；
Far along the world-wide whisper of the south-wind rushing warm,
直到南風吹來徐暖，將全天下的耳輪以低語盈滿，
With the standards of the peoples plunging thro' the thunder-storm;
令四海內諸民族一同發出雷鳴呼喊；

Till the war-drum throbb'd no longer, and the battle-flags were furl'd

終至戰鼓靜謐，戰旗收蔽，

In the Parliament of man, the Federation of the World.

各族共室以言相議，各國聯盟以邦相安。

There the common sense of most shall hold a fretful realm in awe,

屆時，眾人常識將拒渾沌於百里之外，

And the kindly earth shall slumber, lapt in universal law.

溫婉大地安眠於普世法則之中。

幾十年後，杜魯門當上總統，每當官員或國會議員問他為什麼這麼支持聯合國，他就掏出皮夾唸出上面這段丁尼生的詩句。[10]

杜魯門之後的艾森豪（Dwight D. Eisenhower）是二戰時期盟軍在歐洲的最高指揮官，在歐洲對抗德軍與義大利軍。他在戰場上看見人類可以多麼黑暗、多麼邪惡——

---

10 "Caught in the Middle," *Economist*, July 13, 2006.

納粹的國防軍（Wehrmacht）直到最後一刻都殺紅了眼。這些經驗告訴他，必須盡力推動國際間的和平與合作。諾曼第登陸的二十年後，克朗凱（Walter Cronkite）在九千名美國人長眠的美軍公墓旁的長椅上採訪艾森豪，艾森豪凝視著墓碑說：「這些人幫我們爭取了時間，讓我們有機會做得更好。所以我每次回到那些海灘上，每次想起二十年前的那一天，我就會再次告訴自己，我們必須找出方法讓世界真正獲得永久的和平。」[11]

艾森豪當總統時的提議，有許多會讓當代人難以想像。一九五三年，在美蘇冷戰期、韓戰方酣之時，他在演講中建議所有國家嚴格限制武器的數量和性質，並由聯合國監督裁軍過程。他還呼籲廢除核武，以國際組織監管所有核能設備，確保核能只用於和平目的。如今幾乎沒有左派和平主義者敢用艾森豪的方式說話，像是：「我們製造的每一門大砲、出航的每一艘戰艦、發射的每一枚飛彈，真要說起來都是從那些沒有食物可吃、沒有衣服可穿的人身上偷走的。活在戰爭的陰影之下的生活，根本就不是真正的生活，而是把人性吊在鋼鐵的十字架上。」[12]

當時的理想主義者也不只有美國，就連最具民族主義（甚至是種族主義）的盟軍鷹派人物邱吉爾，也在二戰結束後一年的一場著名演講中說：「我們必須打造某個歐洲合眾國。我們至少必須讓整個歐洲團結起來，我們滿懷信心的知道那樣的聯盟終有一天會實現。」[13] 創立國際聯盟（League of Nations）的人，以及一九二〇年代與一九三〇年代的理想主義者，曾經想以促進國際合作的方式來擺脫戰爭，而邱吉爾認為必須重拾這種理想。在那場演講幾年之後，法國的莫內（Jean Monnet）與舒曼（Robert Schuman），和德國的艾德諾（Konrad Adenauer）一起創立了歐盟，在歷史上首度匯集好幾個不同國家的主權，打造了自古以來最有名的和平合作計畫。

但這種崇高的理想，在當代玩世不恭者的眼中卻變成了空話。

如今許多領導人大言不慚的呼籲自掃門前雪，川普在二〇一七年的聯合國大會上宣稱：「我會永遠考量美國的利益，就像你們這些領導人一樣，總是優先考量自己國家

---

11 “Eisenhower Recalls the Ordeal of D-Day Assault 20 Years Ago,” *New York Times*, June 6, 1964.

12 Dwight D. Eisenhower, “April 16, 1953: Chance for Peace,” University of Virginia Miller Center, https://millercenter.org/the-presidency/presidential-speeches/april-16-1953-chance-peace.

13 “Speech of Sir Winston Churchill, Zurich, 19th September 1946,” Council of Europe, Parliamentary Assembly, https://archive.is/20130218054245/http://assembly.coe.int/Main.asp?link=/AboutUs/zurich_e.htm#selection-653.1-661.27.

的利益。其實你們也應該一直這麼做。」[14]然而我們現在身處的世界，是由眼界更廣的政治家所打造出來的，他們相信每個國家只要認真思考過就會知道，保障集體安全以及各國共同努力，其實才符合自己的利益。

美國在建立聯合國與相關國際組織網絡時是全球最強大的國家，但它卻建立了這些組織來箝制自己的力量。[15]它幫助歐洲與東亞從二戰的灰燼中重生，讓這些國家之後來搶走自己的霸權。它在和最小的國家一樣都只有一票的公約和組織裡，投下同意票支持這些行動。而它正是靠著這些行動來建立一個全球體系，維持列強之間七十五年的和平，孕育了民主茁壯的土壤和尊重人權的態度，讓脫貧的比例達到史上最高。

至於歐洲各國，則藉由在歐盟與北約之間分享權力，擺脫了幾百年來的民族主義和彼此開戰的狀態，打造出一塊和平、繁榮、安全的大陸。東南亞在幾十年的殖民與戰爭之後組成了東南亞國協（Association of Southeast Asian Nations），兩個世代以來一直和平相處。

這些大大小小的事件都明白的告訴我們，堅持理想和堅持全球合作可以達成多麼驚人的成果。

四海一家理念已死？

但在二〇一九冠狀病毒疫情下，如今許多人變得閉關自守，而川普領導的美國最為嚴重。這位美國總統一開始完全不理國際社會的疫情警告，後來採取行動時也不顧他人，他甚至不事先知會歐洲那些最緊密的盟國，就直接發布對這些國家的旅遊禁令。[16]可以預見的是，巴西的波索納洛和印度的莫迪，這些像川普一樣的民粹主義者，勢必也同樣不會信任任何跨國合作或多國攜手的解決方案。莫迪對印度人說全球供應鏈很危險，希望人民「幫家鄉說話」，購買推廣各種印度國貨。[17]但除了這些地方，就連

---

14 Donald J. Trump, "Remarks by President Trump to the 72nd Session of the United Nations General Assembly," White House, September 19, 2017, https://www.whitehouse.gov/briefings-statements/remarks-president-trump-72nd-session-united-nations-general-assembly/.

15 Ikenberry, *After Victory*.

16 David E. Sanger, "For Trump, a New Crisis and a Familiar Response: It's China's Fault, and Europe's," *New York Times*, March 12, 2020.

17 " 'It's a Great Service to the Nation': PM Modi Urges People to Go Vocal About Local," *Hindustan Times*, June 28, 2020.

像歐洲這種最不喜歡各國分崩離析的區域，似乎也因為疫情而陷入了民族主義。[18]

民族主義者常說，跨國合作並沒有阻止疫情蔓延。他們指出世界衛生組織這種人人信任的全球疾病管理機構，處理疫情的方式極為糟糕。在二〇二〇年一月十四日，明明都已經確定了中國境外出現二〇一九冠狀病毒病例，世界衛生組織仍繼續相信北京的說法，聲稱沒有證據可以支持這種病會人傳人。[19]於是世界大部分國家一直拖到三月十一日才發現麻煩大了，開始爭相封城。[20]這些錯誤讓人們認為國家應該擁有更強的主權和復原能力。

但世界衛生組織的悲劇告訴我們的，其實並非各國應該各自為政，反而是必須進一步加強國際合作。世衛不但預算超少，[21]又沒有強制力，它只能依賴會員國的自願配合，而且無法以羞辱大金主的方式逼那些國家採取行動。[22]這些綁手綁腳的規則是在美國的全力支持下制定的，美國一直不喜歡國際組織來干涉國內事務。但看看二〇一九冠狀病毒的過程，就知道國際合作的威力有多大。事實證明，能夠把金錢與醫療設備迅速轉移給有需要的國家，對控制疫情非常重要。而讓科學觀念和最佳的控制疫情方式在各個國家自由流動，則更是重要。成千上萬條性命，都是靠著開放迅速的國際體系拯救下來的。即使是全球最有錢的美國，也靠著中國的物資暫時彌補了某些設

備的短缺。[23]世界衛生組織有很多問題，但至少到四月底已經送出了一百五十萬套檢

---

18 Giulio Sabbati and Costica Dumbrava, "The Impact of Coronavirus on Schengen Borders," European Parliament, Members' Research Service PE 649.347, April 2020, https://www.europarl.europa.eu/RegData/etudes/BRIE/2020/649347/EPRS_BRI(2020)649347_EN.pdf

19 Kathy Gilsinan, "How China Deceived the WHO," *Atlantic*, April 12, 2020; 關於 WHO 聽信中國的說法，請見：World Health Organization, "Novel Coronavirus — Thailand (ex-China)," last updated January 14, 2020, https://www.who.int/csr/don/14-january-2020-novel-coronavirus-thailand-ex-china/en/.

20 World Health Organization, "WHO Timeline — Covid-19," last updated April 27, 2020, https://www.who.int/news-room/detail/27-04-2020-who-timeline---covid-19.

21 二〇一八年至二〇一九年的預算只有四十四億美元，請見：WHO, "Programme Budget 2020-21," 7, https://www.who.int/about/finances-accountability/budget/WHOPB-PRP-19.pdf? ua=1.

22 值得注意的是，二〇〇三年爆發 SARS 的時候，中國既沒錢又沒影響力，當時「很少跟成員國發生衝突的世界衛生組織，把 SARS 處理不當的中國罵得鼻青臉腫」，相當不給北京面子。請見：Joseph Kahn, "China Discovers Secrecy Is Expensive," *New York Times*, April 13, 2003; 另可見："China's failure to admit the true extent of the SARS outbreak drew severe criticism from governments and from WHO's Director-General Gro Harlem Brundtland," Isabel de Bertodano, *Bulletin of the World Health Organization* 2003, 81 (8), https://www.who.int/bulletin/volumes/81/8/News0803.pdf.

23 Alexandra Stevenson, Nicholas Kulish, and David Gelles, "Frantic for Coronavirus Gear, Americans in Need Turn to China's Elite," *New York Times*, April 24, 2020.

驗試劑，[24]向一百三十三個國家送出防護設備，在那些最貧窮的國家眼中，這些東西簡直就是天降甘霖。

此外，大部分的疫情問題都源自各國國內，而不是國際之間。西方國家面對的國際問題，在臺灣和韓國這些防疫表現最好的地區也都有，而且這些地區的人均中國旅客數甚至還比西方國家高出非常多。[25]像英國和美國這些國家無法把感染曲線拉平的主因，明明都不是被國際組織的漏洞害慘，而是因為門戶之見太強、國家領導人的能力太差；但不知怎麼的，人們最後卻說這都是堅持國際合作造成的。這種亂找戰犯的短視思維，就跟妄想用英美兩國的治理失能來證明主權國家現在已經沒用的說法一樣愚蠢。當代社會經常有一種自我不一致的怪象：很多人會濫用跨國機制謀取一己之利，等到爆出問題再把罪歸給它們。當某個歐洲國家用歐盟的資金修建數百英里的高速公路，人們只會稱頌當地的領導人，沒有人感謝歐盟總部；等到國家必須削減預算，人們卻反過來指責歐盟的規定說：「是布魯塞爾那些邪惡的歐盟官員逼我這麼做的。」

二戰後的理想主義，如今依然以自由國際秩序這項最著名的合作成果，在國際間繼續存在。很多人承認這項美國主導的框架過去戰功彪炳，但也說如今它注定要敗亡。也許二〇一九冠狀病毒會成為壓垮自由國際秩序的最後一根稻草，但他們認為這是因為整個世界在那之前早就已經一團混亂。

衝擊體系

伏爾泰有句名言：神聖羅馬帝國「既不神聖，也不羅馬，而且根本就不是帝國」。[26] 自由國際秩序也是這樣，它既不自由主義，也不國際，而且從來就不像當代

---

24 “Strategic Preparedness and Response Plan: Dataas of 22 April 2020,” WHO, https://www.who.int/docs/default-source/coronaviruse/covid-19-exr-srp-infographic-.pdf?sfvrsn=6f7a7e58_11.

25 在疫情爆發之前，中國每月有五千七百個航班飛往臺灣，相較之下只有一千三百個航班飛往美國。二〇二〇年一月，南韓接待了四十八萬名中國旅客。臺灣航班數據：NPR, “With Odds Against It, Taiwan Keeps Coronavirus Corralled,” March 13, 2020; 美國航班數據：Lin Yang, “China Flights Increasing, but American Carriers Still Left Out,” *Voice of America*, June 12, 2020; 南韓旅遊業數據：Korea Tourism Organization, “Monthly Arrivals,” January 2020: China, http://kto.visitkorea.or.kr/eng/tourismStatics/keyFacts/KoreaMonthlyStatistics/eng/inout/inout.kto.

26 法文原文是「le saint empire romain n’était en aucune manière ni saint, ni romain, ni empire」，出自伏爾泰（François Marie Arouet de Voltaire）：《風俗論》（*Essai sur l’histoire générale et sur les mœurs et l’esprit des nations*, 1756），第七十章。

人懷念的那麼有秩序。打從一開始，它就是理想主義和自私自利的民族主義兩者胡拼亂湊出來的東西，最早可以追溯到格老秀斯（Hugo Grotius）[27]和康德[28]這些思想家，並在十九世紀末由幾個大國的政治家首度具體提出，由當時的英國這個自由主義超級大國促成了跨國合作與全球化的第一次大爆發。四度擔任英國首相的十九世紀自由主義巨頭格萊斯頓（William Gladstone）在一八七九年發表了一系列外交政策演講，建議採取一種基於國家自制、「各國之間權利平等」[29]、「熱愛自由」的全新外交方針。而在這些言論之後英國也開始實際行動，變成保護各國海上航線的關鍵力量，使英鎊成為全球儲備貨幣，並利用英國的海軍霸權維持了一定程度的國際穩定。

這時代的經濟競爭當然還是很激烈，各國紛紛崛起，國內革命與海外帝國主義侵略屢見不鮮。英國首相格萊斯頓口中的「熱愛自由」只適用於少數國家，英國狂熱的帝國主義不能容忍印度與愛爾蘭等地的起義。這時候的世界有時候也非常重商主義，[30]但和過去曾有的歷史相比，這個時期已經最為和平。跨國貿易蓬勃發展，各國終於開始制定現代的軍備管制協議。[31]簡而言之，自由國際秩序誕生了。在一次大戰爆發，以及延續到二戰結束的一連串動盪歲月之前，世界一度相當和平。

一九四五年，美國從英國那邊接過世界領袖的棒子之後，開始制定一套更正式的國際規範，建立各種國際機構。不過蘇聯強烈反對這套新興體系，之後二戰盟國之間也開始陸續破裂，最後在一九五六年出現了慘痛的蘇伊士運河危機，十年之後更是爆發越戰。尼克森任內的美國甚至開始背叛這套制度，在一九七一年停止用美國的黃金儲備來擔保國際貨幣體系。因此我們可以說，一九四五年之後的國際秩序其實相當鬆散，

---

27 格老秀斯對起草國際法的貢獻，以及主張全球秩序更能帶來和平的論述基礎的貢獻，請見：Oona A. Hathaway and Scott J. Shapiro, *The Internationalists: How a Radical Plan to Out-law War Remade the World* (New York: Simon & Schuster, 2017).

28 參閱他一七九五年的文章：〈論永久和平：一項哲學性規畫〉（"Perpetual Peace: A Philosophical Sketch"）。

29 William E. Gladstone, "Third Midlothian Speech, West Calder, 27 November 1879," *English Historical Documents*, 1874-1914, edited by W. D. Hancock and David Charles Douglas, citing *Political Speeches in Scotland* (1880), 1:115-17.

30 例如：英國與其殖民地之間減免關稅的「帝國優惠制」（Imperial Preference）。請見：Brian Varian, "Britain's Post-Brexit Trade: Learning from the Edwardian Origins of Imperial Preference," *VoxEU*, Center for Economic Policy Research, June 23, 2018, https://voxeu.org/article/what-imperial-preference-can-teach-us-about-post-brexit-trade-deals.

31 特別像是《海牙公約》（Hague Conventions of 1899 and 1907）。

從一開始就充滿各種例外、矛盾、脆弱之處。隸屬其中的大國經常不守規則，而且美國違反得最多。美國從一九四七年至一九八九年間不斷建立自由國際秩序，但根據一位學者的統計，它也同時試圖改變其他國家的政權七十二次，而且幾乎每次都沒有獲得聯合國批准。32

儘管過程磕磕絆絆，世界在這段期間依然愈來愈有秩序。參與這套體制的國家愈來愈多；而且自一九九一年蘇聯解體之後，幾乎所有國家在某種意義上都加入了開放經濟體系，至少在理論上遵守這套國際規範。即使到了現在，連古巴、沙烏地阿拉伯、越南等各式各樣的國家全都加入，自由國際秩序依然提供了一套規則框架去鼓勵各國做出更和平、更穩定、更文明的行為。但華府內外卻都有很多人在擔心，這套秩序面臨一個可能致命的新興威脅：中國。他們指責北京濫用國際間的開放經濟體系，去強化中國中央集權的重商主義制度。他們又說，中國正試圖弱化聯合國對人權的守護。他們還說，中國正在建立另一套國際體系，與目前西方國家支持的這套體系分庭抗禮。那麼，中國崛起對國際秩序來說意味著什麼呢？

我們先來看看中國是不是真的在濫用開放市場經濟吧。幾乎所有經濟學家都同意，中國經濟成功有三個主因：從共產主義經濟模式轉向市場經濟、高儲蓄率帶來的大量投資資本，以及生產力不斷提高。其中的市場化又包括了大幅開放外國投資，而中國開放外資的程度高於大多數的新興經濟體。自一九九八年以來，在開發中國家中，每年都只有中國名列全球前二十五大外商直接投資市場。[33]

中國如今的確引發了一些新問題，最明顯的就是習主席不斷運用國家權力去搶奪關鍵經濟領域的主導權。但中國在全球貿易體系中最大的優勢，並非來自它喜歡違規，而是來自它規模很大。各國與各企業都想進入中國市場，也願意為此妥協。而且喜歡犯規的國家不只有中國，其他影響力相當的國家也經常會以類似或更為惡劣的行徑在違規後逃避懲罰，其中最常這麼做的就是美國。金融服務巨頭瑞士信貸（Credit Suisse）在二〇一五年統計了大國在一九九〇年至二〇一三年間對外國商品設置的非關稅壁壘。[34] 美國榮獲冠軍，接近四五〇道。其次是印度，約三五〇道。再來是俄羅斯，

32 Lindsey A. O'Rourke, "The U.S. Tried to Change Other Countries' Governments 72 Times During the Cold War," *Washington Post*, December 23, 2016.

33 A. T. Kearney Foreign Direct Investment Confidence Index, 2020, https://www.kearney.com/foreign-direct-investment-confidence-index/2020-full-report.

34 Michael O'Sullivan and Krithika Subramanian, "The End of Globalization or a More Multipolar World?," Credit

約二五〇道。中國排在第五，數量還不到一五〇道。到了現在也一樣，川普對中國和歐洲掀起的貿易戰，都證實了美國的重商主義可以多惡劣。

中國政府的確比以前更支持國有企業，但同時也不再利用壓低人民幣幣值來提振出口。過去它以壓低人民幣做為重商主義戰略的核心，根據經濟學家羅迪（Nicholas Lardy）的計算，「中國在全球金融危機之後的經濟成長減緩，大約有一半是因為該國結束貨幣重商主義，並使貿易順差因此下降。」[35]當然，這些改革經常源自西方國家施壓，而且中國願意接受也是因為這些改變能提高它的競爭力。但中國內部要求北京進一步改革的壓力，其實也在不斷增高。許多中國經濟學家與決策高層都相信，中國若想現代化並繼續維持經濟成長，就非得這樣幹下去。他們警告如果不進行改革，中國就會像其他國家一樣陷入「中等收入陷阱」，在成功脫貧之後拒絕接受更現代化的經濟、監理、法律體系，結果人均GDP就卡在一萬美元左右永遠上不去。中國的人均GDP雖在二〇一九年突破了一萬美元大關，但前途未卜。[36]它在二〇一九冠狀病毒還沒大幅打擊經濟之前就一直抗拒改革，而其他犯下相同錯誤的國家，經濟最後都因此停滯不前。二〇一九冠狀病毒可能會變成中國進一步改革開放的契機，但也可能讓北京更孤注一擲的走民族主義。只不過即使選了後者，它也並不是試圖以中國秩序取代目前的多邊國際秩序。

其實自由國際秩序既從未有過任何黃金年代，之後也未曾像人們常說的那樣衰落。一九四五年以來，戰爭與吞併明顯減少（唯一的例外只有俄羅斯入侵烏克蘭），大國之間的和平穩定一直牢牢延續至今。[37] 我們的確得提防中國的重商主義，川普政府對此的高度重視也的確值得肯定，但川普無視他國的處理方式卻應受強烈批評。如果美國不用現在的方法，而是跟歐盟、英國、加拿大、日本、南韓、澳洲這些盟友聯

Suisse Report, September 2015, https://www.credit-suisse.com/media/assets/corporate/docs/about-us/research/publications/the-end-of-globalization-or-a-more-multipolar-world-report.pdf.

35 Nicholas R. Lardy, *The State Strikes Back: The End of Economic Reform in China?* (Washington, DC: Peterson Institute for International Economics, 2019), 31.

36 根據國家統計局局長寧吉喆的說法：“China’s Per Capita GDP Crosses USD 10,000-Mark for the First Time,” *Economic Times*, January 17, 2020, https://economictimes.indiatimes.com/news/international/business/chinas-per-capita-gdp-crosses-usd-10000-mark-for-the-first-time/articleshow/73329871.cms.

37 Mark W. Zacher, “The Territorial Integrity Norm: International Boundaries and the Use of Force,” *International Organization* 55, no. 2 (Spring 2001): 218, “Table 1: Interstate Wars by Historical Era, 1648-2000,” https://www.jstor.org/stable/3078631.

合起來對北京施壓，效果反而會好很多，因為這些國家的生產力總和高達全球經濟的五八%。[38]各國之間的密切聯繫才是對抗中國的籌碼，與外國脫鉤只會讓華府更難施力。美國的確從未遇過中國這麼強大的對手，但中國也有自己的困境，過去的大國崛起時，世界比現在單純很多，而且那些大國都不需要面對當代這麼多的跨國合作與國際聯防。中國每次想要「全面突破」國際規則和規範，都得面對周邊國家與其他國家的強力反對。[39]因此也許最重要也最有用的圍堵方式，就是強化約束中國的國際體系。當然，這代表美國必須加入並支持《聯合國海洋法公約》（Convention on the Law of the Sea）與國際刑事法院（International Criminal Court）這類體系。如果美國藐視國際間的規則規範，也就沒有立場去批評中國的類似行徑。

美國對國際社會最重要的貢獻，就是它和歷史上的戰勝大國都不一樣，它在世界上最血腥的戰爭中酣暢大勝之後，選擇了寬恕那些戰敗國，幫它們重建家園，恢復原有的生活。它幫世界各國想像了一種新的生活方式。它通常不只為美國好，而是會追求所有國家的共同利益。但在中國崛起以及二〇一九冠狀病毒的威脅下，如今卻有一群人認為美國應該捨棄優良傳統，無視先人的做法和偉大成就，像其他強權一樣，變成一個說英語的德意志帝國。

如果美國真的決定墮落下去，自由國際秩序就會面臨最嚴重的威脅，威脅將來自美國，而非中國。[40]設計這個體系的國家，如今正在迅速對這個體系喪失興趣。米德（Walter Russell Mead）指出，川普本質上是個傑克遜主義者（Jacksonian），幾乎完全不關心其他國家，因為他相信大部分的國家都一直在欺騙美國，其中又以美國的盟國為甚。[41]川普的民族主義是一種保護主義、一種民粹主義、一種鐵了心要堅持「美國優先」的思想。但除此之外，那更是一種棄國際秩序於不顧的孤立主義。[42]川普要求美國退出的國際組織、國際條約、國際協議，比歷史上任何一位總統都多。他不但拖

---

38 根據世界銀行二〇一九年的數據，美國及其盟國的 GDP 占世界 GDP 的五七・七％：美國及其盟國的 GDP 總值為五〇・六兆美元，全球 GDP 為八七・七兆美元。

39 請見 Ikenberry, *After Victory* 的二〇一九年再版序。

40 請見：Ivo H. Daalder and James M. Lindsay, *The Empty Throne: America's Abdication of Global Leadership* (New York: Public-Affairs, 2018).

41 Walter Russell Mead, "The Jacksonian Revolt: American Populism and the Liberal Order," *Foreign Affairs*, January 20, 2017.

42 Daniel W. Drezner, "This Time Is Different: Why U.S. Foreign Policy Will Never Recover," *Foreign Affairs*, May/June 2019.

延與歐盟之間的貿易協議，更對歐盟發動貿易戰，還讓美軍開始從歐洲基地撤軍，[43]似乎是要終結大西洋兩岸長達七十年的夥伴關係。[44]至於他處理拉丁美洲問題的方法，則是把移民拒於門外，或者在佛羅里達州立法讓警察能夠逮捕境內的移民。他甚至成功推開了加拿大人，這實在太厲害了。他為了讓美國從中東問題抽身，把中東政策外包給以色列和沙烏地阿拉伯處理。川普任內的外交政策焦點就是毫無外交可言，除非他自以為可以靠與北韓和平相處來拿諾貝爾獎的事情也能算是外交。

二〇一九冠狀病毒讓美國愈來愈自私，不再擔任自由世界的領袖，不再提供多邊國際體系所需的公共財。其中最惡劣的可能就是它的疫苗策略，川普政府不但沒幫各國協商，也沒鼓勵盟國彼此分享資源，只想著「贏過」其他國家搶先獲得疫苗。德國媒體指出，美國政府「砸了大筆資金」讓一家德國廠商把疫苗「只賣給美國」。[45]法國、巴西、加拿大等美國的合作夥伴，也指責美國以高價搶走他們要買的關鍵醫療設施，甚至阻擋廠商發貨。[46]

長久以來，美國東西兩岸的海洋都像護城河一樣，保護美國免於動盪與戰爭。這得天獨厚的優勢，讓美國領導人從一九四五年以來能夠一直堅持遠見，撥出一部分的力量與資源來促進全球利益。光是二十一世紀，華府在對抗疾病方面就貢獻匪淺，小布希政府投下八百五十億美元，發起一項對抗非洲愛滋病的計畫，拯救了一千八百萬條性命；[47] 歐巴馬政府募集資金與專家，成功防堵了伊波拉擴散。其他國家也捐了錢，

43 "Donald Trump's Baffling Proposal to Withdraw Troops from Germany," *Economist*, June 27, 2020.

44 有關大西洋兩岸緊張局勢稍微更樂觀一點的解釋，請見：Karen Donfried and Wolfgang Ischinger, "The Pandemic and the Toll of Transatlantic Discord," *Foreign Affairs*, April 18, 2020.

45 Aitor Hernández-Morales, "Germany Confirms That Trump Tried to Buy Firm Working on Coronavirus Vaccine," *Politico*, March 15, 2020, 引述 Jan Dams, "Diese Erfahrung wird Europa so schnell nicht vergessen," *Die Welt*, March 15, 2020, https://www.welt.de/wirtschaft/plus206563595/Trump-will-deutsche-Impfstoff-Firma-CureVac-Traumatische-Erfahrung.html.

46 Richard Lough and Andreas Rinke, "U.S. Coronavirus Supply Spree Sparks Outrage Among Allies," Reuters, April 3, 2020.

47 根據國務院："The United States President's Emergency Plan for AIDS Relief," US Department of State, https://www.state.gov/pepfar/; 另見：Anthony S. Fauci and Robert W. Eisenger, "PEPFAR — 15 Years and Counting the Lives Saved," *New England Journal of Medicine* 378 (January 25, 2018): 314-16, https://www.nejm.org/doi/10.1056/NEJMp1714773; 以及可見："The U.S. President's Emergency Plan for AIDS Relief (PEPFAR)," Kaiser Family Foundation, May 27, 2020, https://www.kff.org/global-health-policy/fact-sheet/the-u-s-presidents-emergency-plan-for-aids-relief-pepfar/. 更保守一點的估計是拯救了大約三百萬人，請見：Dylan Matthews, "George W. Bush Was a Much Better President Than Liberals Like to Admit," *Vox*, July 8, 2015.

但只有美國把眾人組織起來向前邁進。[48]

不幸的是，在二〇二〇年年中，歐洲和東亞國家都已經控制住疫情的同時，美國大部分州卻開始蔓延，而政府幾乎完全不關心任何人，沒做任何事，只顧著抨擊北京。[49]川普政府抨擊北京並沒有錯，但抨擊的方式卻弄巧成拙。一輩子都站在美國這邊的澳洲前總理陸克文（Kevin Rudd）投書《外交政策》說，美國墮落到如此地步讓他震驚失望：「過去的美國在柏林封鎖時空投重要物資，現在的美國卻在羅斯福號航空母艦上爆發疫情。甚至有報導指出美國政府試圖獨占德國正在研發的疫苗，並阻止廠商把個人防護設備賣給加拿大。這樣的世風實在過於淪喪。」[50]

該重建體系了

如今不可能重建一個以美國為首的國際秩序。太多新興國家正在崛起，太多不受控制的新勢力，即使當下的美國總統全心全意投入多邊國際合作也不可能重建這樣的秩序。中國正與美國角逐世界霸主，而且在許多領域都彼此競爭，不太可能放任美國重奪霸權。此外，其他國家也在崛起中。如今世界充滿各種新集團與新機構，其中有很多都專屬特定區域。中國成立了亞洲基礎設施投資銀行，還與其他金磚國家共同創立了新開發銀行（New Development Bank）。北京在拉丁美洲與東歐成立了一系列以中國為首的多邊國際組織，並花了更多心力推動「一帶一路」，試圖以中國為核心，打造一個跨越歐亞非三洲的供應鏈、基礎建設、交通網絡。[51] 俄羅斯想要圈出自己的勢

48 歐洲確實提供了大量的對外發展援助，在某些方面遠遠超過美國。根據OECD的數據，截至二〇一六年，美國每年提供約三百億美元，而歐盟機構以及法國、英國和德國共資助六百億美元，請見：http://www.oecd.org/dac/stats/ODA-2015-detailed-summary.pdf.

49 七月十六日，美國二〇一九冠狀病毒每日病例超過七萬五千例，創歷史新高，請見：Lisa Shumaker, "U.S. Shatters Coronavirus Record with over 77,000 Cases in a Day," Reuters, July 16, 2020.

50 Kevin Rudd, "The Coming Post-Covid Anarchy," *Foreign Affairs*, May 6, 2020.

51 自二〇一五年起，拉丁美洲暨加勒比海國家共同體（Community of Latin American and Caribbean States, CELAC）與中國一起推動「中國—拉丁美洲暨加勒比海國家共同體論壇」（China-CELAC Forum）（http://www.chinacelacforum.org/eng/ltjj_1/P020161207421177845816.pdf）；中歐及東歐則是「維斯格拉德集團」（Visegrad Group），與所謂的「十七加一」：阿爾巴尼亞（Albania）、波士尼亞與赫塞哥維納（Bosnia and Herzegovina）、保加利亞（Bulgaria）、克羅埃西亞（Croatia）、捷克（Czech Republic）、愛沙尼亞（Estonia）、匈牙利（Hungary）、拉脫維亞（Latvia）、立陶宛（Lithuania）、北馬其頓（Macedonia）、蒙特內哥羅（Montenegro）、波蘭（Poland）、羅馬尼亞（Romania）、塞爾維亞（Serbia）、斯洛伐

力範圍，集合前蘇聯各成員國簽訂防禦條約，[52]甚至曾經想要共組「歐亞經濟聯盟」（Eurasian Economic Union），只不過在普丁（Vladimir Putin）侵略克里米亞之後喪失了許多鄰國的信任而胎死腹中。[53]東南亞國協和非洲聯盟（African Union）這些區域性組織近年來也都變得相當活躍。

雖然很多人都說歐洲即將衰落，但它在這場疫情過後很可能會變得更強大、更團結，並且決定在世界舞臺上獨立做自己。[54]法國總統馬克宏甚至在呼籲法國「獨立自主」的演講中說了一些類似民族主義的語言，希望法國把其他歐洲國家的手牽得更緊，一起站起來「面對中國、美國，以及全世界的大混亂」。[55]這種做法雖然字面上是維持獨立自主，但其實是讓法國與其他國家彼此相依。上述這些集團的力量雖然都比不上單一主權的超級大國，仍反映出各種不同的勢力正在世界各地集結。如今的世界不是多極世界，而是多邊合作的世界，因為每個聰明的領導人都知道，即使是美國和中國這種國家，也無法獨自在國際間締造什麼成就。美國依然可以成為這個新時代的關鍵，可以提出倡議、組織聯盟、帶領其他國家共同行動；但必須放下過去的霸權，所以華府裡那些自認高人一等的人可能會抵制真正的協商與外交談判。

這種多邊國際合作具備許多優勢，它讓各國都更能參與國際事務，它容納從巴西到南非、從印度到印尼各個大大小小的國家，真正承認國際體制的全球性。它讓許多國家在國際間獲得更大的話語權，成為一個更有活力的國際民主體系。但這樣的體制能否成功打造，取決於美國霸權結束之後，其他國家會不會把過去那些美國帶領的國際

克（Slovakia）、斯洛維尼亞（Slovenia），以及二〇一九年加入的希臘（Greece），請見：Emilian Kavalski, "China's '16+1' Is Dead? Long Live the '17+1,' " *Diplomat*, March 29, 2019.

52 一九九二年，獨立國協國家領導人在塔什干（Tashkent）簽署了「集體安全條約組織」（The Collective Security Treaty Organization, CSTO），最初簽署國為亞美尼亞（Armenia）、哈薩克（Kazakhstan）、吉爾吉斯（Kyrgyzstan）、俄羅斯、塔吉克斯坦（Tajikistan），以及一九九三年加入的亞塞拜然（Azerbaijan）、白俄羅斯（Belarus）、喬治亞（Georgia）。請見：CSTO, "From the Treaty to the Organization," https://en.odkb-csto.org/25years/.

53 「烏克蘭危機讓歐亞盟遇上了重大挑戰。」請見：Evgeny Troitskiy, "The Eurasian Economic Union at Five: Great Expectations and Hard Times," Wilson Center, January 14, 2020, https://www.wilsoncenter.org/blog-post/eurasian-economic-union-five-great-expectations-and-hard-times.

54 Ivan Krastev and Mark Leonard, "Europe's Pandemic Politics: How the Virus Has Changed the Public's Worldview," European Council on Foreign Relations, Policy Brief, June 23, 2020, https://www.ecfr.eu/publications/summary/europes_pandemic_politics_how_the_virus_has_changed_the_publics_worldview.

55 Emmanuel Macron, "Addresse aux Français," https://www.elysee.fr/emmanuel-macron/2020/06/14/adresse-aux-francais-14-juin-2020.

秩序所奉行的理念棄之如敝屣。[56]美國霸權已是舊日幻夢，但我們依然有理由相信多邊國際合作的理想可以化為現實。美國、歐洲、日本、南韓、中國，都已經從目前這個講規矩的開放體系中獲得巨大利益，而且中國獲得的利益最大。各國政府都有夠多誘因去繼續維持這個體系不要崩潰，即使北京政府也不例外。俄羅斯更像是個搗蛋鬼，有時候甚至會刻意搞破壞，但這個國家的實力年年下降，繼續這樣下去只會愈來愈孤立。至於印度和大部分新興國家，則應該都會希望有一個新體系能夠以制度與規則去阻止中國過度擴張，即使這些國家自己也必須遵守那些規則，依然可以因此變得更穩定、更繁榮。

更重要的是，一旦各國可以在多邊體系下有效合作，就可以解決許多跨國問題。二〇一九冠狀病毒清楚告訴我們，如今這個各地彼此緊密聯繫的世界，潛藏著多少風險與機會。在這樣的疫情中，每個國家無論貧富無一倖免。只要還有人身處危險之中，其他人就無法真正安全。環保問題也是一樣，網際網絡如今打破了各種國界，但氣候變遷在各種全球問題中依然最棘手。如果各國不能長久合作，人類就可能從此滅亡，而其中最重要的角色當然就是美國與中國這兩個排放最多汙染的國家。

氣候科學家的警告，其實與諾貝爾生醫獎得主雷德伯格在一九八九年所提出的病毒警告異曲同工。這些科學家都警告我們，天地不仁，以萬物為芻狗，不會保障任何一種生物的利益。氣候只是化學反應累積的結果，並不在乎我們的死活，一不小心失控就可能毀滅世界，宇宙中有無數行星就是這樣寸草不生的，地球也不會例外。根據美國航太總署（NASA）最近的電腦模擬結果，我們隔壁的金星過去可能有二十億年都適合生物居住，直到某一天「溫室效應一發不可收拾」，最後就化為現在看到的焦灼地獄。[57] 如今地球也正走上這樣的道路，要不要阻止就看我們自己。如果連這都無法

56 關於「即使美國政府消失，美國制定的秩序依然會繼續留存」的論述，可進一步參閱 Ikenberry 的著作 *After Victory* 二〇一九年的序。

57 Michael Cabbage and Leslie McCarthy, "NASA Climate Modeling Suggests Venus May Have Been Habitable," NASA Goddard Institute for Space Studies, https://climate.nasa.gov/news/2475/nasa-climate-modeling-suggests-venus-may-have-been-habitable/.
科學家長久以來一直認為，金星有一些要素與地球相似，但演化路徑不同。一九八〇年代，美國太空總署的先鋒金星計畫首次表明，金星原本可能有海洋。然而因為它比地球更靠近太陽，照到的太陽光也更多，結果讓星球上早期的海洋蒸發，水蒸氣分子被紫外線分解，氫逸散到太空中。地表無法保留水，二氧化碳全積聚在大氣中，最後導致溫室效應極度失控（runaway greenhouse effect），從而形成了現在的環境。

讓全球攜手合作，我就真不知道還有什麼理由可以。

如果我們不找出彼此能夠合作的架構，民族主義便會恣意橫行。目前人們雖然擔心，雖然知道各國為一己之私彼此惡鬥的世界有多可怕，但仍嚴重低估它的傷害。如果美國與中國這兩個動能最強、科技最先進的國家開始肆無忌憚互鬥，開始在全球各地部署軍武、開始用人工智慧展開網路戰，世界將一團混亂。那個我們一直為之努力的世界，那個人們可以自由貿易、旅遊、交流、共同對抗貧窮與疾病的世界，將從此結束。如果要避免第二次冷戰，就必須持續推動外交與合作，而且最好是邀請歐盟與印度這些強大勢力一起推動。美國與中國社會雖然差異甚大，但都同樣自豪，同樣愛國。這兩國的民眾都讓政府會想要強硬的堅持鷹派作風，因為掀起爭端的風險並不具體，而且似乎不會當下發生。但一九一四年的人們正是這樣迷迷糊糊的燃起了世界大戰的火苗。

雖然局勢緊張、充滿挫折，雖然解決問題得突破重重門檻，但我並不絕望。過去有很多更嚴峻的挑戰，但我們都成功走了過來。過去幾十年，甚至幾百年來，人類一直大幅進步。丁尼生在一八三〇年寫〈羅斯利莊園〉時，拿破崙戰爭這場全球第一次大衝突剛剛結束，歐洲剛剛進入脆弱的和平。這首詩是早期維多利亞理想主義的象徵，當時工業化取代了封建，科技與貿易革命開始銜接世界各國，新女王剛剛登基。但丁尼生在將死之時，又寫了另一首〈六十年後的羅斯利莊園〉，怒斥十九世紀充滿戰爭、革命、城裡塞滿了窮人、人們失去信仰，年輕的自己竟然會歌頌這種時代，實在太過天真愚蠢。他憤怒的寫道：「如果革命那麼美好，為什麼這個時代充滿了惡徒、狂人、謊言和假消息？」

這首悲觀的詩發表不久就遭到反駁。《十九世紀》（*The Nineteenth Century*）期刊出現一篇特別的文章，辯護那個世紀的成就。文章的作者是一生中擔任過四次首相的自由黨雄獅格萊斯頓，格萊斯頓在其中兩次首相任期之間寫了這篇文章，指出雖然理想主義那些最偉大的夢想沒有成真，但那個時代的人依然實現了很多東西。他洋洋灑灑列出一長串清單，歷史學家保羅．甘迺迪（Paul Kennedy）說這串清單「既單調乏味又令人印象深刻：孩童上學的比例直線上升……女性獲得更多權利……令人作嘔的刑法銷聲匿跡……貿易額成長了五倍，犯罪量卻大幅降低」。[58]

---

58 Paul Kennedy, *The Parliament of Man: The Past, Present, and Future of the United Nations* (New York: Random House, 2006), 283.

當代的自由國際秩序也是這樣。它充滿漏洞、有很多問題；經歷了各種衝突、悲劇與偽善。但總體說來，它比過去的每一種制度都更能改善人們的生活。它之所以成功，是因為它不預設我們只要消滅了邪惡，美善就會降臨。自由主義的理念簡單而務實，它相信人們只要攜手合作，就能做得比單獨行動更好，就能找出更持久的解方。只要不打仗，人民就會活得更久、更富裕、更安全。只要在經濟上彼此依賴，每個人的生活就會過得更好。年輕的丁尼生將這種願景寫在詩句裡，杜魯門將這種希望收存在皮夾裡。因為在他們預見的未來裡，「眾人常識將拒渾沌於百里之外，溫婉大地安眠於普世法則之中。」團結合作就能改變世界，不是什麼烏托邦的幻想，只是一種簡單的常識。

終章

天命未定

影響深遠的歷史劇《阿拉伯的勞倫斯》（*Lawrence of Arabia*）中，有電影史上最偉大的鏡頭之一。奧圖（Peter O'Toole）飾演的英國軍官探險家勞倫斯，成功說服了好幾個阿拉伯部落突襲鄂圖曼帝國，藉此爭取獨立之後，帶著一群貝都因戰士穿越沙漠，從背後接近帝國港口阿卡巴。沙漠酷熱難當，塵暴渦漩不止。走到一半，其中一位阿拉伯士兵卡西姆不知何時從駱駝上掉了下去。勞倫斯決定立刻轉頭去找，但莎李夫（Omar Sharif）扮演的阿拉伯領袖阿里反對。助手勸戒勞倫斯：「卡西姆天命已盡，我們無能為力。」但勞倫斯立刻斥道：「不，天命依然未定！」勞倫斯離開隊伍，回到沙漠與暴風中尋找，找到了命懸一線的卡西姆，將他帶回營地，同伴報以英雄般的歡呼。當阿里遞來飲水，勞倫斯看著他，靜靜再說了一次：「天命依然未定。」

本書表面上說的是二〇一九冠狀病毒之後的世界面貌，但其實是在說如今正在成長的各種趨勢。這個故事的結局只能由人類來寫。每個人都能選擇要讓自己、社會、世界走向何方。真要說起來，我們在這個時候的機會反而大出許多。歷史的前進方向通常都早已確定，人力難以撼動。但二〇一九冠狀病毒開創了一個新契機。萬物天翻地覆，人們不知所從，在這種時候推動改變反而最容易。

看看我們在疫情中做出了多少改變吧！我們自願長期待在家中，用筆記型電腦工作、開視訊會議、和遠方的人深入談心。我們在網路上聽課，用遠距醫療來看醫生。短短一個月的疫情，就讓企業改變了通常要花好幾年來修改的政策。一夜之間，都市裡的大馬路就變成了人行道，原本的人行道則變成了咖啡館。人們開始關注那些過去一直忽視的人，例如那些維持社會運作的「必要勞工」（essential workers）。各國政府以前所未見的方式打開了金庫，未來可能會因此更願意投資以維持世界永續。

這些也許只是暫時的波瀾，但也可能開啟全新的道路。我們眼前還有各式各樣的未來。我們可以擁抱民族主義閉關自守，也可以藉疫情的機會展開全球合作。在一九二〇年代，我們也曾遇到這樣的十字路口，在一次大戰與西班牙流感之後，世界的走向照理可以截然不同。當時有一些領導人放下了衝突，想打造一個能防止再次發生悲劇的和平架構。但美國國會否決了威爾遜總統的提案，美國也背棄了國際聯盟，並拒絕共同打造歐洲集體安全系統。歐洲各國的領導人則為了報復德國，制定了過於嚴苛的罰則，將該國推向死路。世界因此在一九三〇年代陷入極黯時刻：惡性通膨、失業率狂飆、法西斯崛起、二次大戰來臨。如果當初選了另一條道路，也許這些都不會發生。

一九四〇年代也是這樣，當時史達林為了對抗美國，拒絕了馬歇爾計畫的援助，也拒絕所有讓國際組織監管核能設備、禁止核能化為武器的談判。後來赫魯雪夫（Nikita

Khrushchev）說，如果當時蘇聯是由別人領導，冷戰很可能不會那麼可怕緊繃，甚至可能根本不會發生。

當前這個世界顯然有很多趨勢都在迅速成長，本書只試著描述其中一些。經濟發展帶來的氣候威脅愈來愈高；人口結構與其他原因都在拖慢經濟成長；富者愈富、大公司愈來愈大；科技發展的速度快到人類終於無法掌控自己的造物；全球化沒有消失，反對的聲浪卻愈來愈高；各國愈來愈以鄰為壑；美中兩國即將展開一場痛苦的長久對峙。我們看見了這些趨勢，但我們可以捲起袖子來改變。

我們可以看著這個世界經濟成長變慢、環境危險增加、不平等加劇，然後照樣過日子；我們也可以以政府之力大力出擊，大規模投資新項目，讓每個人都能在這個計畫趕不上變化的時代中獲得必要的技能與安全。我們可以打造二十一世紀所需的基礎建設，讓許多最受新科技威脅的人們獲得工作。我們可以用碳排放的真正成本來定價，藉此減少排放量。我們可以承認如果人類世界只追求經濟動能和成長，捨棄了恢復力和安全，就可能在下一場危機中滅亡。有一些基進派會說這些都只是改革，而不是革命。它的確不是；但我們需要的並不是徹底推翻既有的制度，夢想著下一個會更好；而是去改良既有的制度。畢竟我們的經濟和政治都真的有在進步，無論用什麼標準來衡量，世界都比五十年前更好。我們知道既有制度有哪些問題，也找到了解決方法；但光找出方法沒有用，重點是要有政治意願去實行。現在有很多地方都需要改革，如果全都實行了，加起來就是一場革命。即使只實行了一部分，二十年後的世界也會大不相同。

國家是會變的。在一九三〇年，世界上大部分國家都是小政府，不認為自己有責任去提升普羅大眾的福祉。但到了一九五〇年，世上每個強國都把這當成自己的使命。這當然充滿挑戰。一九三五年十月二十日，美國正值大蕭條和黑色風暴事件之中，蓋洛普公布該公司史上第一次民調，[1]六〇%的美國人認為「政府的救濟與復甦花費」**太高**，三一%認為額度恰當，只有九%的人認為額度過低。但小羅斯福並沒有因此終止新政（New Deal），而是繼續努力告訴大眾，讓政府來穩定經濟與社會有多重要。在小羅斯福這種偉大領導人眼中，民調是讓他看清楚眼前問題的工具，而非擺爛不做事的藉口。

1 Frank Newport, "75 Years Ago, the First Gallup Poll," Gallup, October 20, 2010, https://news.gallup.com/opinion/polling-matters/169682/years-ago-first-gallup-poll.aspx.

當前的歐盟也是好例子。二〇一九冠狀病毒開始肆虐時，歐盟各國紛紛關閉邊境，搶奪彼此的醫療用品，指責其他成員貪贓枉法、帶有惡意。像義大利這種遭受重創的國家，民眾也強烈反對歐盟。[2]不久之後，各國開始思考如何因應，意識到這場疫情對全歐洲造成了前所未有的壓力，而且愈弱的國家壓力愈大。在法國、德國這些大國領導人以及歐盟高階官員的英明決策下，各國在二〇二〇年七月協議發行歐洲債券，由最富裕的國家提供擔保，讓窮國借到錢應急。[3]乍聽之下這只解決了一個問題，但其實它代表各國跨了一大步，願意在未來更加彼此緊密相依。各國領導人看見二〇一九冠狀病毒即將沖散歐洲，於是決定牽起彼此的手。而最初曾讓各國分崩離析的疫情，就這樣可能成為未來團結一致的催化劑。

在世界各地，都有人掙扎究竟要各自為政還是彼此整合。疫情讓各國都開始變得自私，但開明的領導人會發現，只有增加跨國合作才能解決疫情大流行、氣候變遷、網路戰這類問題。又窮又無能的世界衛生組織這次闖了禍，但解決方法不是退出該組織讓它消失，而是給它更多錢和更多自主性，讓它能在公衛危機中對抗中國和美國。未來的世界不會再由任何單一國家掌管，也不會有哪個國家想去掌管。各國想要混亂互鬥、展開冷戰還是彼此合作，就看我們自己。

當然，真正的國際合作就像批評者說的那樣，需要一些集體決策。某些人一聽到集體決策就覺得很邪惡，但其實國際事務一直都是這樣。從國際電話標準到航空旅行、貿易和智慧財產權規則，再到氟氯碳化物排放量，都是大家一起討論出來的。「世界政府」從來不曾存在，未來也不會出現，只是拿來嚇唬人的說詞而已。現實世界不會有什麼祕密軍隊從黑色直升機垂降下來抓人。真正存在的做法，反而是我們更需要的**全球治理**（**global governance**）：由各國合作解決共同問題。這應該沒那麼難，合作是人類的天性之一，許多生物學家甚至認為人類就是靠這個特質活下來的。[4] 如果我們

2 「三月底一份民調顯示，七二%的人認為歐盟對處理疫情方面『根本沒有』任何幫助，對歐盟的信任度也從疫情前的三四%降至二五%。」請見：Luigi Scazzieri, "Trouble for the EU Is Brewing in Coronavirus-Hit Italy," Centre for European Reform, April 2, 2020, https://www.cer.eu/insights/trouble-eu-brewing-coronavirus-hit-italy, 引述 ADN Kronos, "Il sondaggio: fiducia in Ue crolla anche fra europeisti," https://www.adnkronos.com/fatti/cronaca/2020/03/29/sondaggio-fiducia-crolla-anche-fra-europeisti_4SqDLxMTeNlpRJsz9jEwzK.html.

3 Jan Strupczewski, John Chalmers, and Robin Emmott, "EU Reaches Historic Deal on Pandemic Recovery After Fractious Summit," Reuters, July 20, 2020.

4 例如：Robert Boyd and Peter J. Richerson, "Culture and the Evolution of Human Cooperation," *Philosophical Transactions of the Royal Society of London, Series B, Biological Sciences* 364, no. 1533 (November 12, 2009):

未來想繼續活下去，合作也一定比互鬥更有用。

當然，趨勢很重要。科技能力、經濟現狀、生物原理都會決定我們手中的選項。馬克思曾說：「人類打造自己的歷史，但過程並非隨心所欲。人們無法自己選擇要活在怎樣的環境下，只能在延續至今的既有狀態之中選擇自己要怎麼做。」[5] 因此，最有智慧的領導人總是以史為鑑去理解世界的運作原理，找出人力所能改變之處。幾乎獨力統一了德國的俾斯麥（Otto von Bismarck）就曾說：「政治家的任務就是聆聽上帝留下的足音，在祂走過身邊時努力抓住祂的衣帶。」[6]

即使某個巨大的結構性力量莫之能禦，各國的決定有時候依然能改變最終結果。在冷戰最激烈的一九五八年五月，明尼蘇達州的明尼亞波利斯市（Minneapolis）出現了一個關鍵時刻。蘇聯衛生部副部長日丹諾夫博士（Dr. Viktor Zhdanov）出席了世界衛生組織舉辦的世界衛生大會（World Health Assembly）。[7] 當時世衛組織已經成立十年，但蘇聯之前都沒出席。日丹諾夫提議世衛發起活動，讓全球各國同心協力根絕天花。為了給美國面子，他在演講中引用傑佛遜寫給牛痘先驅金納（Edward Jenner）的信：「未來世界各國只會知道，過去曾經有過一個可惡的疾病叫做天花。」當時蘇聯已經進入後史達林時代，赫魯雪夫開始藉此試圖與西方「和平共處」。

美國一開始反對合作，而且擔心蘇聯的提案會讓人們忘記美國為了根絕瘧疾投入多大心力。但在華府決定支持之後，詹森政府就愈來愈大力投入，使這項計畫成為當時世衛組織的重點工作之一。當時美蘇兩個超級大國促使全球大量生產天花疫苗，並在第三世界大規模接種，然後天花就在一九八〇年正式絕跡。[8] 哈佛歷史學家馬內拉

3281-88, https://www.ncbi.nlm.nih.gov/pmc/articles/PMC2781880/; Rutger Breman 的著作最近讓這項理論廣為人知：*Humankind: A Hopeful History* (New York: Little, Brown, 2020), trans. Erica Moore and Elizabeth Manton.

5 Karl Marx, *The Eighteenth Brumaire of Louis Bonaparte*, translated by Saul K. Padover (1852), Chapter 1.

6 季辛吉以一套略有不同的說法來陳述俾斯麥的這句格言，請見："Otto von Bismarck: Master Statesman," *New York Times*, March 31, 2011.

7 這份有關美蘇共同合作根絕天花的資料，是哈佛大學歷史學家馬內拉優秀的權威論文："A Pox on Your Narrative: Writing Disease Control into Cold War History," *Diplomatic History* 34, no. 2 (April 2010), https://scholar.harvard.edu/files/manela/files/manela-pox-dh.pdf. 他引用了傑佛遜於一八〇六年五月十四日寫給金納的信，請見：The Thomas Jefferson Papers, Series 1, General Correspondence，收藏於華盛頓 DC 的國會圖書館（Library of Congress）。

8 「天花」的資料，請見：美國疾病管制與預防中心，https://www.cdc.gov/smallpox/ index.html. 搜尋時間：二〇一七年七月十二日。

（Erez Manela）認為：「這可以說是兩大強權在冷戰史上合作得最成功的例子。」在即將到來的後疫情時代，這個例子也值得北京與華府好好學習。

《阿拉伯的勞倫斯》也提醒我們，人類與命運交手的過程常常比直覺想得更複雜。在攻打阿卡巴前夕，有個阿拉伯部落的男子謀殺了另一個部落的人，各部落為此激烈爭吵。勞倫斯認為應該由他這個局外人處決凶手，讓伸張正義的過程不涉及各方利益，卻隨即發現凶手就是他在沙漠中救下的卡西姆。但勞倫斯依然冷靜的走到卡西姆面前，朝他胸口開了六槍。這也許表示卡西姆命終該絕，但勞倫斯在沙漠中的決定，給了卡西姆活下去的機會，是卡西姆自己的行為捨棄了這個機會。

艾森豪和克朗凱一起坐在整排諾曼第陣亡將士的墳墓前時，也對克朗凱說了類似的話。他認為在二戰中犧牲的士兵給了所有人一個機會，讓我們一起打造一個更和平、更美好的世界。如今，這場惡毒的大瘟疫又給了另一個機會，讓我們邁向另一個新世界。要不要把握這個機會就看我們了，畢竟天命永遠未定。

謝辭

二〇一九冠狀病毒疫情在我們的生活中不斷升溫，也成為我寫出這本書的成因之一。這一切始於我寫在一張紙上的清單。二〇一九冠狀病毒一爆發，我就意識到它將造成廣泛且長期的影響。我開始寫下它可能會如何改變世界，我最初列的那幾點差不多就是本書寫的十堂課。然後我開始做研究、閱讀、下筆，廢寢忘食的逐漸得出成果。某種意義上來說，思考、閱讀、寫作成了我應對這場疫情的方法。

我請三位才華洋溢的年輕助手來協助我評論每份草稿，並做事實核查。**Jonathan Esty**、**Jonah Bader** 與 **John Cookson** 全力投注在這項計畫，從白晝工作到深夜，我們的線上討論成了激烈且快節奏的數位研討會。他們糾正了我的錯誤、提出了絕佳的建議，還發現一些邏輯錯誤。**Jonathan** 負責領導及組織這次任務，他與我一起參與了施密特期貨公司（Schmidt Futures）的計畫。這是由 Eric 及 Wendy Schmidt 所創立的創新慈善企業。Jonah 在 CNN 為我的節目工作，負責製作和編輯我的開場白等工作。John 幾年前也在這個節目工作，現在已轉到其他地方，包括芝加哥美國外交關係協會（Council on Foreign Relations）。

Stuart Reid 是《外交政策》雜誌的執行編輯，他從自己的出書計畫中抽出時間閱讀了整份手稿，並審慎提出建議，讓我的內容有大幅的改善。Zachary Karabell 讀完了第一章，把我引向了一個更好的方向。Eric Schmidt 與 Jared Cohen 耐心聽我嘗試呈現不同的版本。當然，這些同事及朋友不需要為我的任何錯誤負責，他們也並不完全同意我所寫的一切。

雖然我還欠諾頓出版社（Norton）的責編 Drake McFeely 另一本不同主題的書，但他馬上熱心的著手處理這本書。（我保證忙完這本就會去處理下一本的，Drake！）他當我的責編十八年了，我們一起出過四本書，他是我無可取代的合作夥伴、朋友和嚮導。我曾有幸與企鵝出版社（Penguin Press）的 Stuart Proffitt 合作過一次，當我知道他簽下這本書，在英國和大英國協國家出版時，我非常感動。他的博學文雅，讓我的書稿修得更好。這是我第一次跟 Andrew Wylie 一起工作，我很快就明白為什麼他是這行的傳奇人物了。

非常感謝諾頓出版社團隊。Drake 的助理 Bee Holekamp 讓這個計畫能夠按部就班進行。Avery Hudson 在短短時間內校對完書稿。Becky Homiski、Julia Druskin 與 Joe Lops 花了很大的努力讓這本書盡快付梓。Rachel Salzman 與 Meredith McGinnis 以精湛的技巧和熱情協助行銷宣傳。

感謝 Jeff Zucker 給予支持和空間，讓我能在 CNN 做自己的節目和一系列紀錄片。過去幾年裡，我看著 Jeff 在巨大的壓力下完成工作，而且成果非常出色。我從他身上學到很多，他既是我的老闆，也是我的朋友。我有幸為《華盛頓郵報》（*Washington Post*）的 Fred Hiatt 撰稿，他負責美國最好的社論版，持續做各種不同的嘗試，為這行樹立了卓越的榜樣。

感謝我在 CNN 的團隊，感謝團隊中的每一個夥伴：負責 GPS 節目的 Tom Goldstone；負責處理我各種計畫的 Melanie Galvin；以及 Jessica Gutteridge、Dana Sherne、Caroline Richenberg、Nida Najar、Matthew Kendrick、Kiara Bhagwanjee、Chris Good、Simon Bouvier, Katrina Kaufman、Dan Logan、Jennifer Dargan、Peter Stevenson、Liza McGuirk、Diane Beasley、Tal Trachtman Alroy、Jenny Friedland、Zac Leja、Nicholas Paolo Accinelli 和 Ingrid Holmquist。感謝《華盛頓郵報》的 Mike Larabee、

Ruth Marcus、Christian Caryl、Mili Mitra、Josh Alvarez 及 Sophie Yarborough。

由於我的工作時間緊湊，真是辛苦我的家人和朋友了。儘管母親不善言詞，但她對我的無限關愛，讓我無後顧之憂。感謝我的孩子 Omar、Lila 與 Sofia，以及我的前妻 Paula，謝謝他們的支持與愛。感謝我的兄弟 Arshad，我們經常談論書中的問題，也感謝他的太太 Ann，她是傑出的科學家，在這些議題上給了我不少知識支援。感謝我另一個兄弟 Mansoor 和他太太 Rachel，以及我的姊妹 Tasneem 及她先生 Vikram，他們一直都很支持我。最後，我要感謝 Julian 在我投入大量時間精力錙銖必較只為了把書做好時體諒我。

我把這本書獻給 Dan、Joanna 與 Gideon Rose。我大一時認識了大二的 Gideon；自那個時候到現在已經三十八年了，我們依然至少每隔一週就保持聯繫，而且愈來愈頻繁。他的父母 Dan 與 Joanna 是我自己認的乾爸乾媽，四十年來，他們給我和我的家人許多愛、支持和鼓勵。最後，就像 Dan 在我們度過每一次美好餐敘之後經常說的，再見，我們後會有期……

國家圖書館出版品預行編目(CIP)資料

後疫情效應：CNN「札卡瑞亞GPS」主持人給世界的10堂課/法理德．札卡瑞亞(Fareed Zakaria)著；盧靜、廖崇佑、廖珮杏、劉維人譯. -- 第一版. -- 臺北市：遠見天下文化, 2021.02
368面；14.8×21公分公分. -- (社會人文；BGB502)
譯自：Ten Lessons for a Post-Pandemic World
ISBN 978-986-525-041-6 (平裝)
1.未來社會 2.國際關係 3.病毒感染 4.二十一世紀

541.49 110000768

社會人文　BGB502

後疫情效應
CNN「札卡瑞亞 GPS」主持人給世界的 10 堂課
Ten Lessons for a Post-Pandemic World

作者 — 法理德．札卡瑞亞 Fareed Zakaria
譯者 — 盧靜、廖崇佑、廖珮杏、劉維人

總編輯 — 吳佩穎
責任編輯 — 張彤華
封面設計 — 張議文
內頁設計及排版 — 黃子芳（特約）
校對 — 蘇暉筠（特約）

出版者 — 遠見天下文化出版股份有限公司
創辦人 — 高希均、王力行
遠見．天下文化 事業群董事長 — 高希均
事業群發行人／CEO — 王力行
天下文化社長 — 林天來
天下文化總經理 — 林芳燕
國際事務開發部兼版權中心總監 — 潘欣
法律顧問 — 理律法律事務所陳長文律師
著作權顧問 — 魏啟翔律師
地址 — 台北市 104 松江路 93 巷 1 號 2 樓

製版廠 — 中原造像股份有限公司
印刷廠 — 中原造像股份有限公司
裝訂廠 — 中原造像股份有限公司
登記證 — 局版台業字第 2517 號
總經銷 — 大和書報圖書股份有限公司｜電話 — 02-8990-2588
出版日期 — 2021 年 2 月 5 日第一版第一次印行
2022 年 8 月 16 日第一版第四次印行

定價 — NT 450 元
ISBN — 978-986-525-041-6
書號 — BGB502
天下文化官網 — bookzone.cwgv.com.tw